EDITORIAL

Liebe Leserin, lieber Leser

In Berlin wird jeder Sonntagsspaziergang zur Zeitreise. Als ich noch an der Spree gewohnt habe, bin ich am Wochenende oft stundenlang auf den Beinen gewesen, um von einer Epoche in die nächste zu schlendern. Denn kaum einer anderen Stadt hat die deutsche Geschichte so bleibende Spuren eingebrannt: An ihren Fassaden und Monumenten lässt sich der Aufstieg Preußens zur europäischen Großmacht genauso gut ablesen wie der verbrecherische Wahn des NS-Staates und die Tragödie der Teilung.

Wer wissen will, wo die „Siedlung im Sumpf" ihren Ursprung hat – nichts anderes bedeutet der Name Berlin –, der muss das Nikolaiviertel besuchen. Heute befindet sich hier nicht nur die älteste Kirche der Stadt, sondern auch ein etwas seltsames Ensemble, das zum Teil aus historisierenden DDR-Plattenbauten besteht. Es erinnert an das Jahr 1987, als die damals noch geteilte Stadt gleich zweimal Geburtstag gefeiert hat. Im Osten präsidierte Staats- und Parteichef Erich Honecker persönlich über das Vorbereitungskomitee für den 750. Jahrestag (tatsächlich bezieht sich diese Datierung auf die erste urkundliche Erwähnung von Cölln, der anderen Keimzelle der Stadt). Wichtiger Programmpunkt war neben der Einweihung des rekonstruierten Nikolaiviertels, von Zeitgenossen als „Erichs Disneyland" verspottet, auch eine Parade, bei der ein abgesperrtes Brandenburger Tor auf einem Festwagen mitfuhr.

Im Westen dagegen feierte man den Geburtstag unter anderem mit einem mehrtägigen Rockkonzert vor dem Reichstagsgebäude. Als sich etliche Jugendliche aus der DDR auf dem Boulevard Unter den Linden versammelten, um Stars wie David Bowie zu hören, kam es zu Zusammenstößen mit der Volkspolizei. Dieser Tumult war eines der ersten Vorzeichen eines Wandels, den die meisten damals freilich noch für unvorstellbar hielten.

Seither hat sich viel getan in Berlin, auch historisierende Neubauten sind weiter in Mode, nicht zuletzt das Stadtschloss ist wieder auferstanden (ob das eine gute Idee war, muss jeder für sich entscheiden). Man kann gespannt sein, was uns bei der 800-Jahr-Feier im Jahr 2037 erwartet. Bis dahin wünsche ich Ihnen viel Vergnügen mit diesem Heft.

Joachim Telgenbüscher

JOACHIM TELGENBÜSCHER
Redaktionsleiter von GEOEPOCHE

Keine Ausgabe mehr verpassen und GEOEPOCHE KOLLEKTION regelmäßig lesen. Hier geht's zum Abo: www.geo-epoche.de/kollektion

Berlin erleben – auf einer historischen Stadtführung von Meet the World und GEOEPOCHE: www.meet-the-world.de/historische-tour

KARRIERE
Unter der Herrschaft der Hohenzollern steigt Berlin auf zu einer der schillerndsten Metropolen Europas. *Seite 6*

BERÜHMTES PORTAL
Seit 1791 schließt das Brandenburger Tor die Lindenallee Richtung Tiergarten ab – als einer von vielen architektonischen Höhepunkten der Stadt. *Seite 22*

FREIHEITSKAMPF
Am 18. März 1848 gehen die Verfechter der Demokratie in der preußischen Kapitale auf die Straßen – doch dann eskaliert die Lage. *Seite 38*

»LUFTBRÜCKE«
Als die UdSSR 1948 versucht, durch eine Blockade ganz Berlin in ihre Besatzungszone zu zwingen, starten die übrigen Alliierten eine einzigartige Rettungsaktion: die Versorgung einer Millionenstadt aus der Luft. *Seite 100*

WENN ES NACHT WIRD IN BERLIN
In den zahllosen Bars, Kaschemmen und Kabaretts der Stadt tanzt, trinkt und schnupft sich das Volk 1923 die Angst vor der ungewissen Zukunft weg. Mittendrin: die Nackttänzerin Anita Berber. *Seite 68*

PROPAGANDA
Juden sind seit 1933 vom deutschen Sport ausgeschlossen. Nur für Olympia macht das NS-Regime Ausnahmen – zur Tarnung. *Seite 80*

INHALT

N° 27
BERLIN

STUDENTENBEWEGUNG
An vielen Orten der westlichen Welt rebellieren junge Menschen 1968 gegen das herrschende politische System – auch in Westberlin. *Seite 142*

• *Die mit diesem Symbol versehenen Beiträge finden Sie auch links bebildert.*

• **BILDESSAY: DIE KARRIERE EINER STADT**
Am Anfang der Kapitale stehen die beiden Orte Berlin und Cölln 6

• **BRANDENBURGER TOR, 1791: EINE METROPOLE ERWACHT**
Preußens frühe Könige schmieden die Residenz zur Großstadt 22

SALONS, UM 1800: FÜRSTINNEN DES GEISTES
Gebildete Jüdinnen führen die kulturelle Avantgarde Berlins an 36

• **REVOLUTION, MÄRZ 1848: AUFSTAND FÜR DIE FREIHEIT**
Das Protokoll eines Monats, in dem alles möglich scheint 38

HEINRICH ZILLE, UM 1900: GESICHTER DER GROSSSTADT
Ein Zeichner porträtiert die Welt jenseits von Prunk und Reichtum 54

• **NACHTLEBEN, 1923: MORGEN FRÜH IST WELTUNTERGANG**
In der wankenden Weimarer Republik feiern viele Berliner maßlos 68

LITERATUR, 1929: »BERLIN ALEXANDERPLATZ«
Der Arzt Alfred Döblin revolutioniert die deutsche Literatur 78

• **OLYMPIA, 1936: DIE MISSBRAUCHTEN SPIELE**
Adolf Hitler nutzt das Sportfest, um für sein Regime zu werben 80

KRIEGSENDE, 1945: KAMPF UM DIE KAPITALE
Die vom NS-Staat entfesselte Gewalt fällt auf Berlin zurück 94

• **BLOCKADE, 1948: RETTUNG AUS DER LUFT**
Per Flugzeug versorgen die Westmächte die eingeschlossene Stadt ... 100

SPIONAGE, 1955: DUELL DER AGENTEN
Die Blöcke des Kalten Krieges treffen in Berlin direkt aufeinander 118

MAUERBAU, 1961: DIE GETEILTE STADT
Die DDR will die Flucht ihrer Bürger stoppen. Mit allen Mitteln 132

• **VIETNAM-KONGRESS, 1968: DIE WUT DER JUNGEN**
Studentenführer laden zu einem folgenschweren Treffen 142

• **MAUERFALL, 1989: DIE MACHT DER STRASSE**
Das Ende der DDR kommt friedlich – und für alle überraschend 156

Bildnachweise, Impressum 173
Vorschau »Krieg im Mittelalter« 174

DIE FRIEDLICHE REVOLUTION
Im Januar 1989 ist die DDR wirtschaftlich am Ende. Dennoch kann sich kaum jemand einen schnellen Sturz des SED-Regimes vorstellen. Bis zum November desselben Jahres. *Seite 156*

Titelbild: Einzug des französischen Kaisers Napoleon in Berlin 1806 (Gemälde von Charles Meynier, 1763–1832, Ausschnitt)

Alle **Fakten**, **Daten** und **Karten** in dieser Ausgabe sind vom Verifikations- und Rechercheteam im Quality Board auf ihre Richtigkeit überprüft worden. Redaktionsschluss: 14. April 2022

Sie erreichen die **GEO*EPOCHE*-Redaktion** online auf **Facebook**, **Twitter** und **Instagram** oder unter *www.geo.de/epoche*

Besuchen Sie auch gern unser Digital-Angebot **GEO EPOCHE** *plus* unter *www.geo-epoche.de*

AUFSTIEG UM 1200–1860

DIE KARRIERE EINER STADT

Am Anfang der deutschen Kapitale stehen um 1200 die beiden Kaufmannssiedlungen Berlin und Cölln, die einander an der Spree gegenüberliegen. Aus ihnen entwickelt sich über die Jahrhunderte eine Stadt, die unter der Herrschaft der Hohenzollern aufsteigt zu einer der schillerndsten Metropolen Europas – aber immer auch die wechselvolle Geschichte der Deutschen spiegelt

—— BILDTEXTE: **ANJA FRIES**

Zwei Brücken über die Spree verbinden um 1600 die beiden Städte Berlin und Cölln, die seit dem Jahr 1307 in einer Union verbunden sind, um sich gemeinsam besser gegen Einflussnahmen von außen wehren zu können. Ab 1415 regieren die Hohenzollern als Kurfürsten von Brandenburg über die Doppelstadt, legen 1443 in Cölln den Grundstein für eine Burg (das spätere Stadtschloss) und erheben sie noch im selben Jahrhundert zu ihrer ständigen Residenz

Im 16. Jahrhundert ersetzt dieses gewaltige Renaissanceschloss die Burg, die die Kurfürsten zunächst an der Langen Brücke über die Spree hatten errichten lassen. Doch schon bald genügt auch dieses Schloss den Ansprüchen der Hohenzollern nicht mehr, die 1701 nach der Königswürde in Preußen greifen werden

Um 1700 baut der berühmte Architekt Andreas Schlüter das Berliner Stadtschloss zur prachtvollsten Barockresidenz der deutschen Lande aus. Nachfolgende Baumeister ergänzen und erweitern sein Werk – hier das »Grüne Zimmer«, einer der Wohnräume von Prinz Wilhelm und seiner Frau Marianne, die anlässlich ihrer Hochzeit im Jahr 1804 kostbar hergerichtet worden sind

Friedrich Wilhelm, der »Große Kurfürst«, empfängt im Jahr 1685 Hugenotten aus Frankreich, denen er zuvor im Edikt von Potsdam Asyl gewährt hat. Mehr als 20 000 der protestantischen Religionsflüchtlinge kommen daraufhin nach Brandenburg-Preußen, etwa 5000 allein in die Residenzstadt Berlin-Cölln, die nun an die 20 000 Einwohner zählt. Die häufig wohlhabenden und gebildeten Franzosen, insbesondere die talentierten Handwerker, tragen maßgeblich zum wirtschaftlichen Aufschwung des Landes und seiner Kapitale bei

AUFSTIEG UM 1200–1860

Mit schachbrettartig angelegten Straßen entsteht die nach ihrem Gründer – Kurfürst Friedrich III., ab 1701 als Friedrich I. König in Preußen – benannte Friedrichstadt. Sie ist zur Ansiedlung von Soldaten und als neue Heimat der aus Frankreich geflohenen Hugenotten gedacht

Anders als sein Vater Friedrich I. betreibt der preußische
»Soldatenkönig« Friedrich Wilhelm I. – hier im Kreis
seines Tabakkollegiums – keine prunkvolle Hofhaltung. Sein
ganzes Interesse gilt dem Um- und Ausbau des
Militärs. Bei seinem Tod im Jahr 1740 verfügt Preußen
mit 83 000 Mann über die viertgrößte und am
besten organisierte Armee Europas

AUFSTIEG UM 1200–1860

Dicht an dicht reihen sich bald die Wohnhäuser – hier der Blick nach Norden von der Friedrichswerderschen Kirche aus, um 1832. Seit 1709 bilden die Städte Cölln, Berlin, Friedrichswerder, Dorotheen- und Friedrichstadt eine Gemeinde

Das Nikolaiviertel (unten in einem Gemälde aus dem Jahr 1831) gehört zu den ältesten Teilen Berlins. Um 1734 beherbergt die Stadt mit 16 000 Soldaten die größte Garnison Preußens. Doch da es noch keine Kasernen gibt, sind die Militärs und ihre Familien in Bürgerhäusern einquartiert

AUFSTIEG UM 1200–1860

Im Triumph zieht der französische Kaiser Napoleon am 27. Oktober 1806 in Berlin ein. Zuvor hatte er in der Schlacht bei Jena und Auerstedt die Truppen Preußens vernichtend geschlagen. Im Vertrag von Tilsit muss König Friedrich Wilhelm III. 1807 einen Diktatfrieden hinnehmen: Preußen verliert die Hälfte seines Staatsgebiets und seiner Einwohner. Die Armee, mit der Friedrich II. von 1740 bis 1786 ein Großreich zusammenerobert hatte, wird auf 42 000 Mann beschränkt

Nach dem Ende der Napoleonischen Kriege wird Europa auf dem Wiener Kongress 1815 neu geordnet. Das Königreich Preußen erhält seine alte Machtposition zurück. Dem neu gewonnenen Selbstbewusstsein verleiht Karl Friedrich Schinkel landesweit Ausdruck – allein in Berlin errichtet der Lieblingsarchitekt der Hohenzollern mehr als 50 Bauten, unter anderem das klassizistische Schauspielhaus, das gelegen zwischen dem Deutschen (im Bild links) und dem Französischen Dom das erhabene Antlitz des Gendarmenmarktes prägt

BRANDENBURGER TOR UM 1790

EINE METROP

Mit einem gewaltigen Bauprogramm verwandelt Friedrich II. Berlin in eine Großstadt. Als er 1786 stirbt, leben 147 000 Menschen in der einst provinziellen Residenz. Und täglich werden es mehr – Preußens Kapitale wächst schneller als jede andere deutsche Stadt. Insgesamt 14 Tore gewähren Einlass, doch keines spiegelt Berlins Geschichte so wie jenes, das fünf Jahre nach Friedrichs Tod die Lindenallee zum Tiergarten abschließt: das Brandenburger Tor

— TEXT: **ULRIKE MOSER**

Tribut an die Antike: Das Brandenburger Tor ist vom Portal zur Athener Akropolis inspiriert, das 1793 hinzugefügte Wagengespann wird von Roms Siegesgöttin Viktoria gelenkt

OLE ERWACHT

BRANDENBURGER TOR UM 1790

Unter den Linden begegnen Milchverkäuferinnen auf dem Weg zur Arbeit fliegenden Händlern und flanierenden Bürgern. Auf dem 1500 Meter langen Prachtboulevard zwischen dem Brandenburger Tor und der Oper konzentriert sich das gesellschaftliche Leben Berlins

EIN TOR. NUR EIN TOR. Für kurze Zeit noch kein gefühlsbeladenes Wahrzeichen, noch kein vaterländisches Symbol und kein Gedächtnisort. Keine Kulisse für großartige Feiern, Aufmärsche und Kundgebungen. Ein Zweckbau nur, ein Stadttor. Eine Einfahrt an einer städtischen Zollgrenze.

Es ist der 6. August 1791: Nach dreijähriger Bauzeit wird das Brandenburger Tor für den Verkehr freigegeben – ganz ohne Feierlichkeiten. Der König ist nicht einmal in Berlin, sondern in Dresden. Das Protokoll hält nüchtern fest: „Nachdem auf Befehl Sr. Königl. Majestät die Passage in dem neu erbauten Brandenburger Tor heute eröffnet wurde, so bezog das daselbst wachthabende Militär die an diesem Tor neu erbaute Wache." Derart unpathetisch wird das Gebäude seiner Funktion übergeben.

Da steht es nun. Zwei Reihen mit je sechs senkrechten Säulen, ein waagerechter Riegel. 22 Meter hoch, 65 Meter breit und elf Meter tief. Weit ragt es über die halb so hohen Nebengebäude hinaus. In Teilen ist das Tor an diesem Tag nach wie vor eingerüstet. Noch fehlen Quadriga und plastischer Schmuck. Hoch und wuchtig ist es und dennoch zugleich durchlässig, einladend und offen.

Und was für einen Standort es hat. „Die Lage des Brandenburger Tores ist in ihrer Art ohnstreitig die schönste von der ganzen Welt", schwärmte sein Erbauer Carl Gotthard Langhans. Wer von hier aus nach Berlin kommt, lernt die königliche Residenzstadt von ihrer prächtigsten Seite kennen.

„Der Reisende, der durch das Brandenburger Tor in die Stadt tritt", heißt es im „Lexicon von Berlin und der umliegenden Gegend" von 1806, „wird von den Prachtgebäuden, die ihm sogleich aufstoßen, sowie von der Regelmäßigkeit der Straßen überrascht."

Und ein russischer Besucher berichtet: „Ein schönes Quadrat mit gut gebauten Häusern öffnet sich unseren Blicken. Die Lindenallee vor uns und zu beiden Seiten eine Reihe geschmackvoller Gebäude, die unabsehbar scheinen, da sie durch die vierfache Lindenallee verdeckt werden. Dieser Anblick ist vortrefflich." Hier, vor allem hier, beim Eintritt durch das Brandenburger Tor, zeigt Berlin städtische Großzügigkeit und Modernität.

Als Friedrich II. 1786 stirbt, hat Berlin 113 000 Einwohner; dazu 34 000 Angehörige der Garnison. 1803 werden es schon 178 000 Menschen sein. Und kaum eine Metropole wächst schneller. Berlin ist eine Großstadt geworden – ohne wirklich großstädtisch zu sein. Alles ist noch im Werden, im Übergang, mehr Schein als Sein, alles wirkt unfertig. Jenseits seiner Schauseite wirkt die märkische Kapitale eher wie eine Provinzstadt und nicht wie eine Residenz preußischer Könige.

GROSSE TEILE DES BERLINER GEBIETES – das im Wesentlichen den heutigen Bezirk Mitte und Teile der Stadtteile Prenzlauer Berg, Friedrichshain und Kreuzberg umfasst – bestehen aus Feldern und Wiesen. Wohl deshalb soll der französische Gesandte Marquis de Valori auf die Frage Friedrichs II., ob Berlin sich an Größe mit Paris messen könne, geantwortet haben: „Gewiss, nur mit dem Unterschied, dass wir in Paris weder säen noch ernten."

Die meisten Straßen sind noch unbefestigt, nur wenige sind nachts beleuchtet. Regen verwandelt sie in unpassierbaren Morast, Sandstaub raubt Passanten den Atem. Kaum ein Besucher, der vergisst, den märkischen Sand zu erwähnen. Ein Zeitgenosse

Druckerei um 1770: Im Zentrum der deutschen Aufklärung ist das Verlangen nach Bildung groß. Bis 1806 werden allein in einer Berliner Zeitschrift 80 000 Neuerscheinungen besprochen

notiert: „Bei einem etwas starken Wind wird man hier gar in die Sandwüsten Afrikas versetzt. Eine Staubsäule von der Höhe eines Hauses fliegt dann über die großen Plätze weg. Und ich übertreibe nicht, wenn ich versichere, dass ich auf drei Schritte keinen Menschen sehen konnte."

Nach dem Tod Friedrichs II. hat sein Neffe den Thron bestiegen. Friedrich Wilhelm II. eilt ein zweifelhafter Ruf voraus: 600 000 Taler Schulden im In- und Ausland soll er haben, das Geld hat er unter anderem für seine diversen Frauengeschichten ausgegeben. Innerhalb weniger Jahre verbraucht der König nun den von Friedrich hinterlassenen Staatsschatz von mehr als 50 Millionen Reichstalern und häuft fortan Schulden auf.

Sein Hof ist von Mätressen und Günstlingen durchsetzt, die Regierungsgeschäfte überlässt er hauptsächlich den Kabinettsbeamten, um auf seinen Schlössern außerhalb Berlins das Leben eines wohlhabenden Privatmannes zu führen.

Nahezu alles macht der König, den die Berliner den „dicken Wilhelm" nennen, anders als der Vorgänger. Scheute der unnahbare Friedrich II. den Kontakt zu den Untertanen, so sucht ihn sein Nachfolger und lädt zu seinen Festen großzügig die halbe Bürgerschaft Berlins ein. Die von Friedrich geförderte Aufklärung unterdrückt Friedrich Wilhelm mit Zensur.

Und auch in der Architektur will der neue König sich von seinem Onkel absetzen. Wie diesem geht es ihm vor allem um die „Embellierung", die Verschönerung der Residenzstadt durch repräsentative Bauten. Doch sollen sich die Neuschöpfungen, so der Wille des Herrschers, stilistisch von den spätbarocken Bauwerken aus der Zeit Friedrichs absetzen und so den Bruch mit dem friderizianischen System für jeden erkennbar machen. Und wo, wenn nicht am wichtigsten Eingang zur Stadt, kann dies der Welt eindrucksvoller gezeigt werden?

DENN WAS FÜR EIN UNSCHEINBARES, fast schäbiges Entree war das alte Brandenburger Tor. Ein einfacher, niedriger Bau. Zwei wuchtige barocke Torpfosten aus Mauerwerk, mit Trophäen bekrönt. Und mit Ziervasen versehene seitliche Durchgänge. Ergänzt durch kleinere Nebengebäude und die benachbarte Kaserne für ein Infanterieregiment.

Kein triumphaler Anlass, kein Sieg, kein Heldengedenken führt zur Errichtung des neuen Tors – sondern der Plan, die Stadtmauer zu erneuern. Seit 1786 ist die alte, teilweise nur aus einem Palisadenzaun bestehende Befestigung, die das Berliner Stadtgebiet ringförmig als Zollgrenze umschlossen hat, ausgebaut und einheitlich aus Stein gemauert worden.

Jetzt sollen auch einige der zahlreichen Torbauten erneuert werden – nicht zuletzt, um dem stetig steigenden Verkehrsaufkommen gerecht zu werden. Im Mai 1788 beginnen Arbeiter mit dem Abbruch des alten Tors. Nun führt der Weg vom Tiergarten zu den Linden über eine Baustelle.

Die Allee Unter den Linden ist der Mittelpunkt der Stadt, das Zentrum des gesellschaftlichen Lebens. Sie ist die Triumphstraße der preußischen Könige, Schauplatz der Wachaufzüge, ist Prachtstraße, Flanierkorso für Bürger und Berlin-Besucher.

In sechs, später in vier Reihen erstrecken sich Linden- und Nussbäume von der Oper bis zum Quarré, das bald Pariser Platz heißen wird. Die Berliner wandeln also nur teilweise „unter den Linden". Ein mit Bänken besetzter Kiesweg liegt im Schatten der stets vom Staub grau gefärbten Bäume. Zu beiden Seiten sind breite Wege angelegt. Auf ihnen können jeweils vier Kutschen nebeneinander fahren.

EIN SPAZIERGANG Unter den Linden ist für die Berlinerin die Gelegenheit, die neueste Mode vorzuführen. „Die Reifröcke gewannen einen wahrhaft ungeheuerlichen Umfang, die Taillen wurden in gesundheitsgefährlicher Weise zusammengeschnürt", berichtet der Stadtchronist Adolf Streckfuß: „Die Krone des ebenso teuren wie hässlichen und unnatürlichen Anzugs bildete die ellenhohe Kopffrisur, welche die höchste Kunst der Haarkräusler erforderte; sie wurde geziert durch Hüte in Form von Luftballons mit herabhängenden Gondeln."

Aber schon tragen die ersten Damen locker fallende Kleider mit hoher „Empire-Taille". Nicht mehr ganz so eingeschnürt wie zuvor schreitet die moderne Frau nun dahin.

Bereits am frühen Morgen herrscht Unter den Linden rege Geschäftigkeit. Bauern, Gärtner und Milchverkäuferinnen strömen mit ihren gelegentlich von Hunden gezogenen Karren durch das Tor. Holz, Heu, Getreide und andere Lebensmittel werden auf großen Wagen langsam in die Stadt gefahren.

Gegen zehn Uhr verändert sich die Szenerie. Händler breiten ihre Waren auf den Bänken der Promenade aus: Früchte, Mausefallen, Regenschirme, Schuhbürsten, Peitschen, Halskragen und sogar Gedichte. Noch gibt es auf den Linden keine Geschäfte. Im Sommer wird lediglich ein Zelt in der Mitte der Allee aufgestellt, in dem Eis, Limonade und andere Erfrischungen zu haben sind.

Mittags erscheinen die ersten Müßiggänger, unter die sich schon vereinzelt Prostituierte mischen. Drehorgelspieler musizieren, Moritatensänger und Guckkastenmänner ziehen Schaulustige an. Am Nachmittag drängen die Spaziergänger im großen Zug zum Tor hinaus in den Tiergarten. Am Abend dann strömt die Masse zurück in die Stadt, mit Staub bedeckt und ermattet. Noch um neun Uhr abends herrscht Leben Unter den

Die Spree, hier zwischen Fischer- und Waisenbrücke, ist Berlins größtes fließendes Gewässer. Sie verbindet die Stadt mit dem Süden der Mark Brandenburg. Per Kahn kommen Äpfel, Kohle, Bier und Baumaterialien in die Metropole, auch der sächsische Sandstein für das Brandenburger Tor

Ziegel setzen fürs Prestige: Von 1769 bis 1785 lässt Friedrich II. rund 200 Bürgerhäuser bauen. Mehr noch als um die Schaffung von Wohnraum geht es dem König aber um Repräsentation

Linden. „Über tausend Menschen waren wenigstens hier versammelt", notiert ein Besucher. „Ein Teil saß, die meisten gingen auf und nieder, und wenige standen truppweise."

Wenn es dunkel wird, werden die Gruppen seltener. Man sieht nichts mehr und hört nur noch einzelne Schritte, dazwischen stoßen die Nachtwächter ins Horn. „Am anderen Tage fängt der Kreislauf wieder von vorne an, und den ganzen Sommer hindurch ist dies das ewige Einerlei", heißt es bei einem auswärtigen Beobachter.

BEREITS 1647 HAT FRIEDRICH WILHELM, der „Große Kurfürst", die Allee auf einem alten Jagdweg zum Tiergarten und anderen Jagdgebieten anlegen und „zu Anrichtung einer Gallerie" bepflanzen lassen. Berlin wuchs fortan in alle Richtungen, am prachtvollsten jedoch nach Westen. Bald schon entstand nördlich der Allee die Dorotheenstadt, ein Nobel-Quartier für Adel, Kaufleute und Beamtenschaft. Auf der südlichen Seite der „Linden" kam seit dem Ende des 17. Jahrhunderts die Friedrichstadt dazu. Auch die wandelte sich vom Armeleuteviertel zu einer Reichengegend. Die Handwerker und Manufakturarbeiter wurden zunehmend in die Vorstädte im Norden und Osten Berlins verdrängt.

Die Straßen in den neuen Stadtvierteln links und rechts der Linden waren alle schachbrettartig angelegt. Nur am östlichen Ende der Allee hoben sich wenige große Bauten wie das Zeughaus und das Kronprinzenpalais aus den Reihen der gleichförmigen, gleichfarbigen, gleich großen Neubauten hervor.

Das änderte sich unter Friedrich II., der das ehrgeizige Ziel hatte, das Stadtbild umzuwandeln und zu verschönern, wobei es ihm oft mehr um die Fassade als um die Substanz ging. Etwa, als er die zuvor eher schlichten Kirchen auf dem Gendarmenmarkt mit markanten Kuppeltürmen versehen ließ.

Dieses Diktat der reinen Ästhetik galt auch für die neuen Wohnhäuser, die auf Anordnung Friedrichs II. entlang der Linden errichtet wurden. Die meist schmucklosen, niedrigen Gebäude, welche die Linden zuvor gesäumt hatten, wurden abgerissen, ebenso die Brauhäuser mit ihren Stallungen, die dazwischenlagen. An deren Stelle ließ der König drei- und vierstöckige Neubauten errichten – zum großen Teil auf Staatskosten.

Manche wurden mit italienischen Renaissance-Fassaden versehen, was die Architekten zuweilen mit der Innenausstattung in Konflikt geraten ließ. So richtete sich beispielsweise die Anordnung der Fenster in manchen Gebäuden nicht nach den Geschosshöhen und Fußböden. In einigen Fällen schnitt der Fußboden quer durch ein Fenster – Hauptsache, die Fassade machte etwas her. Oft teilten sich, für den großartigeren Eindruck, zwei nebeneinanderstehende Häuser eine gemeinsame Front. Da Sandstein teuer aus Schlesien oder Sachsen importiert werden musste, prangten die Prachtfassaden der Linden vorwiegend in flüchtig erstelltem Stuck von oft schlechter Qualität.

Je prachtvoller die Häuserfronten, desto größer der Kontrast zum katastrophalen Zustand vieler Straßen und Bürgersteige. Allen Verordnungen zum Trotz ist Berlin eine schmutzige Stadt.

MÜLL UND MIST LIEGEN IN DEN STRASSEN

Die Vorschrift, dass Eigentümer den Platz vor ihrem Haus wöchentlich zweimal fegen müssen, wird kaum befolgt. Und die wenigen städtischen Müllbeseitiger sind durch die ständig wachsenden Abfallmengen überfordert. Schutt, Lehm- und sogar Misthaufen liegen vor den Gebäuden; die Berliner entleeren in die offenen Rinnsteine ihre Nachttöpfe, Küchenabfälle und allen häuslichen Unrat. „So breit und schön die Straßen auch dem ersten Anblick nach sind, so weiß doch der Fußgänger zuweilen nicht, wie er sich vor schnell fahrenden Wagen, vor Kot und Gossen hüten soll", notiert ein Reisender.

Nicht viel besser steht es um die Straßenbeleuchtung. Zwar erhellen abends mehr als 2000 Laternen einige Wege und Alleen, doch diese „sind so beschaffen und gesetzt, dass sie nur eine Art von hellen Schatten verbreiten, der zu nichts hilft", berichtet ein Zeitgenosse. In den meisten Straßen herrscht vollständige Dunkelheit. Erst 1803 werden im gesamten Stadtgebiet mit Öl betriebene Laternen aufgestellt.

„Die großen und schönen Partien der Stadt und des daran liegenden Tiergartens dergestalt miteinander zu verbinden, dass dem Tor so viel möglich freie Öffnung und viel Durchsicht gegeben werde" – das ist die Anforderung, die der König an den Neubau des Brandenburger Tors stellt.

Mit dem Neubau beauftragt wird Carl Gotthard Langhans. 1786 ist der Architekt aus dem schlesischen Breslau nach Berlin berufen worden. Als Direktor des Oberhofbauamtes soll er ab 1788 die Bauvorhaben Friedrich Wilhelms umsetzen, das ästhetische Programm seiner Regierung ausarbeiten.

Langhans ist bereits unter Friedrich II. zum Leiter des schlesischen Bauwesens berufen worden und hat zahlreiche Studienreisen ins Ausland unternommen. Neben dem Brandenburger Tor entwirft Langhans auch das Belvedere im Park des Schlosses Charlottenburg, das Marmorpalais in Potsdam und das Nationaltheater am Gendarmenmarkt.

Vermutlich schon 1787 hat Langhans zwei erste Zeichnungen für das neue Brandenburger Tor vorgelegt. Um „dem Tore so viel Öffnung, als möglich ist" zu geben, erklärt er, „habe ich bei dem Bau des Neuen Tors das Stadttor von Athen zum Modell genommen".

Ein Irrtum. Langhans, der sich auf Zeichnungen englischer und französischer Archäologen stützt, verwechselt das Athener Stadttor mit den Propyläen der Akropolis. Nicht ein Triumphtor wählt er zum Modell, sondern den erhabenen Eingang zu einem Heiligtum.

Und er folgt diesem Modell sehr frei und formt die Anregung der Antike zu einem eigenständigen Werk um: An die Stelle des dreieckigen Giebels setzt er eine wuchtige Stufenattika, auf die später die Quadriga platziert werden soll. Langhans fasst die Säulen schlanker, eleganter, befreit sie von der Schwere des Originals. Sein Tor schließt nicht ab, sondern fordert auf hindurchzuschauen, hindurchzugehen.

Die Anlage soll aus dem zum Platz hin geöffneten Torbau und zwei säulenumstandenen Flügelbauten zu beiden Seiten bestehen, in denen die Zollgebühren kassiert werden und die Wache ihr Quartier haben wird. Von den fünf Durchfahrten werden vier mit jeweils 3,79 Metern fast so breit sein wie die einzige des alten Tors. Eine noch breitere mittlere Öffnung ist allein den höfischen Karossen vorbehalten.

Am 21. Februar 1789 wird ein Vertrag mit den Pächtern der Magdeburgischen und Mansfeld'schen Sandsteinbrüche abgeschlossen über eine Sandstein-Lieferung von insgesamt „53 033 1/2 Kubikfuß im Wert von 29 543 Talern". Weiterer Sandstein ist aus Cotta, Pirna und Postelwitz in Sachsen auf dem Wasserweg heranzuschaffen. Die für den Bau benötigten Ziegel kommen wahrscheinlich aus der Umgebung Berlins. 955 400 Mauersteine werden bis 1794 angefahren; sie sollen den Sandstein an weniger sichtbaren Stellen ersetzen – der Kosten wegen.

GLEICH HINTER DEM GERADE entstehenden Brandenburger Tor, in der Nordostecke des Tiergartens, liegt einer der vielen Exerzierplätze Berlins. Hier marschieren jeden Vormittag Soldaten auf, ebenso im Lustgarten. Die Husaren leisten ihren Exerzierdienst am „Rondell" (heute Mehringplatz), die Artillerie übt auf dem Platz am Zeughaus. Hier können die Bürger sehen, wie die Soldaten „gedrillt" und ihnen die geforderten 108 Gewehrgriffe „eingebleut" werden.

Berlin ist die größte Garnisonsstadt Preußens. Beim Tod Friedrichs II. 1786 besteht das Heer aus rund 190 000 Mann. Es ist die drittgrößte Armee Europas, und ihr Unterhalt kostet in diesem Jahr mehr als zwölf Millionen Taler, etwa zwei Drittel aller Staatseinnahmen.

„Dressierte Sklaven" nennt Friedrich Wilhelm II. seine Soldaten. Die Misshandlungen in der preußischen Armee sind Alltag, so wie zu Zeiten des „Soldatenkönigs" und unter Friedrich II. Schon eine schlecht sitzende Haartracht, ein Exerzier- oder Putzfehler kann Prügel nach sich ziehen.

Deshalb versuchen Soldaten immer wieder zu desertieren. Verkleidet als Schiffer, Handwerker oder in Frauenkleidung, versteckt in Tonnen und Fässern.

Feldjäger zu Fuß und zu Pferde sind ständig unterwegs, um Straßen und Brücken zu beobachten. Alle Soldaten müssen Abend für Abend dreimal zum Appell antreten, im Abstand von einer Stunde. Wird einer vermisst, lässt der Kommandant die auf dem heutigen Kreuzberg stehende „Lärmkanone" abfeuern. In der Umgebung müssen sich die Bauern dann mit ihren Hunden auf die Suche machen, um den Entflohenen zu ergreifen. Sechs Taler Belohnung gibt es 1771 für einen eingebrachten Deserteur.

Außerhalb der aktiven Dienstzeiten werden die Armeeangehörigen oft über viele Monate zur Arbeit entlassen. Von

Nicht nur Frauen weben, spinnen und nähen häufig in Heimarbeit. Berlin ist Preußens Textilhauptstadt und die »Hausindustrie« in dieser Branche weit verbreitet

Um 1804 nehmen die einst selbstständigen Städte Berlin und Cölln (oder wie hier Köln), aus deren Zusammenschluss mit drei weiteren Gemeinden die Kapitale 1709 entstanden ist, nur noch einen kleinen Teil der Fläche Gesamt-Berlins ein. In kaum 20 Jahren hat die Einwohnerzahl der Stadt um mehr als 20 Prozent zugenommen. Rund 250 Straßen liegen innerhalb der erneuerten Ringmauer, in der sich im Westen das Brandenburger Tor zum Tiergarten öffnet. Damit sich Einheimische und Fremde orientieren können, sind Häuser und Grundstücke seit Kurzem nummeriert, Straßen und Plätze haben amtliche Namen erhalten. In den Vorstädten im Norden und Osten siedeln sich vor allem die ärmeren Teile der Bevölkerung an, etwa Handwerker und die mehr als 10 000 Manufakturarbeiter

BRANDENBURGER TOR UM 1790

seinem Sold allein kann der einfache Soldat kaum leben, besonders nicht, wenn er Frau und Kind hat. Es ist daher üblich, dass sich die Berliner Soldaten mit zusätzlicher Arbeit durchschlagen. Sie verdingen sich als Handwerker – oder, wenn sie ungelernt sind, als Packträger, Handlanger, Schuhputzer.

Unter Friedrich Wilhelm I. waren die Soldaten noch in Bürgerhäusern einquartiert. Nun, seit der Herrschaft Friedrichs II., zieht sich ein Kranz von einem Dutzend Kasernen um die Stadt.

Wegen des Wachdienstes und zur besseren Kontrolle möglicher Deserteure sind die Kasernen alle in der Nähe der Tore errichtet. Jeden Tag ziehen etwa 1000 Mann auf Wache zu 33 Standorten innerhalb Berlins, auf die großen Plätze, vor die Kasernen und zu den Stadttoren.

Die Stadtmauer, seit ihrer Erneuerung bis zu 4,20 Meter hoch, dient nicht mehr, wie noch im 17. Jahrhundert, der Verteidigung. Ihre Funktion gleicht jetzt eher der einer Zollgrenze: Jede in die Stadt gebrachte Ware, seien es Lebensmittel oder Getränke, sei es Getreide oder Holz, wird am Tor mit einer Verbrauchssteuer belegt. Zudem soll die Mauer helfen, die Desertion von Soldaten zu verhindern.

Alle paar Hundert Meter sind Schilderhäuschen in die Mauer eingebaut. Der wachhabende Offizier trägt die Verantwortung dafür, dass niemand unbemerkt die Stadt verlassen kann. Wenn es einem Deserteur gelingt, in seinem Abschnitt zu entkommen, wird der Offizier mit Arrest und Beförderungssperre bestraft.

A LS DAS NEUE BRANDENBURGER TOR im August 1791 eröffnet wird, fehlt noch die von Johann Gottfried Schadow entworfene Quadriga. Als Königlicher Hofbildhauer und Leiter der Hofbildhauerwerkstatt ist der erst 27-jährige Berliner für die Ausschmückung der herrscherlichen Bauten zuständig.

Über Schadows Entwurfsarbeiten für den plastischen Schmuck des Brandenburger Tors ist wenig überliefert, seine eigenen Äußerungen sind sparsam. Nur an die Gestaltung der Pferde erinnert er in seinen Memoiren: Um die Bewegung der Tiere zu studieren, „wurde einer der Beamten im Königlichen Marstall angewiesen, so zu reiten, dass ich danach Zeichnung nehmen konnte". Für die Siegesgöttin hat Schadow lediglich eine „kleine Skizze" angefertigt.

Die handwerkliche Ausführung der Quadriga wird dem Potsdamer Kupferschmied Emanuel Jury übertragen. Eine gewaltige Aufgabe: Seit dem Guss des Reiterstandbildes des Großen Kurfürsten zu Beginn des Jahrhunderts ist in Preußen keine Metallarbeit von solchen Ausmaßen hergestellt worden.

Doch die Ausführung dauert länger als geplant. Mal erhöht die Akademie der Künste die Maße der Pferde von ursprünglich zehn auf zwölf Fuß, sodass die bereits vorhandenen Kupferplatten durch Anlöten vergrößert werden müssen. Dann gibt es Planungsfehler, und Jury laufen die Gesellen davon, weil ihnen die Arbeit zu anstrengend ist. Am Ende muss er sogar die Anfertigung der Viktoria an einen Konkurrenten abgeben.

IM SCHATTEN DER PRACHT WÄCHST DIE ARMUT

Mitte Juni 1793 wird das Werk auf dem Wasserweg nach Berlin befördert. An Flaschenzüge gespannte Brauereipferde hieven die monumentale Gruppe auf das Brandenburger Tor. Wieder gibt es keine feierliche Übergabe, wieder keine Einweihung. Nicht einmal der genaue Tag ihrer Aufstellung ist bekannt.

Die von Bürgerhäusern begrenzte Jägerstraße führt zum Gendarmenmarkt. Dort krönt Friedrich II. 1785 seine Bauvorhaben mit dem Französischen Dom: Neben eine schlichte Kirche lässt er einen prächtigen Kuppelturm setzen. Wie beim Deutschen Dom gegenüber geht es dem König nur um eines – die wirkungsvolle Fassade

Nachträglich wird ein Mantel geschmiedet. Um ihn der Göttin anzuziehen, müssen ihr die Beine abgesägt werden.

DURCH 14 TORE kann man Berlin betreten. Neben dem Brandenburger Tor, dem prächtigen Entree, wirken die Tore im Norden und Osten ein wenig wie Hintereingänge. „Kommt man vom Rosenthaler, Hamburger, Kottbuser und Schlesischen Tor herein, so hat Berlin ein sehr trauriges Ansehen", berichtet der Schriftsteller Julius Friedrich Knüppeln: „Sehr niedrige schlechte Häuser, wo die Armut ihr Schild angehangen hat. Menschen in den zerlumptesten Kleidern und Kinder halb nackend, die aus den Häusern herauskriechen, sind der erste Anblick."

Je weiter man sich vom Stadtzentrum entfernt und in die Vorstädte kommt, umso größer ist die Bedürftigkeit. Hier leben vor allem Handwerksgesellen, Tagelöhner und Textilarbeiter. Die Berliner Manufakturen erleben im letzten Drittel des Jahrhunderts einen kräftigen Aufschwung. Im Textilgewerbe, der bei Weitem wichtigsten Branche, erreicht die Zahl der Webstühle mit rund 8700 in den Jahren 1796 bis 1798 einen Höchststand.

Zugleich nimmt die Armut zu. „Unterdessen ist nicht zu leugnen, dass eben die Manufakturen die Zahl der Armen und in teuren Jahren der wirklich Notleidenden stark vermehren", hat der Berliner Theologe und Geograf Anton Friedrich Büsching schon 1775 berichtet. „Denn die Last der teuren Preise des Holzes, der Wohnung und anderes mehr fällt nicht sowohl auf diejenigen, welche die Manufakturen unterhalten, als vielmehr auf die Arbeiter, welche sich selbst in wohlfeilen Jahren nur kümmerlich durchhelfen, zumal wenn sie Familien haben."

Von nun an wendet die Quadriga dem vom Tiergarten nahenden Berlinbesucher einen Frauenrücken und vier Pferdehintern zu. Viktoria hält in ihrem vierspännigen Wagen triumphalen Einzug in Berlin. Nach Osten gerichtet, gliedert die Quadriga sich in zwei Gruppen von je zwei Pferden, die von der in einem zweirädrigen Wagen stehenden, nackten Siegesgöttin gelenkt werden. Die geflügelte, mit einem Lorbeerkranz geschmückte Viktoria hält in der Rechten eine mit Siegestrophäen bestückte Stange, die im Lauf der Zeit mehrfach verändert wird. Mit sich soll sie Frieden und Wohlstand bringen.

Im Spätsommer 1792 hat ein königlicher Erlass bestimmt, dass das Tor den Namen „Friedenstor" erhält – eine Bezeichnung, die sich allerdings nie durchsetzt.

Kaum ist die Quadriga aufgestellt, wird von offiziellen Stellen und manchen Berlinern das Aussehen der Viktoria moniert. Im November 1794 schreibt Schadow an Langhans: „Meiner unmaßgeblichen Meinung nach scheint es notwendig, der Quadriga ein fliegendes Gewand zu geben, indem sowohl die Akademie der Künste als das Publikum der Ansicht wären, dass sie von hinten so steif und kahl aussähe."

Nur Begüterte suchen Apotheken auf. Arbeiter, in deren stickigen Wohnungen Pocken und Masern grassieren, müssen sich mit unwirksamen und zuweilen gar gefährlichen Hausmitteln begnügen

Ein Schneider nimmt Maß. Auch modisch ist Berlin auf der Höhe: Die Damen tragen bald englische Schnitte, bei den Herren wird die aus Frankreich stammende lange Hose en vogue

Viele Arbeiter im Textilgewerbe leiden unter zum Teil drastischen Lohnsenkungen. Zunehmend werden besser entlohnte Arbeiter durch Frauen und Lehrlinge oder sogar Kinder ersetzt. Zudem verlagern manche Berliner Unternehmer die Produktion in Billiglohngebiete auf dem märkischen Land und in den Kleinstädten. Und während die Löhne sinken, steigen gleichzeitig die Preise für den täglichen Lebensbedarf.

Immer wieder reagieren die Manufakturarbeiter und Gesellen mit Protesten und Ausständen. Allein zwischen 1789 und 1799 kommt es neunmal zu größeren Arbeitsunruhen. 1801 streiken 200 Berliner Schneidergesellen gegen Lohnkürzungen. Für ihren Widerstand werden manche mit 20 Peitschenhieben und dreimonatiger Festungshaft bestraft.

Im Gegensatz zu den selbstständigen Handwerkern, die ihrem Gewerbe meistens in eigenen Häusern nachgehen, wohnen die Manufakturarbeiter fast ausschließlich zur Miete. Ständig sind sie auf der Suche nach einer billigen Wohnung. Viele Weber und Spinner haben ihren Arbeitsplatz nicht in einem zentralen Fabrikgebäude, sondern zu Hause. Besonders schwer ist es für die Weber, eine Bleibe zu finden. Da das Rütteln ihrer Webstühle die Gebäude ruiniert, vermietet niemand gern an sie. Immer wieder werden ihnen die Quartiere gekündigt.

Berlin wächst rascher als alle anderen Großstädte des Reiches, und so sind die Wohnungen hier knapp und teuer wie nirgendwo sonst. In den alten Stadtteilen errichten Spekulanten auf ehemaligen Hof- und Gartenplätzen Seiten- und Hintergebäude mit den typischen Berliner Kleinwohnungen jener Zeit: Stube, Kammer und eine dunkle Kochstelle auf dem Treppenflur. 1778 gibt es in Berlin bereits 3225 Hinterhäuser. Oft teilen sich zwei bis drei Arbeiter und ihre Familien ein Quartier.

Über das Leben der Lohnarbeiter berichtet der Arzt und Schriftsteller Johann Ludwig Formey in seiner „Medicinischen Topographie": „Daher sind in Berlin große Wohnungen im Überfluss und verhältnismäßig wohlfeil zu haben; kleine hingegen werden immer seltener und teurer, und der Arme findet kaum ein Obdach für sich und die Seinigen. Er schränkt sich daher immer mehr ein und behilft sich mit einem einzigen Zimmer, worin er nicht allein sein Handwerk betreibt, sondern auch mit seiner ganzen Hausgenossenschaft wohnt und schläft. Bei dem hohen Preis des Brennholzes versperrt er nun im Winter der äußeren Luft allen Zugang aufs Sorgfältigste, und so leben diese Menschen in einer Atmosphäre, die beim Eintritt in ein solches Zimmer jeden Fremden zu ersticken droht. Wenn diese Menschen eine verdorbene Luft nicht beständig einatmeten, so würden sie und ihre Kinder stärker sein und nicht so oft erkranken. Wenn nun in einer solchen Haushaltung Pocken, Masern oder andere Krankheiten Kinder oder Erwachsene befallen, so ist nicht allein das Elend unbeschreiblich, sondern der Tod meistenteils unvermeidlich."

Immer mehr Menschen müssen mit Brot und Geld aus der Armenkasse unterstützt werden. In den 1770er Jahren lag ihr Anteil noch bei einem Prozent der Stadtbevölkerung, 1790 sind es mehr als acht Prozent. Neun Zehntel aller aus der Armenkasse unterstützten Personen sind Frauen, fast zwei Drittel aller Almosenempfänger sind Witwen mit Kindern. Viele behelfen sich mit Bettelei. Auch die Prostitution nimmt zu. 1795 gibt es in Berlin 54 Bordelle, die unter Polizeiaufsicht stehen. Viele der „städtisch privilegierten Häuser", für die König Friedrich Wilhelm II. ein eigenes „Lusthaus-Reglement" hat entwerfen lassen, befinden sich in der Nähe von Kasernen.

Insgesamt 257 öffentliche Mädchen sind polizeilich registriert und werden ärztlich überwacht. Ihr gesetzlich geregeltes Erkennungszeichen ist eine rote Schleife auf der linken Schulter. Trotz der staatlichen Versuche, die Prostitution auf die Bordelle zu beschränken, benutzen viele der Mädchen am frühen Abend die Linden als Korso. „Zur Sommerszeit wird der später so angenehme Spaziergang Unter den Linden durch diese Geschöpfe fast gänzlich gehemmt", heißt es in einem zeitgenössischen Bericht.

MEHR ALS FÜNF JAHRE LANG ist das Brandenburger Tor eine Baustelle gewesen. Die Gesamtkosten nach Abschluss der Arbeiten betragen offiziell 110 902 Taler, 20 Groschen und 10 Pfennige. In seinem Bericht vom 13. September 1793 an Minister Woellner kann Langhans endlich vermelden, das Bauwerk gehe nun seiner Vollendung entgegen. An den Rand des Berichts schreibt Woellner: „Gottlob! Dass wir endlich einmal so weit sind!"

Noch am gleichen Tag leitet Woellner die gute Nachricht an den Gouverneur von Berlin weiter: „Ew. Exzellenz und einem

Hochlöblichen Gouvernement habe ich hierdurch ganz ergebenst anzuzeigen mir die Ehre geben wollen, dass der Bau des Brandenburger Tores nunmehr gänzlich beendigt ist, bis auf einige Kleinigkeiten und einen Teil der Steinpflasterung, die aber der öffentlichen Passage keineswegs hinderlich ist."

Der Untergrund in der Umgebung des Tors wird noch zehn Jahre nach seiner Eröffnung „schlecht und sumpfig" sein, wie es in einem Bericht des Jahres 1801 heißt.

Ein ständiges Ärgernis bereiten die Tore an den Durchfahrten. Bereits 1795 ist eine Reparatur fällig, nachdem ein Flügel des mittleren Tores vom Wind zugeworfen wird, kaum dass der König es passiert hat. Neun Jahre später zerschmettert ein vom Wind losgerissener Torflügel den Wagen der Gemahlin des Prinzen August Ferdinand. Doch erst 1840 werden die Eisengitter, 1861 die Holzflügel entfernt.

Zwei Frauen zanken sich im Jahr 1787 kurz vor der Spandauer Brücke auf dem Hackeschen Markt. Nichts fürchtet die Regierung in dieser Zeit mehr als soziale Unruhen. Wegen Lohnsenkungen im Manufakturgewerbe kommt es in Berlin immer wieder zu Protesten und Ausständen. Der Staat reagiert streng: mit Gewalt und Festungshaft

Schon im Juni 1804 sind gründliche Ausbesserungen des Tores notwendig geworden. 6500 Taler als Kosten des „Reinigens, Verkittens, Ölens und Anstreichens der 39 446 Quadratfuß Außenfläche" werden bewilligt, da der König „das Brandenburger Tor als ein Denkmal der Kunst gerne erhalten" wissen will.

Statt einem wie Marmor schimmernden Kalkanstrich erhält das Tor nun einen bräunlichen Ton. Noch 1811 beklagt sich der Offizier und Schriftsteller Julius von Voß über die Arbeit der Baumeister, die, „statt der weißen, einen Marmor nachahmenden Farbe, die gegen das Grün des Tiergartens so idealisch leuchtete, es mit einem ekelhaften Café au lait besudelten, das dem Eingang in die schönste Straße von Europa alle Würde nahm".

D**URCH DAS TOR** geht es hinaus ins „Grüne". In den Dörfern außerhalb Berlins sind viele Wirtshäuser und Sommerlokale entstanden. Man macht Ausflüge in die umliegenden Ortschaften, nach Schöneberg oder Schönhausen, in den Grunewald oder die Tempelhofer Berge, in Gartenlokale in der Hasenheide. Auch die „öffentlichen Caffeegärten" sind beliebt, zumal es sparsamen Gästen gestattet ist, eigenen Kaffee mitzubringen und sich aufbrühen zu lassen.

BRANDENBURGER TOR UM 1790

Wagner bohren das Achsloch in ein Rad. Das Arbeiten auf offener Straße ist um 1790 nicht ungewöhnlich in Berlin; jenseits der Prachtbauten wirkt die Stadt oft noch immer eher ländlich

Das populärste Ausflugsziel aber liegt direkt vorm Brandenburger Tor: der Tiergarten mit seinen Plätzen und Pavillons, Rondells und Labyrinthen, den zu Pyramiden gestutzten Buchen, strahlenförmigen Alleen. Hofangehörige und Aristokratie, Offiziere, reiche Bürger, Beamte, Handwerker und Lohnarbeiter finden sich im Sonntagsstaat ein. Hier verabredet sich der Berliner, flaniert oder verirrt sich mit seiner Dame in die Gebüsche.

HOCH ZU ROSS ZIEHT NAPOLEON IN BERLIN EIN

Schnittpunkt von acht Alleen ist der Große Stern, mit Eichen und später mit Buchenhecken bepflanzt und mit 16 Sandsteinfiguren nach mythologischen Motiven geschmückt: Flora, Pomona, Felicitas und andere römische Göttergestalten, vom Berliner Volksmund respektlos „Puppen" genannt. Seither heißt es in Berlin bei weiten Entfernungen oder langer Dauer: „Das geht bis in die Puppen."

An den Sommernachmittagen, um die „modische sechste Stunde", strömen Tausende zum Kurfürstenplatz. Der halbrunde, an der Spree gelegene Platz ist mit seinen doppelten Baumreihen von Ulmen und Eichen, Bänken und Nachbildungen antiker Figuren beliebter Treffpunkt aller Berliner. „Alles, vom Höchsten bis zum Niedrigsten, vom Prinzen bis zum Bettler, wogte durcheinander", berichtet ein Besucher. „Die mit schön angezogenen Leuten besetzten Bänke, der hinter ihnen mit weniger geputzten Menschen geringeren Standes gleichsam voll gepfropfte Wald, der Lärm der Wagen um die Statue des Überflusses herum, das Blitzen des Goldes, das Geräusch der Unterhaltungen, das Wiehern der Pferde – alles dies gewährte ein prächtiges, begeisterndes Schauspiel."

Eingekehrt wird in die „Zelte" an der Nordseite des Platzes. Hier werden in befestigten Pavillons Bier, Limonade und Kaffee ausgeschenkt und Butterbrote mit Schinken angeboten. Manch-

Zwischen 1798 und 1800 baut der Architekt Heinrich Gentz am Werderschen Markt, mitten im Stadtteil Friedrichswerder, eine neue Münze. Hier wird der silberne preußische Taler geprägt. Der Fries des Gebäudes stammt von Johann Gottfried Schadow, dem Schöpfer der Quadriga auf dem Brandenburger Tor

mal lässt plötzlich eintretender Regen die Parkbesucher in die Stadt zurückhasten. Dann bedecken verloren gegangene Bänder, seidene Schuhe und Schuhschnallen den Weg bis zum Brandenburger Tor.

AM SPÄTEN NACHMITTAG des 27. Oktober 1806 zieht Napoleon Bonaparte nach dem Sieg über Preußen hoch zu Ross in Berlin ein. Es ist der erste Triumphzug durch das Brandenburger Tor, das erste Mal, dass es als heroische Kulisse dient.

Kurz darauf lässt der Kaiser die Quadriga abbauen und, in Kisten verpackt, nach Paris bringen. In den folgenden Jahren wird das entführte Viergespann immer mehr zum „vaterländischen Symbol" und das leere Portal mit seiner zurückgebliebenen schmiedeeisernen Befestigungsstange zum provozierenden „Mahnmal nationaler Schande".

Der Sieg über Napoleon 1814 macht das Tor schlagartig zu dem, was es immer wieder und auf die unterschiedlichste Weise sein wird: Nationaldenkmal und Sinnbild. Die Rückkehr der in 15 Kisten verpackten Quadriga durch Westdeutschland und die preußischen Länder gerät zum Triumphzug. Nahezu überall, wo die Wagenkolonne auf ihrer zweimonatigen Reise eintrifft, wird sie mit Glockengeläut, militärischen Ehren und Kanonendonner empfangen.

Die Siegesgöttin erhält ein neues, von Karl Friedrich Schinkel entworfenes preußisches Siegeszeichen mit dem Eisernen Kreuz, das während der Befreiungskriege als Tapferkeitsorden gestiftet worden ist: „Dieses Panier Preußens besteht aus einem Eichenkranz, welcher das eiserne Kreuz umschließt, über welchem der preußische Adler mit ausgebreiteten Schwingen emporzusteigen scheint", beschreibt Schinkel seinen Entwurf. Das Zollportal wird zum Triumphtor, zum Denkmal des Befreiungskrieges und Ausdruck neuen Selbstbewusstseins.

Und zum Sinnbild einer zukunftsweisenden Architektur. Mit dem Brandenburger Tor hat Preußen in der Baukunst Abschied vom Absolutismus genommen. Mit seinem schlichten, von der Antike inspirierten Klassizismus steht das Monument für den Beginn bürgerlicher Kunst.

Es ist ein anderes Berlin, das man durch das Brandenburger Tor betritt. Die Stadt wandelt sich nun endgültig von der ländlichen Residenz zur expandierenden Metropole, die sich anschickt, die größte Industriestadt des Kontinents zu werden. Binnen drei Jahrzehnten wird sich ihre Bevölkerung verdoppeln und bürgerliches Selbstbewusstsein entwickeln.

Berlin wird zu einem Ort der Wissenschaft und der Kultur. Die Elite der deutschen Gelehrsamkeit – Friedrich Schleiermacher, Christoph Wilhelm Hufeland, Johann Gottlieb Fichte, später Georg Wilhelm Friedrich Hegel und Leopold von Ranke – lehrt und forscht hier. Karl Friedrich Schinkel wird das Bild der Stadt prägen wie kein Architekt zuvor. Und das Brandenburger Tor wird für ein halbes Jahrhundert tatsächlich ein „Friedenstor" sein. Bis es wieder als Kulisse für triumphale Einzüge herhalten und die Siegesgöttin Viktoria, so Theodor Fontane, wieder „Dienst tun" muss.

Aber das ist eine andere Geschichte.

GEISTESLEBEN UM 1800

FÜRSTINNEN DES GEISTES

Die deutsche Großmacht Preußen ist mehr als ein Soldatenstaat. In ihrer Kapitale Berlin blühen Wissenschaft und Künste – und gebildete Jüdinnen prägen mit literarischen Salons die intellektuelle Avantgarde

TEXT: **ANJA FRIES**

BERLIN IST EN VOGUE. In keiner deutschen Stadt wirken um 1800 mehr Künstler, Schriftsteller und Gelehrte, in keiner gibt es mehr Lesegesellschaften und private Bibliotheken, in keiner entwickelt sich eine vielseitigere Theaterszene.

Zu den anregendsten Intellektuellentreffen kommt es aber nicht in Bildungsvereinen oder Akademien, sondern in den Wohnungen junger jüdischer Damen: bei Teegesellschaften, zu denen sich Adelige und Bürger, Christen und Juden, Frauen und Männer einfinden, um gemeinsam die Bildung ihrer Persönlichkeit zu pflegen.

Erstaunt schreibt der Dichter Jean Paul 1801 in einem Brief aus Berlin: „Der Ton hier übertrifft an Unbefangenheit weit den Weimarschen. Der Adel vermengt sich mit dem Bürger, nicht wie Fett mit Wasser, auf welchem dieses immer oben schwimmt, sondern sie sind innig vereinigt. Gelehrte, Juden, Offiziere, Geheime Räte, Edelleute, kurz alles was sich an anderen Orten (Weimar ausgenommen) die Hälse bricht, fällt einander um diese und lebt wenigstens freundlich an Tee- und Esstischen beisammen." Nirgendwo im Königreich Preußen gibt es eine größere Freiheit der Gedanken, nirgends einen derart ebenbürtigen Austausch zwischen den Geschlechtern und Konfessionen, einen solch geballten Hunger nach Selbstbildung.

Und doch sind die Intellektuellenzirkel in der Beletage nicht viel mehr als Kunstwelten für vielleicht 200 Freigeister. Kunstwelten, die wenig gemein haben

Um 1780 begründet Henriette Herz den ersten literarischen Salon Berlins

mit der gesellschaftlichen Realität, in der es etwa Mädchen nach wie vor nicht möglich ist, auf ein Gymnasium zu gehen oder später die Universität zu besuchen.

Bewegt sind die Zeiten, in denen Preußens Kapitale zur Großstadt heranwächst. Die Französische Revolution stellt die Ständegesellschaft in Europa zur Diskussion. Unter dem Einfluss der Aufklärung kämpft in Berlin der jüdische Philosoph Moses Mendelssohn für die politische und soziale Gleichstellung von Juden und Nichtjuden.

Preußens König Friedrich II. haben Kriege jahrelang von seiner Hauptstadt ferngehalten. Zudem kümmerte ihn das kulturelle und geistige Leben seiner Untertanen gerade in späten Regierungsjahren wenig. Dadurch erst entstanden jene Freiräume, in denen sich private Aufklärungs- und Lesezirkel entwickeln konnten.

Vielleicht acht Salondamen laden um 1800 in Berlin regelmäßig zu Tee und Schnittchen. *En privé* wird dabei das neue Ideal der gemeinschaftlichen Bildung gepflegt, wie es vor allem der Philosoph und Sprachwissenschaftler Wilhelm von Humboldt 1792 definiert hat: „Der wahre Zweck des Menschen ist die höchste und proportionierlichste Bildung seiner Kräfte zu einem Ganzen." Die Selbstbildung könne jedoch nur im Wechselspiel mit der Umwelt erreicht werden. Jeder Einzelne müsse sich immerfort und zum Guten von Gesellschaft und Nation „den Reichtum des anderen" zu eigen machen.

Ein Gelehrter, der sein Wissen für sich behält, ist nicht im Sinn des Neuhumanisten. Und so werden die Kreise zu avantgardistischen Laboratorien für die

Reformen des Bildungswesens – und auch zu Foren für den Bildungsroman, jener einzigartigen deutschen Literaturform, deren Protagonisten sich mit der gesellschaftlichen Realität auseinandersetzen und dadurch fortentwickeln.

In die Runden aufgenommen wird, wer die Kunst der Konversation beherrscht, wer Begabung, Geist und Persönlichkeit besitzt. Ein neuer Gast muss von einem bereits etablierten Mitglied des Zirkels eingeführt werden.

Die meisten Gastgeberinnen sind in mehreren Sprachen beredt und Kinder der Sturm-und-Drang-Zeit, in der junge deutsche Literaten wie Johann Wolfgang Goethe oder Johann Gottfried Herder als Gegensatz zur Vernunft der Aufklärung Gefühl, Volksnähe und „Empfindsamkeit" gefeiert haben.

Den ersten literarischen Salon der Stadt führt Henriette Herz. Zu den Gästen der Professorengattin gehören die Brüder Wilhelm und Alexander von Humboldt, der Bildhauer Gottfried Schadow, der Theologe Friedrich Schleiermacher sowie der Schriftsteller und Kritiker Friedrich Schlegel.

Während ihr 17 Jahre älterer Mann Marcus Herz Studenten und Gelehrte zu philosophischen und physikalischen Vortragsabenden in seinem Haus empfängt, lädt die erst 16-jährige Henriette ab 1780 zu „ästhetischen Dienstagen". Hier diskutiert sie mit Gleichgesinnten über Literatur, werden neue Romane besprochen.

Auch die berühmteste Berliner Salondame Rahel Levin und ihr späterer Mann, der Schriftsteller Karl August Varnhagen von Ense, verkehren bald bei Henriette Herz. Im Hause Levin in der Jägerstraße 54 treffen sich Prinz Louis Ferdinand von Preußen und dessen Geliebte Pauline Wiesel, dazu die Dichter Jean Paul und Ludwig Tieck sowie der schwedische Diplomat und Poet Karl Gustav von Brinckmann.

Der von Rahel Levin eröffnete Kreis wird für die Nachwelt zum Inbegriff jener Zirkel

Neben den Geburtsadel tritt jetzt der Geistesadel. In den Salons wird poetisiert und musiziert, streiten Berliner Spätaufklärer mit Jenaer Frühromantikern, werden die Werke Goethes gefeiert, Theaterstücke kritisiert – aber auch Ehen angebahnt. Weit mehr als die Hälfte aller Salongäste sind unverheiratet, geschieden oder leben in ungeklärten Verhältnissen.

Konservative Kreise empfinden diese *jeunesse dorée* als unbürgerlich und unpreußisch. Tatsächlich schafft die Salonszene die ersten gesellschaftlichen Freiräume, in denen Frauen und Juden, vor allem aber jüdische Frauen sich und ihre literarischen Talente entfalten können.

Die Salons bieten Humboldt eine Bühne für sein Bildungsideal; 1809 wird es mit der Gründung einer Berliner Universität etabliert. Politische Orte aber, Zentren der Frauen- oder der Juden-Emanzipation sind die Berliner „Teetische" um 1800 nicht. Zu gering noch ist ihre Strahlkraft nach draußen.

Nur wenige Salons überdauern die Besatzung Berlins durch Napoleons Truppen 1806 – die schwärmerisch unpolitischen Kreise passen nicht mehr zur neuen Zeit unter dem französischen Joch, passen auch nicht zum aufkommenden Nationalismus.

Henriette Herz veranstaltet nach dem Tod ihres Gatten 1803 immer seltener ihre „ästhetischen Tees". Das gesellige Leben hat das gesamte Vermögen ihres Mannes aufgezehrt. Ihren Lebensunterhalt verdient sie fortan als Fremdsprachenlehrerin für höhere Töchter. Sie stirbt am 22. Oktober 1847.

Der Salon Rahel Levins zerbricht 1806 – in jenem Moment, als auch das alte Preußen untergeht. 1814 konvertiert sie zum Christentum, um den 14 Jahre jüngeren Karl August Varnhagen von Ense zu heiraten. Zur gleichen Zeit finden sich nach den Befreiungskriegen alte und neue Teegesellschaften in Preußens Kapitale zusammen.

Von 1819 bis 1833 führt auch Rahel Varnhagen noch einmal einen Salon in Berlin, wo etwa Heinrich Heine und Franz Grillparzer verkehren. Aber die Leichtigkeit des ersten Zirkels ist perdu.

Rahel Varnhagen stirbt am 7. März 1833.

Ihr Mann überlebt sie um 25 Jahre und gibt ihre Briefe heraus. Darunter sind auch diese Zeilen: „Wo ist unsere Zeit! Wo wir alle zusammen waren. Sie ist Anno 6 untergegangen. Untergegangen wie ein Schiff: mit den schönsten Lebensgütern, den schönsten Lebensgenuss enthaltend. Und viele teure belebende Freunde mit: 1000 Bekannte, adieu, adieu."

Zu Beginn des 19. Jahrhunderts pflegen Intellektuelle die Salonkultur in kleinem Kreis: Der Theologe Friedrich Schleiermacher empfiehlt für die ideale Runde eine Zahl zwischen drei und – wie hier – neun Personen

REVOLUTION 1848

AUFSTAND FÜR

Am 18. März kommt es in Berlins Straßen zum offenen Aufruhr. Wie hier am Alexanderplatz verschanzen sich insgesamt wohl mehr als 5000 Aufständische hinter Barrikaden aus Brettern, Wagen und Fässern (zeitgenössische Darstellung)

DIE FREIHEIT

Nach dem Sturz des französischen Königs Ende Februar 1848 werden auch rechts des Rheins Forderungen nach einem Nationalparlament und nach Verfassungen laut. Wie ein Flächenbrand breitet sich die Revolution im März in Deutschland aus – und sprengt schließlich in Berlin selbst das preußische Bollwerk des Absolutismus. Protokoll eines Monats, in dem alles möglich scheint: Freiheit, Einheit, Demokratie

—— TEXT: **RALF BERHORST**

M ENDE DES JAHRES 1847 erscheint das Machtgefüge in Europas Mitte wie erstarrt. Seit 32 Jahren verteidigen Österreich, Preußen und Russland – verbündet in der „Heiligen Allianz" – die gottgegebene Ordnung ihrer Reiche mit eisernem Griff gegen jede Veränderung. Sie haben das Verlangen der Völker nach Verfassungen und Reformen ignoriert, die Schriften der Opposition zensiert, aufmüpfige Untertanen in Kerker gesperrt.

An den Grenzen der Allianz aber lodern Brände auf, deren Funken bis ins Zentrum Europas stieben und die reaktionären Staaten in Flammen setzen werden. In der Schweiz erkämpfen die Menschen im November 1847 in einem blitzartigen Bürgerkrieg gegen einen Bund katholisch-konservativer Kantone einen freiheitlichen Bundesstaat. In Nord- und Mittelitalien erheben sich Liberale und Demokraten gegen die Fremdherrschaft Österreichs. Und in Frankreich, dessen Bevölkerung nach einer Agrar- und Wirtschaftskrise unter steigenden Preisen und Arbeitslosigkeit leidet, fordern Arbeiter, Studenten und Handwerker von ihrem König freie Wahlen. Am 24. Februar 1848 stürzt die Opposition in Paris König Louis Philippe und ruft die Republik aus, der Monarch flieht.

So ist der Boden bereitet für ein Drama, welches das Jahr 1848 zu einem der erstaunlichsten in der Geschichte der Deutschen machen wird. Nie zuvor haben sich Menschen in Preußen, Hessen und Sachsen, in Württemberg, Bayern und Baden zugleich gegen ihre Herrscher erhoben. Nun, im März 1848, erschüttert eine Welle von Aufständen Deutschland – diesen Bund aus Königreichen, Fürstentümern, Freien Städten. In den Residenzstädten der Herrscher versammeln sich Tausende zum Protest, Bauern bestürmen die Schlösser ihrer Feudalherren. Wie ein Naturereignis bricht der Aufstand los, überraschend, ungesteuert, überwältigend.

Ein Kaiser, mehrere Könige sowie zahlreiche Herzöge müssen da um ihre Ländereien fürchten, und für eine historische Sekunde scheint vieles möglich: Demokratie, Freiheit, nationale Einheit.

Aber dann verspielen die Aufständischen fast alles. Weil sie im entscheidenden Augenblick zögern, die Macht an sich zu reißen – und weil eine Mehrheit den radikalen Wandel fürchtet. Die alten Regimes erstarken, die Gekrönten können sich mit

Zugeständnissen und Winkelzügen retten. Und so sind die Jahre 1848 und 1849 zugleich zwei der tragischsten der deutschen Geschichte. Nicht Gründungsjahre der ersten gesamtdeutschen Demokratie, sondern Beginn von neuerlicher Repression, staatlicher Bevormundung und von Untertanengeist.

MONTAG, 28. FEBRUAR. Wer in Berlin politische Neuigkeiten erfahren will, der liest keine Zeitungen – jedenfalls nicht die preußischen Blätter. Die staatlich gesteuerte „Allgemeine Preußische Zeitung" etwa oder die liberale „Vossische Zeitung" werden von Zensoren überwacht. Deshalb können sie Nachrichten oft erst nach 24 Stunden veröffentlichen. Und Kritik äußern ihre Autoren allenfalls zwischen den Zeilen.

Ausländische Journale können die Zensoren vor dem Druck dagegen nicht kontrollieren (gleichwohl ziehen preußische Beamte mitunter allzu kritische Zeitungen aus dem Verkehr). Wer sich informieren will, greift zu einem Blatt, das außerhalb Preußens gedruckt wurde. Sucht eines der mehr als 50 Lesekabinette auf, etwa die „Berliner Zeitungshalle" an der Jägerstraße, die knapp 500 Tages- und Wochenzeitungen führt. Oder geht in ein Kaffeehaus, in dem Zeitungen des In- und Auslands ausliegen: ins „Kranzler" Unter den Linden, bevorzugt von Diplomaten; in das „Giovannoly" an der Charlottenstraße, Treffpunkt der Beamten; das „Stehely" am Gendarmenmarkt, das vor allem Literaten frequentieren.

Doch nun, Ende Februar, sind seit Tagen nirgendwo in Berlin neue Blätter aus Paris eingetroffen, niemand weiß, wie die Dinge dort stehen. Zuletzt hieß es in Brüsseler und Kölner Extrablättern, das Volk von Paris türme Barrikaden auf, der dortige Aufstand dauere an; die Rebellen hätten Eisenbahngleise aufgerissen, um das Heranrücken von Truppen zu verhindern.

Seither ist der Postweg nach Berlin unterbrochen. Mehr Neugierige denn je warten in Berlins Kaffeehäusern und Lesekabinetten auf Nachrichten. Erst an diesem Montag meldet ein Extrablatt der „Allgemeinen Preußischen Zeitung", König Louis Philippe habe abgedankt. Um 14 Uhr verbreitet sich die Nachricht, die Aufständischen in Paris hätten die Republik ausgerufen, der Monarch sei gestürzt.

Die Menschen belagern die Lesekabinette, reißen sich die Zeitungsseiten aus den Händen. Wer ein Blatt erwischt, muss auf einen Stuhl steigen und den Umstehenden nen und jedem zurufen: Nun werden wir auch frei!"

Nur etwa 800 Meter müsste Paul Boerner vom „Stehely" in östliche Richtung marschieren, um zum Stadtschloss des preußischen Königs Friedrich Wilhelm IV. zu gelangen. Oft genug schon hat Boerner nachts den Platz davor überquert, erbittert über den verschwenderischen Lichterglanz, den Prunk der Hofbälle und die festlichen Karossen:

In den Berliner Cafés und öffentlichen Leseräumen wie diesem liegen Hunderte Zeitungen aus. Ende Februar 1848 erfahren die Bürger so vom Umsturz in Paris

laut vorlesen. Und dann beginnen die Berliner über ihre eigene Lage zu debattieren – so befreit, wie sie es nie zuvor gewagt haben. Sie halten einander Vorträge über Barrikadenbau, und trotz der Polizeispitzel senkt niemand mehr die Stimme.

Auch nicht der Jurastudent Paul Boerner: Der 19-Jährige lebt erst seit wenigen Monaten in Berlin, wohl kaum jemand kennt ihn in den Zirkeln der Café-Literaten und Publizisten. Aufgewachsen ist der schlaksige Jüngling in Provinzstädtchen Pommerns und Brandenburgs. Dort las er zuweilen auch die Verse freiheitlicher Dichter. Und nun ziehen ihn die Ereignisse in ihren Bann wie so viele in Berlin.

Jeden Tag ist Boerner zuletzt ins „Stehely" geeilt, gespannt auf Neuigkeiten aus Paris. „Mich hielt es nicht in der Stube, ich musste hinaus in die Winterkälte und bis zur Ermüdung fort und fort gehen, um nur mein Blut zu beruhigen, mein Herz", schreibt er später in seinen Erinnerungen. „Die ganze Welt hätte ich umarmen kön- Wie kann der König die Not im ganzen Land vergessen?

Tatsächlich hat der 52-jährige Monarch erst einige Stunden vor seinen Untertanen von dem Umsturz erfahren – aus einer Depesche, die von Boten und durch optische Telegrafen mit Winksignalen aus Paris übermittelt wurde. „Der Satan ist wieder los", war seine erste Reaktion. Kaum ein Monarch stemmt sich energischer gegen den revolutionären Geist der Epoche, gegen das Erbe von 1789, gegen Parlamente, Verfassungen, Liberalismus,

Säkularisierung. Traumatisiert hat ihn 1806 als Kind die Besetzung Berlins durch Napoleon, als das preußische Königshaus nach Memel in Ostpreußen fliehen musste. Tief saß fortan sein Hass auf alles Französische und die „Revoluzion".

Sein Preußen soll ein Bollwerk des Absolutismus sein. Auch jetzt denkt Friedrich Wilhelm nicht an Zugeständnisse oder Reformen. Vielmehr entsendet er sofort einen Diplomaten nach Wien. Denn die beiden größten Mächte des Deutschen Bundes und Garanten der Restauration rechnen mit einem Angriff des revolutionären Frankreich.

Seit 1840 regiert Friedrich Wilhelm über Preußen. Anfangs knüpften auch Liberale große Hoffnungen an ihn. Der beleibte, kurzsichtige Mann mit der hohen Stirn gilt als intelligent, aber auch als schwankend in seinen Stimmungen und redselig. Er umgibt sich gern mit Gelehrten, ist ein Mäzen der Künste, wirft selbst Abertausende Architekturskizzen aufs Papier, beherrscht viele Sprachen, mischt sogar Begriffe aus dem Sanskrit in sein schillerndes, atemloses Alltagsdeutsch.

Doch die gemütvolle Fassade des Königs täuscht, Friedrich Wilhelm IV. ist ein Ideologe.

Kaum im Amt, erließ er zwar eine Amnestie für politische Gefangene und lockerte die Zensur. Doch erschrocken über die Flut von Artikeln, in denen demokratisch gesinnte Publizisten daraufhin die Zustände in Preußen kritisierten und eine Verfassung einforderten, nahm der König die Zugeständnisse rasch wieder zurück.

Und ließ ältere Zensurbeschlüsse verschärfen: Nicht nur Bücher, Broschüren und Zeitungen müssen vor dem Druck eingereicht werden, sondern seit 1843 auch Karikaturen. Polizisten und Spitzel fahnden nach verbotenen Büchern.

Es gibt in Preußen keine Versammlungs- oder Vereinigungsfreiheit; Behörden gängeln die Wissenschaftler an den Universitäten. Der Staat duldet die vielen Geselligkeits- und Bildungsvereine nur, wenn sie politische Themen meiden. Als sich Ende 1846 eine „Bürgergesellschaft" gründet, um über Berlins Probleme zu diskutieren, verbietet der Polizeipräsident den Verein. Dennoch treffen sich Interessierte in öffentlichen Versammlungen, und die Behörden erkennen, dass sie ihren Kurs nicht bedingungslos durchsetzen können.

Schon Friedrich Wilhelms Vater hat seinen Untertanen mehrmals eine Verfassung versprochen, doch nichts ist geschehen. Während sich die meisten Fürstentümer des Deutschen Bundes zu Verfassungsstaaten gewandelt haben und manche ihren Bürgern in gewählten Kammern ein wenig Mitsprache gewähren, gibt es in Preußen keine Konstitution und lange Zeit kein Landesparlament.

Bis geplante Großinvestitionen für den Eisenbahnbau Friedrich Wilhelm im Frühjahr 1847 zwingen, den „Vereinigten Landtag" einzuberufen: einen Zusammenschluss der Ständevertretungen aus den acht preußischen Provinzen. Ohne diese Versammlung kann der Monarch keine Kredite aufnehmen.

Bei der Eröffnung des Landtags erklärte der König unumwunden, „dass es keiner Macht der Erde je gelingen soll, mich zu bewegen, das natürliche Verhält-

Der Prachtboulevard Unter den Linden, hier der Blick auf die Kuppel des Stadtschlosses, täuscht über die Not hinweg, die 1848 in Berlin herrscht: Im Jahr zuvor haben Truppen Hungerunruhen niedergeschlagen

REVOLUTION 1848

nis zwischen Fürst und Volk in ein konventionelles, konstitutionelles zu wandeln". Ein paar Monate später löst er die Versammlung wieder auf.

Friedrich Wilhelm sehnt sich in die von ihm romantisch verklärte Welt des Mittelalters zurück, in der Untertan und Herr durch einen heiligen Treuebund einander gegenseitig verpflichtet waren.

Der fromme Protestant ist tief durchdrungen vom Glauben an die sakrale Würde seines Amtes, sieht sich als „geheiligte Person". Das Gottesgnadentum seiner Krone will er nicht durch eine den im Sommer der Schatten einer doppelten Baumallee fällt: Dort steuern livrierte Kutscher vornehme Equipagen über das Pflaster, rollen unentwegt Droschken und Pferde-Omnibusse. Zu beiden Seiten liegen Adelspaläste, elegante Geschäfte und Kaffeehäuser, in denen Gesandtschaftsattachés und Gardeleutnants Eis, Biskuits und Champagner genießen.

„Nicht leicht mag man so viel glänzende und herrliche Gebäude zusammen finden als auf diesem Raume" ist 1846 in Karl Baedekers „Handbuch für Reisende in Deutschland" zu lesen. Und wenn abends die Gaslaternen erglimmen und die Fassaden der „Linden" hell erstrahlen lassen, mischen sich Prostituierte in Seidenkleidchen und Federhut unter die Passanten; Tausende soll es in Berlin geben.

Preußens König Friedrich Wilhelm IV. verweigert soziale und politische Reformen. Erst als Tausende im März 1848 demonstrieren, macht er Zugeständnisse

DER KÖNIG MERKT NICHT, WIE ERNST

geschriebene Verfassung profanieren lassen; vielmehr soll der König seine Untertanen wie „unmündige Kinder leiten" und „Entartete züchtigen".

So stellt sich der Hohenzoller taub gegen die Forderungen der Zeit, ignoriert politische und soziale Spannungen. Und wohl nirgendwo in Deutschland sind die im Frühjahr 1848 sichtbarer als in Berlin.

INMITTEN SANDIGER ÄCKER und Heidelandschaften liegt die preußische Hauptstadt, umfasst von einer 14,5 Kilometer langen Zollmauer. Fast drei Stunden würde es dauern, die Metropole an ihrer größten Ausdehnung zu durchwandern. Und doch vermag sie die vielen Menschen kaum noch zu fassen.

Denn Berlin ist in den Jahrzehnten zuvor stärker gewachsen als jede andere Metropole auf dem Kontinent. Inzwischen zählt die Stadt über 400 000 Einwohner – mehr als doppelt so viele wie noch zu Beginn des Jahrhunderts.

Wer sich ihr durch die Parkanlagen des Tiergartens nähert und ganz im Westen durch das Brandenburger Tor betritt, vor dem öffnet sich der 50 Meter breite Prachtboulevard Unter den Linden, auf

Abseits des Prachtboulevards und seiner noblen Seitenstraßen liegen die Wohnviertel der Handwerker, Tagelöhner und Bettler. Sie sind eng bebaut, zumeist säumen monotone Häuserreihen die Straßen, von Spekulanten erbaut, um möglichst viel Miete einzunehmen. Im Sommer steht die Luft feucht und schwül in dunklen Hinterhöfen, steile Treppen winden sich in den Seitenhäusern hinauf. Nicht selten bewohnt etwa ein Schneidermeister mit seiner Familie ein einziges Zimmer, das ihm und seinen Gesellen tagsüber als Werkstatt dient. Arbeiter zwängen sich abends auf eine gemietete Schlafstelle, oft hoch oben unter dem Dach.

Etwa 80 Prozent der Bewohner leben in solchen Behausungen – darunter die gut 3000 Fabrikarbeiter, die sich täglich zu Fuß auf den Weg zum Oranienburger Tor machen. Jenseits der Stadtmauer rauchen die Schornsteine einiger Maschinenbau-

DIE LAGE FÜR IHN IST

fabriken; die Firmen Borsig und Egells sind die beiden einzigen Großunternehmen Berlins, sie fertigen Lokomotiven und Dampfmaschinen. Doch noch immer arbeiten viel mehr Menschen in Wollmanufakturen, Spinnereien, Seidenbandfabriken und Kattundruckereien, in kleinen chemischen Fabriken, Zuckersiedereien, beim Bau von Häusern, Straßen und Eisenbahnstrecken oder als Selbstständige.

Die Geschäfte gehen nicht gut: Drei Viertel aller Handwerksmeister sind von der Gewerbesteuer befreit, weil sie zu wenig Geld einnehmen. 30 000 Berliner leben von der Armenfürsorge, tatsächlich vegetieren aber mehr als doppelt so viele am Existenzminimum. 10 000 Obdachlose frieren bei Schnee, Regen und Wind auf den Straßen. Kinder betteln oder ziehen von Bierstube zu Bierstube, um für ein paar Groschen Schwefelhölzer, Seife oder Bilderbögen zu verkaufen.

Und so fürchtet etwa ein Viertel aller Berliner Familien 1848 den Hunger, weil die Erwachsenen keine regelmäßige Arbeit haben. Eine Missernte würde genügen, um noch mehr Menschen ins Elend zu stürzen. Geringe Erträge haben schon im Frühjahr 1847 die Preise für Getreide aufs Doppelte, die für Kartoffeln sogar aufs Drei- bis Vierfache steigen lassen.

Im April hat sich die Wut auf einem der Wochenmärkte entladen: Hausfrauen schlitzten Säcke auf und stahlen Kartoffeln, die Menschen stürmten Bäckereien und Fleischerläden, hielten vornehme Kutschen an, warfen bei Kaffeehäusern Fensterscheiben ein. Am nächsten Tag strömten die Massen zum Alexanderplatz. Einige riefen sogar nach der Revolution – doch an den Sturz der Hohenzollernmonarchie dachte wohl niemand. Abends trieb Kavallerie die Menge auseinander.

Und da zur gleichen Zeit von England her eine Wirtschaftskrise den Kontinent ergriff, mussten Textil- und Maschinenbaufabriken ihre Produktion drosseln, verloren viele Menschen in Berlin ihre Arbeit; im Herbst 1847 zogen immer mehr Bettler auf den Straßen umher.

Zwar sind die Kartoffelpreise seither wieder gesunken, doch wird die Not immer größer. Auch weil jeden Tag neue Zuwanderer ankommen: Tagelöhner, Handwerksgesellen, Abenteurer, Gescheiterte, Kleinkriminelle. Die Armut treibt sie aus der Provinz in die Stadt, wo sie den Konkurrenzdruck und das Elend nur noch verschärfen.

Wer die Augen vor der Misere der Menschen nicht verschließt, ahnt, dass die Zeit für Reformen drängt. Doch Friedrich Wilhelm IV. ist oft abwesend, verbringt diese Monate mit ausgedehnten Reisen, Truppeninspektionen und Jagden.

Und in Preußen gibt es kein Ventil für den Unmut. In einem privaten Brief klagt ein Professor der Universität, es sei „alles Vertrauen und alle Achtung gegen die Regierung verschwunden, und so kann es nicht lange mehr bleiben, wenn der Staat nicht in seinen Grundfesten untergraben werden soll".

DIENSTAG, 29. FEBRUAR. Auch einen Tag nach Eintreffen der Meldungen aus Paris bestürmen Neugierige die Berliner Lesekabinette. Aber es bleibt ruhig auf den Straßen und Plätzen und in den Fabriken.

In den folgenden Tagen lesen die Berliner in auswärtigen Zeitungen, dass der Pariser Zündfunke auf den Südwesten Deutschlands übergesprungen ist. In Mannheim, im Großherzogtum Baden, hat sich die Nachricht vom Umsturz schon am Sonntag verbreitet; tags darauf haben sich mehr als 1000 Menschen in einer Aula versammelt, darunter bekannte Demokraten und Liberale. Die Menge verabschiedete eine Petition an die zweite, bürgerlich dominierte Parlamentskammer

Der Aufruhr in Berlin beginnt unblutig – und vor den Toren der Stadt: Am 7. März fordern erstmals Redner im Tiergarten Pressefreiheit und ein nationales Parlament

REVOLUTION 1848

in Karlsruhe. Ihre Forderungen: Volksbewaffnung mit freier Wahl der Offiziere (um dem Heer des Fürsten etwas entgegenzusetzen), Pressefreiheit, Schwurgerichte nach englischem Vorbild, Wahl eines bundesdeutschen Parlaments.

An diesem Dienstag kündigt die badische Regierung an, rasch Pressefreiheit, Geschworenengerichte und Bürgerbewaffnung zu gewähren. Zeitungen und Flugblätter verbreiten die Mannheimer Petition in Süddeutschland, von dort dehnt sich die Unruhe nach Norden und Osten aus, erfasst nach und nach sämtliche deutsche Mittel- und Kleinstaaten. Überall erheben die Menschen nun ähnliche Forderungen.

Im Schwarzwald bewaffnen sich Bauern mit Äxten und Sensen, ziehen vor die Herrenhäuser der Großgrundbesitzer und fordern die Befreiung von Feudalabgaben. Sie stürmen Amtshäuser, verbrennen Schuldbücher, misshandeln Beamte, die das Spinngeld, den Fischfangzins, das Weggeld und viele andere Zwangsgelder eintreiben. Im württembergischen Niederstetten legt eine Menge Feuer an das Schloss des Fürsten, in Hechingen zwingen Bauern den Standesherrn, auf die ihm zustehenden Abgaben zu verzichten. Auch im Herzogtum Nassau retten sich Regenten nur durch ähnliche Zugeständnisse.

FREITAG, 3. MÄRZ. Nachdem bereits am Vortag das Herzogtum Nassau und das Königreich Württemberg einen Teil der „Märzforderungen" erfüllt haben, beschließt der Frankfurter Bundestag – ein ständiger Gesandtenkongress der Staaten des Deutschen Bundes –, es sei jedem Mitglied freigestellt, die Pressefreiheit einzuführen. Bis dahin war der Bundestag ein verlässliches Werkzeug der Repression; jetzt sieht er sich erstmals zu Konzessionen gezwungen.

DIENSTAG, 7. MÄRZ. Preußens König sieht auch nach dem Beschluss der Frankfurter offenbar keinen dringenden Anlass, die Zensur aufzuheben: In Berlin sind noch keine revolutionären Parolen zu hören – obwohl seit der Nachricht aus Paris über eine Woche vergangen ist. Doch am Abend strömen 600 Menschen in den Tiergarten: Handwerker, Kaufleute, Künstler, Studenten, Gelehrte. Dort haben bereits am Vorabend einige Studenten sowie Schüler der Gewerbe- und Kunstakademie über eine Petition beraten: Außerhalb der Stadtmauer fühlten sie sich sicher vor der Berliner Polizei.

UCH PAUL BOERNER marschiert an diesem Tag an den Wachen beim Brandenburger Tor vorbei in den Tiergarten, euphorisiert und voller Anspannung. Endlich geschieht etwas in Berlin.

Die meist jungen Männer steigen in einem Versammlungssaal auf eine improvisierte Tribüne, vier Stunden dauert die Aussprache, dann verabschiedet die Menge eine „Adresse" an den König.

Gefordert werden unter anderem: „unbedingte Pressefreiheit", „vollständige Redefreiheit", „freies Versammlungs- und Vereinigungsrecht", „gleiche politische Berechtigung aller, ohne Rücksicht auf religiöses Bekenntnis und Besitz" sowie eine „allgemeine deutsche Volksvertretung". Sämtliche Forderungen sind als „Wünsche" deklariert. Und der Text schließt devot „in tiefster Untertänigkeit gegen Ew. Majestät".

Doch niemand wagt, die Resolution dem König direkt zu überbringen, obwohl es zum Stadtschloss nur etwa zwei Kilometer sind.

So lassen lediglich einige Männer die Petition drucken und an öffentlichen Orten zur Unterschrift auslegen (mehr als

DAS AUSRÜCKENDE MILITÄR ENTFACHT

Von Paris springt die Revolution zuerst auf Baden über. Dort kämpfen Freischärler für eine Republik – bis sie am 27. April von Regierungstruppen geschlagen werden

6000 Berliner setzen binnen drei Tagen ihren Namenszug darunter).

Immerhin: Das ist ein Anfang. Paul Boerner kehrt mit der schweigenden Masse in die Stadtmauern zurück, in gehobener Stimmung, aber nervöser Erwartung der kommenden Ereignisse.

Zwei Tage später kommen bereits fast 4000 Menschen in den Tiergarten, obwohl es kalt ist und der Versammlungssaal nur 800 Zuhörer fasst. Noch immer ist unklar, wie die Adresse zu Friedrich Wilhelm gelangen soll.

Natürlich sind die Treffen den Spitzeln nicht verborgen geblieben. Polizeipräsident Julius Freiherr von Minutoli hat persönlich einige Wortführer gewarnt: Sollten sie versuchen, ihren Text dem König zu überbringen, werde die Polizei es verhindern, und wenn dabei Blut fließe. Man möge die Petition doch einfach per Post ins Schloss senden. Das aber ist für die Männer inakzeptabel.

Die Menge im Tiergarten stimmt ab, und eine Mehrheit ist dafür, die Adresse der Stadtverordnetenversammlung zu übergeben, die gerade eine eigene Petition

ters bestimmt, aber den Polizeipräsidenten, der die Stadt de facto regiert, nicht zu kontrollieren vermag. Er ist dem preußischen Innenminister unterstellt – und kann dem Magistrat Anweisungen geben. Gewählt wird die Stadtverordnetenversammlung von kaum sieben Prozent der Berliner – von Männern, die über Hauseigentum oder ein Jahreseinkommen von mindestens 200 Talern verfügen. So ist sie ohne demokratische Legitimation und ohne echte Macht.

Nach anderthalbstündiger Debatte beschließt die Versammlung eine eigene Petition, sanft im Ton und mit moderaten Forderungen. Eine Delegation unter Führung von Oberbürgermeister Heinrich Wilhelm Krausnick will die Adresse am Montag dem König persönlich überbringen. Mit großer Mehrheit lehnt es die Versammlung ab, die Tiergarten-Adresse mit zu überreichen. Auf den Tribünen erhebt sich Lärm und Protest, doch dann gehen die Menschen friedlich auseinander. Bei vielen ist die Angst vor dem radikalen Protest des „Pöbels" gewach-

denburger Tor hinaus in den Tiergarten, wo ein Zoo, Blumengärten und Kaffeehäuser locken. Auch viele Handwerksgesellen sind auf den Straßen unterwegs; wem noch nicht gekündigt wurde, der macht am „blauen Montag" frei. Seit dem frühen Morgen ist an vielen Orten Berlins Militär aufgezogen; in den Innen-

Am 18. März zeigt sich Friedrich Wilhelm kurz der Volksmenge vor seinem Stadtschloss, dann räumen Soldaten den Platz. Als Schüsse fallen, bricht die Revolte los

DEN ZORN DES VOLKES

ausarbeitet. Damit gibt Berlins erste revolutionäre Volksversammlung ihre eigenen Forderungen aus der Hand.

SAMSTAG, 11. MÄRZ. Um 9.00 Uhr gibt es eine öffentliche Sitzung der Berliner Stadtverordnetenversammlung im Cöllnischen Rathaus in der Breiten Straße, gut 300 Meter südlich vom Stadtschloss. Der Saal sowie der Flur und die Treppe davor sind mit Zuhörern überfüllt, die Türen bleiben geöffnet.

Im Saal sitzen die 102 Abgeordneten des Kommunalparlaments. Sie sind kaum mehr als eine Honoratiorenversammlung, die zwar den Magistrat und den Kandidaten für das Amt des Oberbürgermeis-

sen – die Unruhen aus dem Frühjahr 1847 sind ihnen in schlechter Erinnerung.

In diesen Tagen verschärft sich noch einmal die wirtschaftliche Krise, die ganz Europa erfasst hat. An der Berliner Börse sinken die Kurse, Unternehmer stornieren Aufträge. Das Maschinenbauunternehmen Borsig entlässt bis Mitte März ein Drittel seiner 1200 Arbeiter, auch Manufakturen und Handwerksbetriebe kündigen. Zu diesem Zeitpunkt sind 5000 bis 6000 Berliner Gesellen und Arbeiter ohne Beschäftigung.

MONTAG, 13. MÄRZ. Der erste schöne Frühlingstag. Spaziergänger flanieren Unter den Linden, ziehen durchs Bran-

höfen des Stadtschlosses bringen Soldaten Kanonen in Stellung.

Als am Vormittag die Abordnung mit Oberbürgermeister Krausnick im Schloss eintrifft, teilt ein Hofbeamter kurzerhand mit, der König könne sie nicht empfangen. Er sei jedoch bereit, die Adresse am Tag darauf in einer Audienz entgegenzunehmen. Damit geben sich die Männer zufrieden und kehren um.

Unterdessen kommen im Tiergarten weit mehr als 10 000 Menschen zusammen. Es hat sich herumgesprochen, dass die Stadtverordneten es abgelehnt haben, die hier kürzlich verabschiedete Adresse zu überreichen.

Einige Initiatoren der Petition sind daraufhin zusammengetreten – und ha-

Mit dem Banner der Freiheitsbewegung in Schwarz, Gold und Rot stellen sich Handwerker, Arbeiter, Tagelöhner dem Militär. Der Kampf um Berlin währt 20 Stunden

ben beschlossen, die Adresse einfach fallen zu lassen: Mutlos geben die Männer ihre Forderungen preis, eingeschüchtert durch den Militär- und Polizeiapparat. Im größten deutschen Staat scheint die Protestbewegung zu verpuffen.

Doch an diesem Tag ist irgendetwas anders. Während nach 18 Uhr immer mehr Soldaten demonstrativ in den Straßen Berlins Aufstellung nehmen, strömen die Menschen in den Tiergarten – viele rechnen mit einer neuen Kundgebung.

Der Versammlungssaal füllt sich weiter; gegen Abend vor allem mit Handwerkern und Arbeitern – jenen Berlinern, die am stärksten von der Wirtschaftskrise betroffen sind und die am wenigsten zu verlieren haben. Ihre Reden klingen radikaler. Sie fordern Arbeit, niedrige Steuern, bejubeln die „französische Bewegung". Doch eint alle Teilnehmer die Empörung, dass Berlins Zeitungen noch immer zensiert werden, während in vielen anderen deutschen Ländern Fürsten und Monarchen die Pressefreiheit zugestanden haben.

Nach 19 Uhr zieht die Masse durch das Brandenburger Tor zurück. Abdrucke nieder, ein junger Mann stirbt an einer Stichverletzung.

Der erste Tote.

UN IST KLAR, dass es das Militär ernst meint. Auf die Attacke hat Prinz Wilhelm von Preußen gedrängt, der jüngere Bruder des Königs. Billigt Friedrich Wilhelm das Vorgehen? Fest steht: Seine konservativen Berater halten ihn für willensschwach, vermissen eine konsequent harte Hand. Friedrich Wilhelm ist ein Getriebener in diesen Tagen – und wankelmütig. Am Wochenende zuvor etwa hat der König erkannt, „dass eine Proklamation ‚an mein Volk' unumgänglich ist", sich bislang aber nicht an seine Untertanen gewandt.

Dieser Abend am Schloss ist ein Wendepunkt. Der Angriff empört Arbeiter und Bürgerliche gleichermaßen, eint sie in der Wut auf den Militärapparat. Verlief der Protest in Berlin bis dahin zurückhaltender als anderswo, so sind viele jetzt zum Widerstand entschlossen.

beraten. Friedrich Wilhelm spielt auf Zeit. Abends geht er in die Oper an der Lindenallee. Dann reist er nach Potsdam.

Nur etwa 500 Meter von der Oper entfernt sammeln sich an diesem Abend rund um das Schloss mehrere Gruppen: Es kommt zu Pfiffen, Schmährufen und Steinwürfen gegen Militärpatrouillen.

Aufgestachelt durch Gerüchte, der „Pöbel" wolle das Schloss besetzen, dringt plötzlich Kavallerie vor und schlägt auf Schaulustige und Passanten ein. Es gibt zahlreiche Verwundete – einige von ihnen sollen später ihren Verletzungen erlegen sein. Offenbar haben die Herrschenden ebenso wie die Initiatoren der Resolutionen die Kontrolle über die Proteste verloren.

MITTWOCH, 15. MÄRZ. Im Laufe des Tages erreicht die preußische Hauptstadt eine kaum glaubliche Nachricht aus Wien: Klemens Fürst von Metternich, seit 27 Jahren Staatskanzler Österreichs und den Menschen in ganz Europa verhasst als Symbolfigur der Restauration,

DIE BERLINER FÜHLEN SICH VON IHREM

einer neuen Petition gehen von Hand zu Hand; einige Arbeiter haben sie verfasst, sie fordern ein Arbeitsministerium.

Das Volk schiebt sich die „Linden" hinunter, wo überall Militär postiert ist, gelangt am Ende des Prachtboulevards zum großen Platz vor dem Stadtschloss.

Die Stimmung ist geladen, so empfindet es Paul Boerner: „Eine schwüle Gewitterluft lag über Berlin, jeden Augenblick, glaubte man, müsste der Blitz herniederfahren", schreibt er später.

Plötzlich kesseln Kürassiere die Menge ein, hauen mit Säbeln Männer und Frauen nieder. Infanteristen misshandeln Passanten mit Gewehrkolben und Bajonetten. Viele sinken blutend aufs Trottoir

DIENSTAG, 14. MÄRZ, 14 Uhr. Im Schloss empfängt Friedrich Wilhelm Oberbürgermeister Krausnick und nimmt die Adresse der Stadtverordneten entgegen. Der König zeigt sich unbeeindruckt, lobt seine Untertanen. Es sei „anerkennenswert", dass in einer Stadt von solcher Größe, „in der es an reichlichen Elementen der Unruhe" nicht fehle, die Ordnung nicht erheblich gestört sei. Selbst der gestrige Abend könne dieses Anerkenntnis nicht wesentlich trüben.

Noch immer sieht er sich als strenger, aber gütiger Patriarch. Die geforderte Einberufung des Vereinigten Landtags sei bereits für den 27. April beschlossen, über alles Weitere müsse das Ständeparlament

ist wegen Massenprotesten vor zwei Tagen zurückgetreten und nach Großbritannien geflohen.

Friedrich Wilhelm erhält die Nachricht am Morgen durch einen berittenen Eilboten in Potsdam. Seine Reaktion: „Nun werd ich nach Berlin müssen, damit sie mir nicht dort auch tolle Streiche machen."

Österreichs Kaiser Ferdinand bewilligt an diesem Mittwoch Pressefreiheit, eine Verfassung, die Bildung einer Bürgerwehr. Das Militär zieht sich zurück, Wien gehört den Aufständischen.

In der vornehmen Gesellschaft Berlins mit Verbindungen zum Hof raunt man sich zu, der König sei an diesem Tag „ganz bleich", er könne „nicht essen,

KÖNIG VERRATEN

nicht schlafen" und würde „laut jammern". Offenbar ist seine Stimmung in Selbstmitleid umgeschlagen.

FREITAG, 17. MÄRZ. Eine letzte Atempause. Der Aufruf zu einer Demonstration am nächsten Tag verbreitet sich in der ganzen Stadt; einige Bürger, so heißt es, wollen dem König am Samstag eine neue Petition übergeben.

Unterdessen lässt Friedrich Wilhelm mehr und mehr Soldaten in die Stadt ziehen, viele sind in den beiden Schlosshöfen konzentriert.

Und dann entrollt sich das Stundendrama der Berliner Märzrevolution.

SAMSTAG, 18. MÄRZ. Der Morgen beginnt hektisch. Berlins Stadtverordnete wollen eine geplante Demonstration im letzten Moment vereiteln – Preußens Innenminister hat sie dazu aufgefordert. Am späten Vormittag eilen einige Abgeordnete mit Oberbürgermeister Krausnick in den Audienzsaal des Stadtschlosses. Auf dem Weg dorthin sehen sie, wie immer mehr Menschen auf dem Schlossplatz zusammenströmen, es mögen schon 2000 sein. Militär ist nicht auf dem Platz, doch sind die beiden Schlossportale mit Truppen gesichert.

Die Stadtverordneten wissen bereits, dass Friedrich Wilhelm zu einigen Konzessionen entschlossen ist. Er hat ein Pressegesetz unterzeichnet, das die Zensur abschafft und Meinungsfreiheit garantiert, sowie ein Patent, das den Vereinigten Landtag für den 2. April zusammenruft und in dem er sich für eine „konstitutionelle Verfassung aller deutschen Länder" und eine „Bundesrepräsentation" ausspricht, also ein gesamtdeutsches Parlament. Damit folgt der Monarch zwei wesentlichen Forderungen des liberalen Bürgertums – wenn auch allein aus taktischen Gründen.

In der Audienz mit den städtischen Delegierten bekräftigt Friedrich Wilhelm seinen Sinneswandel. Gegen Mittag verlassen die Männer das Schloss; jetzt müssen sie sich schon durch fast 10 000 Menschen einen Weg bahnen zur nahen Stadtverordnetenversammlung. Beifall rauscht auf, als sie dort von der Unterredung berichten. Die Abgeordneten umarmen sich, wollen abends die Stadt

> Rund 900 Barrikaden errichten die Berliner Revolutionäre. Am härtesten sind die Kämpfe östlich des Schlosses – so in der Königstraße und am Alexanderplatz, der uneinnehmbar bleibt

festlich illuminieren lassen. Der Oberbürgermeister lässt sofort Plakate drucken, überall in der Stadt anschlagen und unter der Menge auf dem Schlossplatz Flugblätter verteilen: Ein „auf die freisinnigsten Grundlagen sich stützendes Pressefreiheitsgesetz" sei „bereits unwiderruflich vollzogen" und Seine Majestät „gegenwärtig mit der Vollziehung von Entschließungen beschäftigt, welche das Wohl des Vaterlandes auf dauernde Weise sichern werden".

Doch die 10 000 wollen all das aus dem Munde ihres Königs hören. Immer wieder blicken sie zur Schlossplatzfassade hinauf.

Endlich, um 13.30 Uhr, zeigt sich Friedrich Wilhelm IV. auf einem Balkon. „Stürmischer, fast trunken zu nennender Jubel" brandet auf, so ein Augenzeuge – der Dank für die angeblich gewährten Reformen. Menschen umarmen sich und weinen, in der nahen Königstraße schaffen Arbeiter Gerüste für die Illumination am Abend herbei.

Der König beginnt zu sprechen; zum ersten Mal seit Beginn der Unruhen wendet er sich direkt an seine Untertanen. Doch er dringt nicht durch – niemand unten versteht ihn. Die Rede verhallt ungehört. Der Monarch schwenkt ein Tuch zum Gruß.

In der Menge kursiert bald auch ein Extrablatt der „Allgemeinen Preußischen Zeitung" mit dem Wortlaut der neuen königlichen Patente und Gesetze. Paul Boerner, der inmitten der großen Masse steht, ist unbeeindruckt: „Was kümmerten in diesem Augenblick die königlichen Konzessionen, es waren leere Worte geworden, Phrasen." Auch andere Berliner sind skeptisch: Haben sich die Massen erst wieder beruhigt, so fürchten sie, wird der König die Reformen zurücknehmen.

Noch immer wächst die Menge an. Unter den Neuankömmlingen sind jetzt offenbar viele radikale Arbeiter und Gesellen, die die blutigen Übergriffe der königlichen Truppen nicht vergessen haben. Sie drängen auf den Platz, drücken die Vornstehenden immer weiter an die Schlossportale. Durcheinander entsteht, kleinere Tumulte, immer aggressiver wird die Stimmung.

Auf Friedrich Wilhelm, der ins Innere der Residenz zurückgekehrt ist, wirkt die Situation zunehmend „unheimlich", wie es einem Beobachter aus seiner Entourage scheint. Die Menge lässt sich offenbar nicht mit ein paar Zusagen abfertigen. Vielleicht fürchtet der König sogar einen Sturm auf seine Gemächer.

Und so erteilt er Karl Ludwig von Prittwitz, dem Kommandeur aller Truppen in Berlin, den Befehl, den Schlossplatz zu räumen. Wenig später reitet der General an der Spitze einer Schwadron Dragoner auf den Platz hinaus. Er lässt seine Männer Front machen, dann schlagen sie mit ihren Säbeln auf die Menge ein. Zugleich rücken Infanteristen im Sturmschritt aus.

Plötzlich, es ist etwa 14.30 Uhr, fallen zwei Schüsse.

Die Menge stiebt auseinander. Mit dem hundertfachen Ruf „Verrat! Man schießt auf uns!" stürzen die Menschen in die Seitenstraßen, zornerfüllt und zur Rache entschlossen.

Sofort verbreitet sich die Nachricht von der neuerlichen Attacke durch die Stadt. Und augenblicklich kippt die Stimmung, ist das letzte Vertrauen in den Monarchen

VOLLER ANGST VERKRIECHT SICH DER

zerstört, fühlen sich auch viele der Gutgläubigen getäuscht. Sie sind „aufgeregt bis zur rasenden Wut, knirschend, bleich, atemlos", wie ein Chronist beobachtet.

**ANN BRICHT DIE REVOLUTION LOS.** Die Menschen versuchen, sich zu bewaffnen, plündern Geschäfte, stürmen Wohnhäuser und fahnden nach Pistolen oder Äxten, rüsten sich mit Mistgabeln, Schwertern oder Holzplanken aus. Überall im Zentrum brechen Menschen Kirchen auf, ersteigen die Glockentürme, um durch Sturmgeläut die ganze Stadt zu alarmieren.

In der Königstraße halten Aufständische Droschken und Pferde-Omnibusse an und stürzen sie um; stopfen Wollsäcke sowie Balken der Brunnenverkleidungen dazwischen und errichten so in kurzer Zeit mehrere Barrikaden.

Sie reißen das Straßenpflaster auf, steigen bis zu den Dachböden der Häuser hinauf, decken einige Ziegel von den Sparren ab und postieren sich oben, um das Militär zu erwarten. Kinder und Frauen schleppen in Körben Pflastersteine hinauf.

Als Paul Boerner, bewaffnet mit einem Degen vom Fechtboden der Universität, in die Königstraße kommt, erscheint sie fast unpassierbar. Auch der Student steigt auf einen Dachboden. 15 000 gut ausgerüstete Soldaten stehen gegen mehr als 5000 Aufständische. Einige haben nur Knüppel in den Händen oder Schwerter aus den Requisitenkammern der Theater. Wohl mehr als 80 Prozent der Rebellen sind Handwerksgesellen, Fabrikarbeiter, Dienstboten und Handlanger. Auch einige Krämer und mittlere Beamte kämpfen, aber kaum Akademiker. Es ist eine Erhebung ohne Anführer, ohne Organisatoren. Und nicht für die Verbesserung ihrer Einkommen, für gesunde Wohnungen und bezahlbares Brot kämpfen die Menschen, sondern für Demokratie und Freiheit. Sie haben die Ziele des Bürgertums übernommen.

MONARCH IN SEINEM SCHLOSS

Schon bald türmen sich wohl mehr als 900 Barrikaden in den Straßen. Westlich vom Stadtschloss, in der Oberwallstraße, einem breiten, von den „Linden" abzweigenden Boulevard, der leicht mit Artillerie zu bestreichen ist, hat das vom Schloss nachrückende Militär wenig Mühe, schon bald nach 15 Uhr einen Sperrwall zu stürmen.

Nach 16 Uhr marschiert Militär auf die Königsstraße vor. Dumpf dringen die Geräusche der Kartätschen bis zu Paul Boerner hinauf: „In den engen Gassen hallte das Feuer furchtbar wieder, eisig drang mir das Blut zum Herzen, als nun Salve auf Salve in immer größerer Nähe zu hören war."

Unten auf der Straße sinken Barrikadenkämpfer zu Boden, werden von Kartätschensplittern zerrissen. Wohl mehr als eine Stunde dauert die Kanonade an. Dann ist der Wall sturmreif geschossen. Infanterie rückt vor. Der Straßenkampf beginnt. Die Verteidiger schießen aus Fenstern, werfen Steine von den Dächern. Schließlich aber nehmen die überlegenen Angreifer Haus um Haus.

Boerner will vom Dachboden ins Freie fliehen, ist aber zu langsam, schafft es nicht mehr bis ins Erdgeschoss. Und so dringt der Student in eine Wohnung ein, schlüpft in einer Kammer unter die Decke eines Himmelbetts. Peinlich, ausgerechnet so aufgegriffen zu werden.

Dann hört er Stiefelschritte, jemand betritt das Zimmer, sieht sich offenbar um. „Endlich, endlich ging die Tür wieder zu, die Soldaten verließen das Zimmer, ich hörte sie die Treppe hinuntergehen, die Haustür wurde wieder geschlossen – da, ein langer, tiefer Atemzug, ich war gerettet."

Als Boerner sich nach draußen wagt, blickt er im Schein des Vollmonds auf eine mit Steinen übersäte Straße. Überall Gewehrsalven und Artilleriedonner. Im Nordwesten steigt Rauch auf. Dort haben Arbeiter die Wagenhäuser der Artillerie in Brand gesetzt. Das Feuer lodert die ganze Nacht, untermalt vom Sturmgeläut Dutzender Kirchenglocken.

Der Tumult ist auch in den königlichen Gemächern zu hören. Friedrich Wilhelm wirkt seit dem Ausbruch der Kämpfe wie erstarrt.

Ein Vertrauter beschwört den König, das Feuer einzustellen. Aber dessen jüngerer Bruder Wilhelm tritt dazwischen: „Nein, das soll nicht geschehen, nimmermehr! Eher soll Berlin mit allen seinen Einwohnern zu Grunde gehen. Wir müssen die Aufrührer mit Kartätschen zusammenschießen!"

Der Prinz ist der entschiedenste Scharfmacher am Hof.

Zur gleichen Zeit verladen Diener kostbaren Besitz des Königs auf Spreekähne; im Schlosshof stehen bepackte Reisewagen zur Flucht bereit. Fünfmal geht der Monarch mit seiner Gattin hinunter, kehrt aber immer wieder um. Es wäre aussichtslos, einen sicheren Weg durch die vielen Barrikaden zu finden.

„Als die Sachen immer schlechter wurden und ganz verzweifelt schienen, fiel der König einmal rücklings in seinen Lehnstuhl, hob die Augen und Hände

»DER KÖNIG SOLL DIE LEICHEN SEHEN«,

zum Himmel und rief weinend: ‚O Gott, o Gott, hast du mich denn ganz verlassen!'", notiert später ein Chronist. „Darauf war er einige Minuten wie betäubt."

Östlich des Schlosses, am Alexanderplatz, haben Aufständische unterdessen Straßenzugänge durch Barrikaden nahezu uneinnehmbar gemacht. Die Sperren sind inzwischen sorgfältiger gebaut, die Schützen dahinter besser organisiert und bewaffnet. In den Innenhöfen angrenzender Häuser flackern Wachtfeuer, an denen Mädchen und Jungen Kugeln gießen, Schlosser die Waffen reparieren, Helfer die Verwundeten verarzten.

Um 23.15 Uhr rücken von Osten her mehrere Bataillone durch die Landsbergerstraße auf den Alexanderplatz zu, doch sie können die Barrikade dort nicht nehmen, werden mehrfach zurückgeschlagen.

Kurz vor Mitternacht meldet sich General Prittwitz bei Friedrich Wilhelm zum Rapport. Die Aufständischen seien „durch die Örtlichkeiten und die genaue Lokalkenntnis ungeheuer begünstigt", so der Oberkommandierende. Sie könnten „in ganz kurzer Zeit dahin gelangen, die Truppen nicht mehr zu fürchten". Dagegen seien seine Soldaten ermüdet, manche hätten in den vergangenen 48 Stunden nur etwas Brot und Branntwein erhalten.

Als Prittwitz den Raum verlässt, sieht er, wie der König sich an seinen Schreibtisch setzt, Stiefel und Strümpfe abstreift, in einen pelzbesetzten Sack schlüpft und zur Feder greift. Friedrich Wilhelm verfasst eine Proklamation „An meine lieben Berliner".

SONNTAG, 19. MÄRZ. Gegen zwei Uhr morgens berennen Soldaten in der Landsbergerstraße erneut die Barrikade. Die Aufständischen dort haben inzwischen drei Geschütze erbeutet und verteidigen sich damit. Schützen in den Eckhäusern bestreichen die Straßen.

Eine Stunde später ziehen sich die Angreifer wieder zurück.

Die Soldaten haben bislang kaum mehr als die Gegend um das Schloss eingenommen. In den vielen gewundenen Gassen östlich der Spree werden sie ohnehin nur wenig ausrichten können, dort müssten sie sich in einen aussichtslosen Häuserkampf begeben. Zudem haben die Rebellen inzwischen systematisch Gewehre requiriert, indem sie etwa im Berliner Wohnungsanzeiger die Adressen von Offizieren heraussuchten und die im Hause verwahrten Waffen den Ehefrauen einfach abnahmen.

Ab etwa sieben Uhr früh verbreiten Boten die königliche Proklamation in der Stadt. In seiner Erklärung behauptet Friedrich Wilhelm, die zwei fatalen Gewehrschüsse am Vortag auf dem Schlossplatz hätten sich „von selbst" gelöst.

„Erkennt, Euer König und treuester Freund beschwört Euch darum, bei allem, was Euch heilig ist, den unseligen Irrtum! Kehrt zum Frieden zurück, räumt die Barrikaden, die noch stehen, hinweg und entsendet an mich Männer, voll des echten alten Berliner Geistes, mit Worten wie sie sich Eurem König gegenüber geziemen, und Ich gebe Euch Mein Königliches Wort, dass alle Straßen und Plätze sogleich von den Truppen geräumt werden sollen."

Auf die Berliner macht das Flehen ihres „treuesten Freundes" keinen tiefen

277 Aufständische kommen während der Barrikadenkämpfe um. Am 19. März werden die »Märzgefallenen« zum Schloss getragen, wo Friedrich Wilhelm (Bildmitte) ihnen die letzte Ehre erweist: Auf Druck des Volkes zieht er seine Mütze vor den Toten

Eindruck. Selbstbewusst fordern sie den Abzug der Truppen. Überall hinter den Barrikaden rüsten sich die Verteidiger für weitere Kämpfe, schleppen wieder Steine und sogar Granitplatten von den Trottoirs auf die Dachböden. Und es fallen abermals Schüsse.

Nur drei Barrikaden seien geräumt, berichten am Vormittag von Friedrich Wilhelm entsandte Beobachter. Nun weiß der König, dass der Kampf militärisch nicht mehr zu gewinnen ist.

Zwar hat General Prittwitz in der Nacht ein letztes verzweifeltes Manöver vorgeschlagen: sämtliche Truppen abzuziehen und die Stadt anschließend von außen mit Artillerie zu beschießen. Doch hätte Berlin womöglich monatelang belagert werden müssen.

Nur durch politisches Taktieren lässt sich die Niederlage vielleicht doch noch in einen Sieg verwandeln. Gegen 10.30 Uhr gibt der König den Befehl zum Abzug – eine herbe Niederlage für Prittwitz und sein Offizierskorps.

TÖNT ES AUS DER MENGE

Bald darauf kehren die Soldaten in ihre Kasernen zurück. Überall Jubelrufe, Freudenschüsse. Die Barrikadenkämpfer fühlen sich als Sieger – und gehen erschöpft heim.

Als Paul Boerner, der in der Nacht am Alexanderplatz gekämpft hat, an diesem kühlen Morgen durch die Straßen geht, sind fast alle Barrikaden bereits verlassen. Überall wehen schwarz-rot-goldene Fahnen, das Banner der nationalen Freiheitsbewegung.

277 Aufständische sind tot, über 600 wurden verwundet oder sind gefangen genommen. Das Militär hat kaum mehr als 60 Mann verloren.

Am späten Vormittag marschieren die in den vergangenen Tagen zur Verstärkung eingetroffenen Truppen auch aus den Schlosshöfen wieder ab. Die Residenz ist jetzt kaum stärker geschützt als vor Beginn des Aufstandes.

Dennoch besteht für Friedrich Wilhelm keine Gefahr. Die Monarchie will ja nur eine Minderheit der Preußen abschaffen. Der König hat durch seine Zugeständnisse an Popularität gewonnen. Und für die Übergriffe des Militärs, glauben viele Berliner, sei Wilhelm verantwortlich, der Prinz von Preußen.

In der Stadt hieven die Menschen die teils schrecklich verstümmelten Leichen der Barrikadenkämpfer auf Tragen, Bretter oder Wagen, bekränzen sie mit Blumen und transportieren sie zum Schloss. Ab 13 Uhr strömen die Trauernden in die Schlosshöfe (die Wachen haben sich zurückgezogen, um sie nicht zu provozieren). „Der König soll die Leichen sehen", heißt es.

CHLIESSLICH ERSCHEINT Friedrich Wilhelm auf dem Balkon, „bleich und fast zitternd", wie ein Augenzeuge bemerkt. „Ich sah ihn zusammenzucken bei den wütend höhnenden Worten, die ihm zugerufen wurden, und bemerkte wohl, dass plötzlich das allgemeine Geschrei ‚Mütze ab' (er hatte die Feldmütze auf) sich erhob, wie er erst entrüstet zögerte, aber dann wiederholte gehorchte." Mit entblößtem Haupt muss Friedrich Wilhelm den toten Barrikadenkämpfern die letzte Ehre erweisen und sich zum ersten Mal in seiner Regentschaft dem Willen seines Volkes beugen.

„Jetzt fehlt nur noch die Guillotine", soll ihm die Königin zugeflüstert haben. Es ist eine Zäsur in Preußens Geschichte: eine symbolische Enthauptung, von vielen Menschen auf dem Platz als Ende der absoluten Monarchie empfunden. Und doch rettet der König durch die Demutsgeste seinen Thron. Denn es gibt niemanden, der ihm nun die Macht streitig macht. Der Aufstand richtete sich gegen die Übergriffe des Militärs, nicht gegen das Königtum.

Nur Wilhelm, der Bruder des Königs, muss um sein Leben fürchten. „Haltet ihn, schlagt ihn tot", rufen einige Männer aus dem Gedränge rund um das Schloss einer Equipage nach: Sie glauben, in der Kutsche den Prinzen gesehen zu haben. Andere wollen seinen Palast Unter den Linden niederbrennen, begnügen sich dann aber damit, „Eigentum der Nation" in großen Lettern an die Mauern zu schreiben. Der Prinz wird noch am Abend von seinem Bruder nach England geschickt.

Zu dieser Zeit ist die Stadt festlich illuminiert, Menschenmassen wogen durch die Straßen, feuern Freudenschüsse in den Nachthimmel. Doch das Volk erklärt sich nicht zum Souverän. Und so kann der König schon bald wieder die Initiative ergreifen, denn er versteht sich auf symbolische Handlungen. In den ersten Stunden der Barrikadenkämpfe erschien er wie gelähmt – einige Historiker glauben sogar, dass er einen Nervenzusammenbruch erlitt.

Nun aber zeigt Friedrich Wilhelm ein erstaunliches Gespür für die Situation.

DIENSTAG, 21. MÄRZ. Der König reitet mit großem Gefolge, in Paradeuniform und mit schwarz-rot-goldener Binde am Arm vom Schloss zur Universität Unter den Linden, wendet sich dort hoch zu Ross an die Studenten.

„Ich trage die Farben, die nicht meine sind, aber ich will damit nichts usurpieren, ich will keine Krone, keine Herrschaft, ich will Deutschlands Freiheit, Deutschlands Einigkeit, ich will Ordnung, das schwöre ich zu Gott! Ich habe nur getan, was in der deutschen Geschichte schon oft geschehen ist, dass mächtige Fürsten und Herzöge, wenn die Ordnung niedergetreten war, das Banner ergriffen und sich an die Spitze des deutschen Volkes gestellt haben, und ich glaube, dass die Herzen der Fürsten mir entgegenschlagen und dass der Wille des Volkes mich unterstützen werden." Und dann verkündet er „die innigste Vereinigung der deutschen Fürsten und Völker unter einer Leitung".

Seiner Leitung. Friedrich Wilhelm erklärt sich also selbst zu einem Revolutionär. Und der verwegene Coup gelingt. Denn der Jubel, der ihm entgegenbrandet, während er über den Alexanderplatz zum Schloss zurückreitet, ist „unbeschreiblich", wie ein Chronist festhält. Es sind wohl vor allem Bürger, auch Aristokraten, die ihn feiern; nicht die Kämpfer von den Barrikaden, aber sie lassen die Inszenierung zu.

Seinem Bruder schreibt Friedrich Wilhelm am Tag darauf: „Die Reichsfarben musste ich gestern freiwillig aufstecken, um alles zu retten. Ist der Wurf gelungen, so lege ich sie wieder ab."

In Audienzen muss er anschließend die Gesandten anderer deutscher Staaten besänftigen: Preußen strebe keineswegs nach Hegemonie im Deutschen Bund. Die Proklamation war ein Täuschungsmanöver – die Idee einer geeinten und demokratischen Nation bleibt dem König zuwider. Seinen Preußen indes verspricht er ein Parlament, „eine alle Interessen des Volkes, ohne Unterschied der religiösen Glaubensbekenntnisse umfassende Vertretung".

MITTWOCH, 29. MÄRZ. Friedrich Wilhelm beruft ein neues Kabinett aus freisinnigen Adeligen und bürgerlichen Wirtschaftsliberalen.

Am 21. März setzt sich Friedrich Wilhelm überraschend an die Spitze der revolutionären Bewegung: Plakate kündigen für den Tag seinen Umritt unter den »ehrwürdigen Farben Deutscher Nation« an

> **An die Deutsche Nation!**
>
> Eine neue glorreiche Geschichte hebt mit dem heutigen Tage für Euch an! Ihr seid fortan wieder eine einige große Nation, stark, frei und mächtig im Herzen von Europa!
>
> **Preußens Friedrich Wilhelm IV.** hat Sich, im Vertrauen auf Euren heldenmüthigen Beistand und Eure geistige Wiedergeburt, zur Rettung Deutschlands an die Spitze des Gesammt-Vaterlandes gestellt.
>
> Ihr werdet Ihn mit den alten, ehrwürdigen Farben Deutscher Nation noch heute zu Pferde in Eurer Mitte erblicken.
>
> Heil und Segen dem constitutionellen Fürsten, dem Führer des gesammten Deutschen Volkes, dem neuen Könige der freien wiedergeborenen Deutschen Nation!
>
> Berlin, den 21. März 1848.

Vor knapp einer Woche haben Studenten und Akademiker den „Politischen Klub" gegründet, den ersten politischen Verein Berlins. Zu den Sitzungen erscheinen Tausende, darunter viele Arbeiter. So wird der Klub zum Sammelbecken der gesamten freiheitlichen Oppositionsbewegung.

Berlins Hauswände sind jetzt voller Bekanntmachungen und Plakate, Zeitungen werden gegründet, Flugschriften gehen von Hand zu Hand.

Doch in den folgenden sechs Monaten wird der König immer wieder seine Minister auswechseln, und jedes Mal ist das neue Personal etwas konservativer als das alte: geschickte Rochaden, die seine Macht stärken; ohnehin behält er die uneingeschränkte Gewalt über Militär, Diplomatie und Verwaltung.

Gemäßigte Demokraten halten die Revolution nun für abgeschlossen; zumal im Bürgertum die Furcht wächst, der „Pöbel" könnte doch noch Ansprüche geltend machen. Deshalb sind viele einverstanden, als der Monarch Truppen nach Berlin zurückbeordert – für Friedrich Wilhelm eine erste Etappe auf dem Weg zum ersehnten „Sieg über die bewaffnete Revolution".

Fast überall in Deutschland erlöschen die Massenproteste so plötzlich, wie sie aufgeflammt sind. Denn die Aufständischen ringen vielen Herrschern „Märzreformen" ab. Und so wird kein Fürst vertrieben, keine Monarchie abgeschafft.

Nur König Ludwig I. von Bayern dankt am 20. März zugunsten seines liberaleren Sohnes ab, obwohl es in München zu keinen schweren Ausschreitungen gekommen ist.

Zwar stürmen Krämer, Künstler, Studenten, Handwerker und Dienstboten unter anderem das Zeughaus und ziehen mit erbeuteten Brustpanzern, Schwertern, Hellebarden, Morgensternen zu einem militärisch besetzten Platz. Doch sie legen die Waffen nach einer beschwichtigenden Rede von Ludwigs Bruder schnell nieder. Weitere Proteste aber zwingen den König zum Thronverzicht: Wegen seiner Affäre mit einer verschwenderischen Tänzerin hat er anders als Friedrich Wilhelm von Preußen auch den Rückhalt seines Hofstaates verloren.

Zu der letzten aufrührerischen Versammlung in diesem revolutionären Monat treffen sich am 31. März Bauern in Michelstadt im Odenwald. Dann erlahmen die Agrarrevolten, obwohl längst nicht alle standesrechtlichen Verpflichtungen abgelöst sind.

So entsteht ein sonderbares Patt. Die Geschmeidigkeit der Monarchen beraubt die Revolution ihrer Dynamik. Und es zeigt sich, dass viele Aufständische einen radikalen Wandel scheuen: Ihnen genügt das Erreichte. Andere hoffen, ein demokratisch gewähltes deutsches Parlament werde die Reformen in geregelten Bahnen weiterführen.

Die Wahlen zu dieser verfassunggebenden Nationalversammlung werden in aller Eile organisiert. Der Frankfurter Bundestag hat schon am 30. März die Mitglieder des Deutschen Bundes aufgefordert, in ihren Staaten Abstimmungen zu einer solchen Versammlung zu organisieren. Einen Tag später tritt in Frankfurt ein aus Vertretern der deutschen Länder bestehendes „Vorparlament" zusammen, unter anderem um die Wahl vorzubereiten.

Badische Delegierte wollen es indes in ein permanentes Revolutionsparlament umwandeln. Zudem fordern sie, an der Spitze des künftigen deutschen Staates dürfe kein Monarch stehen. Undenkbar für die Mehrheit der Delegierten.

Doch in Süddeutschland haben diese Republikaner eine große Anhängerschar: Am 12. April ruft einer der radikalen Abgeordneten in Konstanz die Republik aus. Tausende bewaffnete Bauern, Bürger und Handwerker suchen nun die alte Ordnung endgültig zu stürzen. Bis zum 27. April aber schlagen Truppen des Deutschen Bundes die Erhebung nieder.

Dann wird die Nationalversammlung gewählt: Etwa drei Viertel aller volljährigen Männer dürfen ihre Stimme abgeben. Da es noch keine Parteien gibt, stehen Einzelkandidaten zur Abstimmung – zumeist konservative, liberale oder demokratische Akademiker.

**M 18. MAI 1848** tritt das Nationalparlament in der Frankfurter Paulskirche erstmals zusammen. Die kleinste Gruppe der insgesamt 649 Volksvertreter bilden die Konservativen, die die Macht der Fürsten nicht beschränken, sondern lediglich den Deutschen Bund reformieren wollen.

Demokratische Fraktionen treten dagegen für die Republik ein.

Die Liberalen, mit etwa 300 Abgeordneten das größte Lager, nehmen eine vermittelnde Position ein: Sie sind Anhänger einer konstitutionellen Monarchie, in der die Fürstenmacht durch das Parlament beschränkt wird.

Sofort beginnen Abgeordnete, eine Verfassung für ganz Deutschland auszuarbeiten, deren wohl wichtigster Bestandteil „Die Grundrechte des deutschen Volkes" sind: Gleichheit vor dem Gesetz etwa und Meinungsfreiheit. (Sie tritt am 28. März 1849 in Kraft.) Unterdessen arbeitet die gleichzeitig gewählte preußische Nationalversammlung eine Konstitution für die Hohenzollernmonarchie aus.

Doch in Österreich siegen schon im Oktober 1848 die Kräfte der Reaktion; der Kaiser beendet die Revolution, lässt Wien beschießen, Volksvertreter hinrichten.

Diese Wendung ermutigt auch Friedrich Wilhelm IV. zu einem härteren Kurs gegen seine Parlamentarier. Im Streit um die Berufung eines neuen preußischen Ministerpräsidenten will er die verfassunggebende Versammlung kurzerhand von Berlin nach Brandenburg verlegen, um sie zu isolieren. Als die Abgeordneten seine anmaßende Order ignorieren, lässt er seine Truppen in die Stadt einmarschieren.

Die Berliner leisten keinen Widerstand – die Euphorie des Frühjahrs ist in Ernüchterung umgeschlagen; vor allem der Mittelstand sehnt sich nach Ruhe, Ordnung und Sicherheit. Als die Volksvertreter sich dennoch nicht beugen, lässt der König den Belagerungszustand und das Kriegsrecht ausrufen. Gleichzeitig werden alle politischen Klubs zerschlagen, größere Versammlungen untersagt, Zeitungen verboten oder zensiert. Schließlich fliehen die Abgeordneten ins nahe Brandenburg, wo Friedrich Wilhelm das Parlament am 5. Dezember endgültig auflöst.

Am selben Tag oktroyiert er – wiederum aus taktischem Kalkül – für Preußen eine Verfassung, die sich an dem bereits von der preußischen Nationalversammlung erarbeiteten Entwurf orientiert. Eine Überraschung für alle Deutschen. Denn in diesem Grundgesetz garantiert der Monarch unter anderem die Unverletzlichkeit der Wohnung und hebt alle Standesunterschiede auf. Damit ist die preußische Revolution beendet – und für die deutsche eine Vorentscheidung getroffen.

Als die Frankfurter Nationalversammlung Friedrich Wilhelm im April 1849 die deutsche Kaiserkrone anbietet, lehnt er ab. Er begreift sich noch immer als König von Gottes Gnaden, will nicht die Krone einer gewählten Nationalversammlung, wie er einem Diplomaten anvertraut: „Man nimmt nur an und schlägt nur aus eine Sache, die geboten werden kann – und Ihr da habt gar nichts zu bieten: Das mache ich mit meinesgleichen ab." Die Frankfurter Reichsverfassung weist er am 28. April 1849 zurück.

In diesen Tagen ziehen einige deutsche Regierungen ihre Abgeordneten aus der Frankfurter Paulskirche ab – das Ende des Nationalparlaments. Nun ist Preußen neben Österreich wieder Führungsmacht der Restauration.

1851 hebt der Frankfurter Bundestag die gewährten Grundrechte wieder auf. Da haben die Einzelstaaten diese schon längst wieder beschnitten, etwa durch Einschränkung der Meinungsfreiheit.

Der Student Paul Boerner wendet sich 1850 ernüchtert von der Politik ab und widmet sich wieder seinen Vorlesungen. Er wechselt zur Medizin, wird Arzt, dann bekannter medizinischer Publizist und stirbt am 30. August 1885 mit 56 Jahren in Berlin.

So erlebt er noch, wie Friedrich Wilhelm IV. nach mehreren Schlaganfällen 1858 die Regierungsgeschäfte an seinen Bruder Wilhelm abtreten muss (drei Jahre später stirbt der Schwerkranke).

1871 wird der frühere Prinz von Preußen, der im März 1848 die Aufständischen zusammenkartätschen wollte, als Wilhelm I. deutscher Kaiser.

Nach der Märzrevolution tritt am 18. Mai 1848 in der Frankfurter Paulskirche das erste gesamtdeutsche Parlament zusammen. Doch während Konservative, Liberale und Demokraten um eine Verfassung für das Land ringen, finden die Fürsten zu alter Stärke zurück

HEINRICH ZILLE UM 1900

Um die Miete zahlen zu können, nehmen viele Familien »Schlafgänger« auf, die nachts ein Bett mieten – und vor denen nichts privat ist, wie Zille auf diesem Druck von 1902 festhält

GESICHTER DER GROSSSTADT

Zwei Seiten hat Berlin: Nach vorne hin säumen prachtvolle Stadthäuser breite Boulevards, protzige Paläste die großen Plätze. Doch in den Hinterhöfen der Reichshauptstadt herrschen Armut und Kriminalität, Schmutz und Elend. Hier, in der Welt der kleinen Leute, findet um das Jahr 1900 der Zeichner Heinrich Zille seine Motive

—— TEXT: **ULRIKE MOSER**

Es ist eng hier und stinkt nach Fäkalien: In den Slums von Berlin stehen die baufälligen Häuser dicht an dicht – und die Menschen leben in elenden Verhältnissen

Vielleicht wird er sich auf einen Gang durch Berlins alten Stadtkern begeben. Durch die schmalen Gassen des Krögel, in denen man Platzangst kriegt. Vorbei an den eng stehenden Häusern, von denen der Putz abblättert, vorbei an den Werkstätten und Remisen. Weiter in die dunklen Hinterhöfe, in denen die Mülleimer überquellen. Zu den finsteren Treppenaufgängen mit den ausgetretenen Stiegen.

Er wird ein paar Fotos machen. Oder ein paar schnelle Skizzen in den Block. Und dann in die Kneipe gehen, vielleicht in den „Lindengarten" am Spree-Ufer. Oder in den „Nussbaum" in der Fischerstraße, wo die entlassenen Häftlinge aus den Zuchthäusern Plötzensee und Sonnenburg ihre neue Freiheit feiern. Da werden so manche markante Profile zu finden sein. Eine Schlägervisage unter einer Ballonmütze. Ein zerschnittenes Gesicht.

Oder er geht auf den Rummel im Charlottenburger Lietzenseepark. Ein paar schiefe Buden zeichnen, Frauen ohne Unterleib, mit großem Busen. Kinder, die sich vor der Bühne der Ringer drängen. Die Zeitschriften mögen solche Bilder.

Und Heinrich Zille braucht unbedingt Geld.

Ein Jahr zuvor, 1907, hat er seine Arbeit bei der Photographischen Gesellschaft verloren. Nach 30 Jahren. Plötzlich war er kein Angestellter mehr, sondern freiberuflicher Presse- und Witzblattzeichner. Bekannt geworden ist der 49-Jährige durch seine Skizzen – nun müssen sie ihn und seine Familie auch ernähren.

Doch klagen kann Zille nicht. Soeben ist sein erstes Buch im Verlag der „Lustigen Blätter" erschienen: „Kinder der Straße", ein Album mit seinen Arbeiten. Auf dem Titel ist ein Straßenmädchen zu sehen, das von Polizisten weggeführt wird und wütend die Faust schüttelt.

Das Buch wird ein großer Erfolg. Auch die Illustrierten und Witzblätter drucken seine Hinterhof- und Mietskasernengeschichten. Aber bitte nicht nur solche, die den Leser trübsinnig machen. Deftig, volkstümlich derb und heiter sollen sie schon sein.

Die Zeitungen mögen eben am liebsten Erfolgsgeschichten, Aufsteigergeschichten – Berichte von kleinen Leuten, die sich als Kneipenwirte oder fliegende Händler selbstständig gemacht haben und erfolgreich sind. Geschichten wie Zilles eigene: vom Armeleutekind zum bekannten Armeleutemaler. Denn die liefern den Beweis, dass man in Berlin etwas werden kann. Dass es in der Hauptstadt immer nur aufwärts geht.

„Berlin wird Weltstadt", hat rund 40 Jahre zuvor eine Figur in der Posse „Haussegen" gespottet: „Schon wieder ein Haus eingestürzt, drei Menschen spurlos verschwunden und sechs neugeborene Kinderleichen an der Waisenbrücke gefunden. London und Paris können nicht mehr mit uns konkurrieren. Berlin wird immer größer."

Um die Jahrhundertwende hat die Realität das Theaterstück längst überholt. In nur drei Jahrzehnten nach der deutschen Reichsgründung 1871 ist die alte Residenz-, Beamten- und Garnisonsstadt zur modernsten und am raschesten wachsenden Metropole Europas geworden.

Vor den Augen der Zeitgenossen verändert sich Berlin in einer bisher nicht gekannten und für viele erschreckenden Geschwindigkeit. „Das Baufieber raste in den Adern der Stadt", schreibt einer. Die Metropole wächst und wächst; sie erobert das Land ringsum und die innerstädtischen Grünflächen, wird unübersichtlicher, turbulenter, lauter.

„Berlin ist Spekulation, ungesunde Tempobeschleunigung, die Stadt schießt hinein ins Aus-

Lohntag: 1913 skizziert Heinrich Zille die Frauen von Arbeitern, die vor einer Baustelle auf ihre Männer warten – denn die Gatten sollen das eben erhaltene Geld nicht gleich in die nächste Kneipe tragen

wärts, sie kommt nicht gütig oder werbend", klagt später der Nationalökonom Alfons Goldschmidt. „Sie reißt Landstücke an sich, sie pfropft ihre Hässlichkeiten hinein."

Und der amerikanische Schriftsteller Mark Twain hält Chicago im Vergleich mit Berlin für „geradezu ehrwürdig. Die Hauptmasse der Stadt macht den Eindruck, als wäre sie vorige Woche erbaut worden."

Rund um die Kapitale wachsen Schornsteine in die Höhe. Berlin ist das größte Industriezentrum Deutschlands, Standort von Borsig, der Chemiefirma Agfa sowie der beiden Elektroriesen Siemens & Halske und AEG – Unternehmen, die Berlin zur Welthauptstadt der Hochtechnologie gemacht haben. Die Produktionsanlagen werden so groß, dass die Firmen ins Umland abwandern müssen.

Borsig verlegt die gesamte Fertigung nach Tegel; hier ist fortan der Bau von Lokomotiven, von Dampfmaschinen, Kältemaschinen und Pumpwerken konzentriert. Neben dem Stahlwerk, der Gießerei, der Kesselschmiede, den Lokomotivwerkstätten entstehen ein eigenes Kraftwerk, ein eigener Hafen und eine eigene Wohnsiedlung für Angestellte und Facharbeiter. Siemens beginnt im Nordwesten Berlins mit dem Bau der „Siemensstadt", eines Industriereviers mit Wohnstätten, Straßen, Brücken, Verkehrsverbindungen.

Jahr für Jahr nimmt die Metropole Massen von Zuwanderern auf. Jeder Zweite in Berlin sieht aus, als wäre er gerade aus dem Zug gestiegen – desorientiert und entschlossen zugleich. Der echte Berliner ist nicht in Berlin geboren. Sondern kommt aus Brandenburg, Ostpreußen, Schlesien. Viele Neuankömmlinge sind Juden aus den preußischen Provinzen oder aus den Ländern Osteuropas. 1871 hatte die neue Hauptstadt 826 341 Einwohner; am 1. Dezember 1900 werden 1 888 848 Berliner gezählt. 1905 leben mehr als zwei Millionen Menschen in der Stadt.

Und das Berliner Tempo! „Die elektrischen Wagen und die Trams bilden eine ununterbrochene Linie", notiert eine Baronin in ihrem Tagebuch. „Wagen aller Art, Droschken, Drei- und Zweiräder zu Hunderten fahren neben-, vor-, hinter- und oft aufeinander, das Läuten aller dieser Vehikel, das Rasseln der Räder ist

Trotz der seit 1883 nach und nach eingeführten Sozialversicherungen droht vielen Arbeitern Armut. Wer wie dieser Mann sein Leben lang schwer schuftet, hat zwar einen Rentenanspruch – aber erst mit 70 Jahren

Eine Lumpensammlerin zieht 1908 mit ihrem Sohn durch Berlin. Alleinstehende Mütter und Waisen genießen anfangs keinerlei Versicherungsschutz. Stirbt der Mann, stürzt seine Familie oft ins Elend

ohrzerreißend, der Übergang der Straßen ein Kunststück für den Großstädter, eine Pein für den Provinzler."

Die erste elektrische Straßenbahn der Welt startet 1881 in Lichterfelde. Der Fortschritt aber wird nicht von allen begrüßt: Biologen warnen vor magnetischen Feldern, die von der Oberleitung erzeugt würden und negativen Einfluss auf die menschlichen Körpersäfte nähmen. Tierschützer sagen ein Massensterben unter Vögeln voraus.

Die neue, Zug um Zug eingeführte Stadtbahn ist Europas erste Hochbahn überhaupt. Unter ihren Ziegelarkaden richten sich Läden und Gastwirtschaften ein. Während oben die Züge rollen, bestellt man eine Etage tiefer das nächste Bier. 1896 ist mit dem Bau des U-Bahn-Netzes begonnen worden. Und trotz seiner hoch entwickelten Verkehrsmittel, trotz zehn Fernbahnhöfen ist Berlin eine der autoverrücktesten Städte Europas. 1902 muss der erste Polizist zur Verkehrsregelung auf der Straße Unter den Linden abgeordnet werden.

„Sähe ein Unbeteiligter, Ruhiger von irgendwoher hinein in dieses unablässige Rollen, Tuten, Drängen, Rufen, Scharren, Klingeln, in dieses Vorwärtsschieben und Umherwimmeln", schreibt ein Beobachter, „es müsste ihm vorkommen, als jage ein böser Dämon alle diese Menschen dort im Kreise umher." Nervosität und Übererregung sind die typischen Krankheiten der Großstadt.

Meyers Konversations-Lexikon attestiert den Berlinern ein „keckes, dreistes Auftreten": Ein „ganz unangemessener Stolz auf B. und seine Herrlichkeit ist dem Berliner eigentümlich". Berlin ist großspurig, bombastisch, prahlerisch und auf plumpe Weise protzig – geltungssüchtig wie sein Kaiser. „Der Parvenü der Großstädte und die Großstadt der Parvenüs", spottet der Autor und Großindustrielle Walther Rathenau.

Aber in Berlins Norden und Osten, auf der hässlichen Rückseite der lärmenden, aufstrebenden Stadt, in den heruntergekommenen Arbeitervierteln, wo geht es dort aufwärts? In den düsteren Stadtlandschaften von Zilles Kindheit hat sich nichts zum Guten geändert, seit er und seine Eltern nach Berlin gekommen sind.

Neun Jahre alt ist Heinrich, als die Familie Zille im November 1867 aus Sachsen in Berlin eintrifft. Mit wenig Gepäck und wenig Geld. Aber der Hoffnung, in der schnell wachsenden Industriestadt eine Anstellung und eine gesicherte Existenz zu finden.

Wohnungen sind knapp, damals schon. Die Nachfrage übersteigt ständig das Angebot. Und skrupellose Grund- und Bauspekulanten sorgen dafür, dass es auch so bleibt. Wer wie die Zilles kein Geld hat, der strandet in den Mietskasernenvierteln der ärmeren Vorstädte im Norden und Osten der Stadt. Oder es verschlägt ihn in das Gewirr schmaler und feuchter Gassen des Scheunenviertels nördlich des Alexanderplatzes, das als die verrufenste Gegend Berlins gilt.

Hier gibt es niederste Prostitution, hier betreiben kleine Händler ein armseliges Gewerbe, und jüdische Einwanderer aus Russland oder Polen suchen hier eine erste Unterkunft.

„Frauen mit bemalten Gesichtern, mit großen Schlüsseln in den Händen strichen herum wie in der Zosina-Wolja-Gasse in Stanislau oder in der Spitalna in Lemberg", berichtet ein Besucher. „Juden gingen herum, gekleidet wie in Galizien, Rumänien und Russland."

Die Familie Zille findet eine Unterkunft in der Andreasstraße, nahe dem Schlesischen Bahnhof. Hier leben die ganz Armen. Eine Kellerwohnung, eine Stube, eine Küche. „Zerrissene Tapeten, dunkle Konturen, wo einst Bett und Schränke gestanden hatten. Blutflecke zerquetschter Wanzen und in der Ecke ein Packen Stroh, das sollte unser Bett sein", erinnert sich Zille später.

Vier bis sechs Stockwerke sind die Mietskasernen hoch, quadratisch um einen Innenhof angelegt. Die Höfe sind düster und stickig, erfüllt vom Lärm der kleinen Handwerksbetriebe. Das Klopfen, Hämmern und Sägen aus den Werkstätten übertönt den ganzen Tag hindurch Kindergeschrei und das Rufen und Schwatzen der Mütter. Nach der Berliner Bauordnung, die bis 1887 gilt, brauchen die Hinterhöfe nur eine Länge und Breite von je 5,30 Meter zu haben – so groß, dass der Spritzenwagen der Feuerwehr darin eben wenden kann. Hier stehen überquellende Mülleimer und oft auch der Abort. „Schmaler Hof, aber schön hoch", lautet der Hinweis eines Hauswirts auf einer Zeichnung von Zille.

„Kaum irgendwo in der Welt wohnt man so dicht; es ist, als ob nicht für Menschen Unterkunft geschaffen werden sollte, sondern für Maulwürfe", notiert die Zeitschrift „Die Zukunft". Die Wohnungszählungen von 1900 und 1905 bringen Zustände zutage, die den sozialdemokratischen Abgeordneten Albert Südekum zu dem Schluss kommen lassen: „Man kann einen Menschen mit einer Wohnung geradeso gut töten wie mit einer Axt."

Um 1895 leben in Berlin 43,7 Prozent der Bevölkerung in Wohnungen mit nur einem beheizbaren Zimmer, das in der Regel gleichzeitig als Küche, Wohn- und Schlafstube dient.

Die Gemeinschaftstoilette auf dem Treppenpodest oder im Hof wird manchmal von mehr als 40 Personen benutzt. Licht und Luft kommen oft allein über Lichtschächte – wenn die Wohnung nicht ohnehin im Keller liegt. Drangvolle Enge überall. Kinder, Kranke, zwischendrin viel zu schnell gealterte Frauen, die als Heimarbeiterinnen etwas dazuzuverdienen versuchen. Für sieben Pfennig die Stunde, selten mehr, nähen sie für einen Zwischenhändler Kindermäntel mit Pelerinen oder Malerkittel; bis zur Erschöpfung wird die auf Raten gekaufte Nähmaschine getreten. Oder sie fabrizieren Hüte, Kunstblumen, Knallbonbons oder – wie Zilles Mutter – Tintenwischer.

In den Mietskasernen und Höfen stinkt es nach Armut, nach verbranntem Kohl und billigem Schnaps, nach Schweiß und feuchten Wänden. Der Armenarzt behandelt Straßenmädchen, die von Zuhältern geprügelt werden, und an Sommerdiarrhö leidende Kinder – Folge verdorbener Milch und schlechter Luft in den Wohnungen. Er kümmert sich um Schwindsüchtige und Geschlechtskranke.

Die Mieten steigen, trotz dieser Zustände, ständig weiter. Als das Haus Hirschelstraße 14, in dem der Autor Theodor Fontane mit seiner Familie seit Jahren zur Miete lebt, an einen Bankier verkauft wird, erhöht der die Miete auf das Dreifache, obwohl das Gebäude eine abfallübersäte Ruine ist, mit einem Hof, der wirkt, „als könne er das ganze Geheimratsviertel mit Typhus versorgen", so Fontane.

Der empörte Schriftsteller übersiedelt in eine günstigere Wohnung in der Potsdamer Straße, in ein Haus, das freilich ebenso heruntergekommen ist, bevölkert von Wanzen und „Schaben in kaum übersehbarer Heerschar".

Fontane ist nicht der Einzige, der aus Kostengründen die Wohnung wechselt. An den üblichen „Ziehtagen", zum 1. April und 1. Oktober, herrscht stets ein reger Umzugsverkehr. Beladen mit ihren wenigen Habseligkeiten, ziehen die Berliner von einer trostlosen Wohnung in eine noch trostlosere – womöglich in einen Keller oder in einen soeben fertiggestellten, noch feuchten Neubau.

Droschkenkutscher beim Kartenspiel in der Kneipe. Für Männer wie sie gehört das gemeinsame Trinken, Rauchen und Spielen in der Gastwirtschaft zum Feierabendritual

„Trockenwohner" nennt man jene Mieter, die eine frisch verputzte Wohnung gerade so lange beziehen, bis sie ausgetrocknet genug ist und zahlungskräftigeren Mietern angeboten werden kann.

Viele fallen ganz durch die weiten Maschen des sozialen Netzes. Obdachlosen, die von einem der überfüllten Asyle abgewiesen werden, bleibt nur, bei „Mutter Grün" zu nächtigen. An einem einzigen Tag, dem 30. Januar 1895, nimmt eine „Wärmehalle", ein Tagesasyl für Obdachlose, 4000 Personen auf. In Zeiten verschärfter Wohnungsnot nimmt die Zahl der Suizide zu. Wöchentlich veröffentlichen die Zeitungen die Liste der Selbsttötungen.

In diesem Elend findet Heinrich Zille um die Jahrhundertwende seine Motive. Etwa die Heimarbeiterin, die für die Konfektion arbeitet. „Der Haussegen" heißt eine Radierung, weil sich das Geschehen in der ärmlichen Stube genau unter dem an der Wand hängenden Bild „Haussegen" ereignet. Nur passt diese gesegnete Häuslichkeit nicht so recht zu dem hastigen Geschlechtsakt, den Zille mit der Radiernadel festgehalten hat – der Hausverwalter treibt die Wochenmiete ein, die die Näherin mit Geld nicht bezahlen kann.

Auf einem anderen Bild tritt der Untermieter genau in jenem Moment in die Wohnung, als die halbwüchsige Tochter nackt im Waschbottich steht. Intimität gibt es hier nicht.

Zille zeigt die Mutter, die abends nebenbei als Prostituierte „klettern" geht. Oder das kleine Mädchen, das prahlt, Blut in den Sand spucken zu können. Oder die junge Frau, die mit ihrem Kind ins Wasser gehen will – die billigste Methode des Selbstmords. „Mutter, isset ooch nich kalt?", fragt ihr Kind. „Nee, lass man, die Fische leben ja ooch drin."

Berlin ist eine geteilte Stadt. Hier Zilles „Milljöh", der in seinem Elend verharrende Norden und Osten, das „dunkle Berlin" – dort der glänzende Westen, das Berlin der Aufsteiger.

Proper, blitzend und aufgeräumt präsentiert die junge Hauptstadt, die 1126 Straßenkehrer beschäftigt, im Westen ihre schmucke Seite. Und nirgendwo ist es so sauber, so blank wie Unter den Linden. Schaufenster prunken mit Luxusauslagen. Die Wände des Café Bauer hat der vom Kaiser so geschätzte Historienmaler Anton von Werner mit Szenen aus dem alten Rom bemalt. Zwischen Café Bauer und Pariser Platz machen sich „Palazzi prozzi" breit: die Geschäftshäuser der Disconto-Gesellschaft, der Preußischen Central-Bodenkredit-AG, der Internationalen Eisenbahn-Schlafwagen-Gesellschaft.

Und natürlich, am Pariser Platz, der Prunkbau des Hotel „Adlon". Bei seiner Eröffnung im Oktober 1907 schwärmen die Zeitungen von Suiten, die „halb Museum, halb Wohnzimmer" seien, von der riesigen Hotelhalle mit der Büste Wilhelms II. Die moderne Sanitärtechnik des Hauses wissen vor allem amerikanische Gäste zu schätzen. Zum Fünfuhrtee findet sich die Jeunesse dorée des wilhelminischen Berlin ein, um zu plauschen und zu flirten.

„Laufstraße" nennen die Berliner Unter den Linden, „Saufstraße" die Friedrichstraße, „Kaufstraße" die Leipziger Straße. In die Leipziger geht man zum „Shopping" – „eine neue Sitte in Berlin", wie das „Berliner Tageblatt" berichtet, bei der die Damen „ohne die geringste Absicht des Kaufens sich die neuesten Kreationen vorlegen lassen".

Hier liegt auch das 1897 eröffnete Kaufhaus Wertheim mit seiner gotisch stilisierten Fassade, ein Tempel des Massenkonsums. 1907 ist über das Wertheim zu lesen: „Menschen zu fast jeder Tageszeit in ununterbrochenen Strömen; unabsehbare, immer neue Reihen von Verkaufsständen; ein Meer von Warenmassen, ausgebreitet; Treppen, Aufzüge, Etagen, sichtbar wie die Rippen eines Skeletts. Enge

Auf Jahrmärkten locken Schaubuden das Publikum mit zirkusähnlichen Attraktionen. Zille hält 1903 eine dieser Sensationen fest: »starke Damen«, mit denen die männlichen Zuschauer in der Hoffnung auf ein Preisgeld ringen können

und Weite, Tiefe und Höhe; Farben, Glanz, Licht und Lärm."

Die größte Sehenswürdigkeit aber ist der Kaiser: „Berlin jewesen – Kaiser jesehen."

In der Lokalpresse und in Stadtführern wird angezeigt, wann und wo die Untertanen den Monarchen bestaunen können: an Festtagen bei Paraden und Denkmalenthüllungen; alltags bei Ausritten Unter den Linden, meist zu fester Stunde. Oder er braust im Daimler-Wagen vom Schloss zum Brandenburger Tor. „Die kaiserlichen Automobile", informiert der Baedeker, „sind elfenbeinfarbig und fallen durch ein melodisches Trompetensignal mit besonderem Zweiklang auf."

Tausende von Berlinern stehen Spalier oder ziehen im Gleichschritt mit, wenn das Gardekorps zur Frühjahrs- oder Herbstparade auf dem Tempelhofer Feld ausrückt. Und an der Spitze reitet Wilhelm II.

Die Metropole trägt Gardeuniform. Walther Rathenau beschreibt den merkwürdigen Doppelcharakter Berlins und schildert die Metropole als eine Stadt der Beharrung und des Wandels zugleich: „Ein überhitztes, tatsachenhungriges Großstadtleben, auf Technik und sogenannte Errungenschaften gestellt, verlangte eine Repräsentation, die Rom und Byzanz, Versailles und Potsdam auf einer Platte vereinigt."

„Militärtoll" nennt eine französische Zeitung die Berliner. Reserveleutnant zu sein hebt die Reputation und fördert die Karriere.

Der feine Herr pflegt seinen Schnurrbart à la Wilhelm II. Erste Adresse für den Schnurrbartträger mit den nach oben gezwirbelten Spitzen ist der Salon des Hofbarbiers François Haby in der Mittelstraße. Hier bringt man die stolze Manneszierde mit Pomade der Marke „Es ist erreicht!" in Form.

Wer im Glanz der Aristokratie stehen will, ersucht den König um ein Adelsprädikat – so mancher hilft mit einer Spende nach.

Im Königlichen Opernhaus wird zu gegebenen Anlässen die Macht des Reiches zur Schau gestellt. Im ersten Rang die hohe Generalität, das diplomatische Korps und die Hofchargen. In der Hofloge die Kaiserin in lilafarbener Samtrobe und der Kaiser in Galauniform. Die geladenen Damen mit vorgeschriebenem Dekolleté von

Immer wieder stellt Heinrich Zille Frauen aus dem Proletariat dar. Oft kommt er den Porträtierten dabei sehr nahe, ob daheim oder, wie auf dieser Kreidezeichnung, im Umkleideraum einer Badeanstalt

16 Zentimeter Tiefe. Die Kleiderordnung regelt die Garderobe bis hin zur Zahl der Knöpfe bei Uniformen und Hoftrachten. Der festlich gekleidete Herr trägt, à l'Ancien Régime, kurze Beinkleider, Seidenstrümpfe und leichte Schuhe.

Die „besseren Kreise" bauen jetzt im Grunewald, in Dahlem oder am Wannsee. Ein griechisch-italienisches Palais vielleicht, dessen dekorüberladenes Mobiliar mehr zum Repräsentieren als zum Wohnen geeignet ist.

„Hier ein assyrischer Tempelbau", spottet Walther Rathenau, „daneben ein Patrizierhaus aus Nürnberg, weiter ein Stück Versailles, dann Reminiszenzen vom Broadway, von Italien, von Ägypten – entsetzliche Frühgeburten polytechnischer Bierfantasien."

Wo einst ein Knüppeldamm durch sumpfiges Gelände führte, auf dem Kurfürsten, Könige und ihre Jagdgesellschaften zum Jagdschloss Grunewald ritten, ist nach dem Vorbild der Pariser Champs-Élysées eine Prachtstraße entstanden: der Kurfürstendamm.

Die Protagonistin von Theodor Fontanes Roman „Irrungen, Wirrungen" konnte hier zu Beginn der 1870er Jahre noch kilometerlange Spaziergänge durch offenes Gelände machen. Nun wohnen hinter pompösen Fassaden die

Repräsentanten des alten wie des neuen Reichtums: Gutsbesitzer, Offiziere, Rittmeister, Generäle a. D., Bankiers, Fabrikanten, Kommerzienräte, Ärzte, Rentiers und Schauspieler. Hier hängen Schilder „Nur für Herrschaften!", es gibt Nebeneingänge und Hintertreppen fürs Dienstpersonal, und man hat keinen „Hinterhof", sondern einen „Gartenhof".

Um 1913 werden im „Jahrbuch der Millionäre" allein 120 ganz Reiche am Kurfürstendamm registriert – und ungefähr noch einmal so viele in den umliegenden Straßen. Keine andere Einkommensgruppe wächst in dieser Zeit so rasch wie die der wirklich Vermögenden.

Aber auch für den Mittelstand werden neue Wohnviertel aus dem Boden gestampft – in Charlottenburg, Schöneberg, Wilmersdorf, Steglitz und Tempelhof, wo eben noch Rittergüter lagen. Der Bauwut weichen auch die Äcker der Schöneberger Kartoffelbauern, die der Verkauf zu Millionären macht. Der Mittelstand versucht zu zeigen, dass man „wer" geworden ist – auch wenn er das Gold durch Talmi und den Marmor durch getünchtes Blech ersetzt. Und die angeklebten Gipsfiguren am Miethaus mit Ölfarbe wasserfest machen lässt.

Eine geräumige Drei-Zimmer-Wohnung im vierten Stock mit Küche und Balkon am nicht ganz so vornehmen Westrand von Charlottenburg: Sophie-Charlotten-Straße, Vorderhaus mit Blick bis zu den Ausläufern des Grunewalds. Vertiko, Sekretär, eine Kommode, überladen mit Krimskrams, Muscheln, Döschen, Nippes; Äffchen aus Gips neben Hühnchen aus Ton. Mozart- und Beethovenbüste; ein Vogelbauer für die Tigerfinken und Sittiche – mittelständischer Komfort, blitzsauber, Kleinbürgeridyll.

Hier wohnt, seit 1892, Heinrich Zille. „Meine erste eigene Wohnung war im Osten Berlins im Keller, nun sitze ich schon im Berliner Westen, vier Treppen hoch, bin also auch gestiegen", schreibt er rückblickend.

Zille, der Emporkömmling. Vom Hinterhofkind zunächst zum Lithografenlehrling, der Fürsten, Generäle, Schlachten- und Heiligenbilder, Schutzengel und röhrende Hirsche kopiert: Kunst für arme Leute, die mit billigen Drucken den Geschmack der „besseren Kreise" kopieren. Dann Aufstieg zum gut verdienenden

Um die Jahrhundertwende wird Deutschland zum Weltmarktführer in der Elektroindustrie. Allein in den Werkshallen der Allgemeinen Elektricitäts-Gesellschaft Berlin (AEG) sind 1912 rund 46 000 Menschen beschäftigt

Angestellten der Berliner Photographischen Gesellschaft, einer der führenden europäischen Kunstanstalten, die Reproduktionen alter Meister, aber auch zeitgenössischer Kunst vertreibt.

Vom Freizeitmaler, der in eher unbeholfenen Aquarellen Kinder und die Landschaft vor der Haustür festhält, entwickelt er sich zum Künstler, der Anfang der 1890er Jahre beginnt, Beobachtungen aus der Großstadt zu Papier zu bringen. Der sich angesprochen fühlt vom Naturalismus, jenem künstlerischen Angriff auf die satte Borniertheit der Gründerjahre. Das ist etwas, was mit seiner Geschichte, mit seiner Herkunft zu tun hat.

Gerhart Hauptmann, der die Not der schlesischen Weber schildert; Arno Holz, der bitteres Elend mit protzendem Reichtum kontrastiert; Max Kretzer, der drastisch die Elendsverhältnisse in Mietskasernen und Vorstadtdestillen schildert: All diese Autoren, die sich zum Naturalismus bekennen, entdecken nun die Hinterhöfe und Kaschemmen, die Krämerläden und Obdachlosenasyle, die Bordelle und Ganoventreffs.

Schaudernd und fasziniert zugleich treffen sie auf Penner und Prostituierte, auf Zuhälter, Verbrecher und Alkoholiker. Einige leben gar zeitweise in den Arbeitervierteln. Doch kennt sich Zille in diesen Ecken Berlins nicht viel besser aus als diese Elendsausflügler? Hat er nicht selbst erlebt, was die milieusüchtigen Literaten nur beschreiben?

Nicht hinabsteigen zu den Elenden, sondern die „unteren Stände" aufrichten, sie emporheben: Das soll die Kunst nach dem Willen

Meist zeigt Zille den »Ernst im Scherz«. Manchmal aber hält er auch die pure Verzweiflung der Armen fest – wie hier die der lebensmüden Frau, die sich von der Brücke stürzen will, während Mann und Kind sie zurückzuhalten versuchen

Wilhelms II. Der Kaiser fühlt sich zum obersten Kunstrichter berufen. Und Berlin ist die Bühne für das ästhetische Selbstverständnis und die Selbstdarstellung des Monarchen. Zur „schönsten Stadt der Welt" soll die Hauptstadt werden. Er lässt Regierungsbauten und Kirchen errichten, Gefängnisse, Kasernen und Hospitäler.

Wilhelms besondere Liebe gilt Denkmälern. Und der „Denkmalssegen" aus Marmor und Bronze, der sich über Berlin ergießt, ist beachtlich. Allein die Siegesallee, eine 1901 fertiggestellte Flaniermeile durch den Tiergarten, säumen 32 überlebensgroße Standbilder von Mitgliedern des Hauses Hohenzollern – in den Augen des Kaisers ein besonders gelungenes Beispiel seiner Bemühungen, das Berliner Stadtbild zu verschönern.

Was Wilhelm II. dagegen von der Armeleutekunst hält, verkündet er 1901 bei der Enthüllung der letzten Denkmäler der Siegesallee. Wenn diese Kunst, „wie es jetzt vielfach geschieht, nichts weiter tut, als das Elend noch scheußlicher hinzustellen, wie es schon ist, dann versündigt sie sich damit am deutschen Volke" – indem sie „in den Rinnstein niedersteigt".

Rinnsteinkunst. Das zielt auf einen wie Zille. Und auf die „Berliner Secession" – eine Gruppe oppositioneller Künstler um Max Liebermann, die bald nach ihrer Gründung 1898 zur mächtigsten aller progressiven Kunstgruppierungen in der Hauptstadt aufblüht. In den jährlichen Präsentationen der Secession in der Kantstraße werden Werke von Künstlern gezeigt, die vom offiziellen Kunstbetrieb übergangen werden.

In ihrer Ausstellung „Zeichnende Künste" 1901 ist auch Zille vertreten. Acht seiner Zeichnungen und zwei Radierungen hängen neben Arbeiten von Käthe Kollwitz oder Lyonel Feininger. Rückblickend berichtet Zille: „Und ich hörte, wie ein älterer Herr, wie es schien, Militär in Zivil oder Hauptmann an der Majorsecke, zu seiner Dame sagte: ‚Der Kerl nimmt einem ja die ganze Lebensfreude!'"

In den deutschen Städten herrscht Wohnungsnot. In der Zwei-Millionen-Metropole Berlin etwa leben rund 700 000 Menschen wie diese beiden Kinder mit ihren Eltern in einer Einzimmerwohnung

1902 hat Zille seine erste Einzelausstellung. 1903 wird er in die Secession aufgenommen, auch wenn seine naturalistische Zeichenkunst nicht mehr den neuesten Moden entspricht: Der aus Frankreich herüberflirrende Impressionismus verkündet den Rückzug in eine private Genusswelt; und gegen die morbide Eleganz und ornamental stilisierte Kunst des aufkommenden Jugendstils wirken Zilles Werke eher hemdsärmelig robust.

Der aber bleibt bei seinem „Milljöh". Er läuft Männern hinterher, die auf dem Weg in die Volksküche sind, und studiert deren Bewegungen und Gesichter. Er folgt Frauen über die Straße, beobachtet, wie sie die Röcke raffen, und zeichnet sie mit ausladenden Hinterteilen. Er schaut durch dunkle Torbögen, zu den Kindern mit ihren durchlöcherten Hosen und zerrissenen Strümpfen. Fotografiert übereinandergestapelte Kindersärge in einem Schaufenster.

Mit immer sicherer werdendem Strich skizziert er Ladenfronten, Straßenecken, Schilderwände, dunkle Treppenhäuser, bröckelnden Putz und faulendes Holz – all das Bühnenbilder für künftige Zeichnungen. Vorlagen. Erinnerungsskizzen. Beweismaterial.

Zilles Themen sind Wohnen, Essen, Schlafen, Kinderkriegen, Altwerden, Sterben.

Arbeitende Männer kommen in den Bildern selten vor. Die sind tagsüber in der „Fabrikstadt, die im Westen niemand kennt und die vielleicht die größte der Welt ist", wie Walther Rathenau berichtet: „Nach Norden, Süden und Osten streckt die Arbeiterstadt ihre schwarzen Polypenarme, sie umklammert den schwächlichen Westen mit Eisenzähnen."

Berlin hat Fabriken in allen Größen und einen nahezu unstillbaren Arbeitskräftebedarf. 321 800 Arbeiter, mehr als die Hälfte der Berufstätigen, sind 1907 in fast 17 000 Fabriken und Betrieben beschäftigt. Diese „neuen" Werktätigen sind auf Teilarbeiten spezialisiert, arbeiten als Bohrer, Fräser und Dreher. Akkord und Stempeluhr bestimmen häufig den Rhythmus.

Die Fabriken werden wie Kasernen geführt. Nur wenige Konzerne wie Siemens oder AEG gewähren nach mehrjähriger Betriebszugehörigkeit und als besondere „Vergünstigung" drei bis sechs Tage Urlaub.

Dennoch: Die Situation hat sich, bei aller Reglementierung und Monotonie, für die Beschäftigten verbessert. Die Arbeitszeit verringert sich von zwölf Stunden täglich 1870 auf neun bis zehn im Jahr 1910.

Auf dem Bau erkämpfen die Gewerkschaften Wochenlöhne bis zu 36 Mark. In bestimmten Branchen, etwa dem Druckereigewerbe, bildet sich eine Schicht aus hoch spezialisierten Fachleuten, die über ein weit höheres Einkommen verfügt als ein normaler oder ungelernter Arbeiter, der selten mehr als 1000 Mark im Jahr erhält.

Für die Arbeiterbewegung interessiert sich Zille künstlerisch allerdings nicht – nicht für das „rote Berlin", in dem die Sozialdemokraten seit 1903 fünf der sechs Berliner Reichstagswahlkreise halten. Er ist weder Mitglied einer Partei noch der Gewerkschaft. Zille ist ein Menschenfreund, kein Revolutionär. Seine Figuren haben fatalistische Neigungen und richten sich meist lebenstüchtig im Elend ein. Wenn gekegelt wird, dann hält es auch den Rollstuhlfahrer nicht mehr in seinem Gefährt. Und wer im Müll sein Auskommen suchen muss, bedient sich vom „Kempinskihaufen".

Es sind diese kleinen Fluchten aus dem Elend, die der Zeichner darstellt: ins Jrüne oder wenigstens in den Biergarten, in die Laubenkolonie, auf den Rummel, ins Freibad an der schmutzigen Spree oder vielleicht sogar an den Wannsee. Die Menschen machen Dampfer- und Kremserfahrten zu den vielen Garten- und Tanzlokalen an Berlins Seen. Der Berliner Zoo bietet an einem Sonntag im Monat verbilligte Eintrittskarten für 25 Pfennig an, sodass sich auch die Arbeiter und kleinen Angestellten in Massen durch das berühmte Elefantentor drängen.

Vor allem die Kneipe ist Treffpunkt, Vereinslokal, Aufwärmmöglichkeit, Fluchtpunkt aus der häuslichen Enge und Rettungsinsel für die Alkoholiker. Nur in den Kneipen spielen die Männer bei Zille eine Hauptrolle.

Und nirgendwo gibt es wohl so viele Kneipen wie in der Friedrichstraße. „Neulich", berichtet Mark Twain, „setzte ein Mann sein Geld darauf, dass es auf dieser Straße mehr Lokale gibt als Hausnummern – und er gewann. Es gibt 254 Nummern und 257 Lokale." Etwa den berühmten Pschorr-Palast, Ecke Behrenstraße.

Schnell und billig essen kann man bei Aschinger, einem Filialunternehmen mit 40 Lokalen in der Stadt, vielleicht die erste Fast-Food-Kette. Hier hat man sich dem Tempo und der Zeitnot der Großstädter angepasst, gegessen wird im Stehen. Ein belegtes Brot für zehn Pfennig, ein Teller Erbsensuppe mit Speck für 30 Pfennig.

In der Friedrichstraße konzentrieren sich auch die Nachtlokale, Tanzbars und Animierkneipen, die der Stadt den Ruf eines Sündenbabel eintragen, in das der brave Provinzler nur mit frommem Schauder (und heimlicher Sehnsucht) fährt.

„In der Nähe des Bahnhofs begann zur nächtlichen Stunde die Teufelsmagie", berichtet ein Nachtschwärmer. Gruppen von Betrunkenen quellen aus den Lokalen. Auf dem Bürgersteig zieht ein „Strom von Frauenwaden, dicken und dünnen, und Männerbeinen, langen und kurzen, trippelnd, schlurfend, schiebend, stoßend, ständig auf und ab".

In der Friedrichstadt stehen die Straßenmädchen. Sie tragen Federhüte, Federboas und hochgeschnürte Busen und schwenken ihre Taschen hin und her. Um 1900 gehen nach Schätzungen der Polizei 20 000 Frauen in Berlin der Prostitution nach. Ein großer Teil hat zuvor versucht, als Hausmädchen über die Runden zu kommen. Ihre Zuhälter gehören oft „Ringvereinen" aus dem Halbweltmilieu an. Die organisieren kleinere Untergruppen, die sich auf Geschäftsfelder wie Drogenhandel, Prostitution oder Auftragsmord spezialisieren. Vereinsmitglied wird nur, wer mindestens zwei Jahre im Gefängnis verbracht hat.

Und die Mitgliedschaft lohnt sich für die Gauner: Der Verein stellt nicht nur ausgezeichnete Rechtsanwälte – sondern sorgt, wenn es sein muss, auch dafür, dass wichtige Zeugen und Richter bestochen werden.

Die Unterwelt trifft sich in der Kaffeeklappe in der Frankfurter Straße. Oder in der „Parochialritze", auch so einem Gaunerladen.

Mitten unter der zwielichtigen Kundschaft mit den bunten Krawatten sitzt einer, der nicht recht in die Kreise passen will – Heinrich Zille ist, nach einem seiner langen Gänge durch die Stadt, wieder einmal in der „Parochialritze" eingekehrt. Er wird hier nicht nur geduldet, sondern oft sogar eingeladen, wenn die Unterwelt feiert. Ein Außenseiter ist er dennoch. Keiner, der dazugehört. Hier nicht. Aber schon lange auch nicht mehr zu den Armen und Absteigern, die er zeichnet.

Doch in den Künstlerkreisen, in der besseren Gesellschaft, ist er ebenfalls nicht richtig angekommen. Nach dem Ersten Weltkrieg wird Zille zwar zum Professor und Ordentlichen Mitglied der Preußischen Akademie der Künste gewählt, und alle Magazine und Zeitungen bringen Fotos von ihm. Aber noch immer verkauft er seine Zeichnungen, als wäre er ein Handwerker: Der Preis bemisst sich nach der Zeit, die er für ein Bild benötigt hat.

Als Heinrich Zille einige Jahre später stirbt, am 9. August 1929, sind ihm die Figuren von einst längst ein wenig abhanden gekommen. Weil es für die Zeitschriften schnell gehen musste, hat er immer häufiger bei sich selbst abgezeichnet. Und dass sich hinter den humorigen Bildern noch immer bitterer Ernst verbirgt, erkennen nur noch wenige.

Zille, das ist ein Markenname geworden für ein derbes, aber fröhliches, ursprüngliches Berlin. Nicht provokant, eher amüsant. Seit 1925 feiert Berlins feine Gesellschaft „Zille-Bälle". Der Herr Bankdirektor gefällt sich als Ganove mit Ballonmütze und gemaltem Messerstich auf der Wange. Seine Frau spielt mit Netzstrümpfen und einem Ausschnitt, der alles verspricht, das Straßenmädchen. Die Blaskapelle spielt eine Zille-Polonaise. Die Aufsteiger begeben sich Champagner trinkend für eine Nacht hinab in Zilles Milljöh.

Nur Zilles Personal bleibt, wo es immer schon war, draußen – auf der dunklen Seite von Berlin.

Zahlreiche Güter für Berlins Industrie werden über Kanäle transportiert. Schiffe wie dieser Spreekahn sind für die Eigner Arbeitsplatz und schwimmendes Heim zugleich

NACHTLEBEN 1923

MORGEN FRÜH IST WELT- UNTERGANG

Leuchtreklamen erhellen die Friedrichstraße (ganz links), wo Barbesitzer besonders um ausländische Gäste werben – und um deren kostbare Devisen. Nicht weit entfernt tritt die berühmte Tänzerin Anita Berber (links) im Kabarett »Weiße Maus« auf

Die Nächte sind lang in der deutschen Kapitale, seit die Menschen den Muff und die Prüderie der Kaiserzeit abgeschüttelt haben und die neue Freiheit genießen. Doch 1923 herrscht nun Inflation, die Mark verliert in rasendem Tempo an Wert, und niemand nimmt die junge Weimarer Republik mehr ernst. In Berlins zahllosen Bars und Tanzdielen, Kaschemmen und Kabaretts tanzt, trinkt und schnupft sich das Volk die Angst vor der Zukunft weg. Immer dabei im Durcheinander: die Nackttänzerin Anita Berber

— TEXT: **JOHANNES STREMPEL**

NACHTLEBEN 1923

Sie tanzen den Wahnsinn und die Syphilis, das Siechtum, den Selbstmord und das Sterben. Kalkweiß geschminkt, in Schleier gehüllt, sehen die Frauen, die da nachts die Bühne betreten, wie Abgesandte des Todes aus. Engel des Jüngsten Gerichts, die ihre Körper zu expressiver Musik drehen und die Zuschauer eine Vision ihres nahen Untergangs erblicken lassen.

Doch das Publikum hat ganz anderes im Sinn. Die feisten, fröhlichen Herren sind gekommen, sich zu amüsieren. Und um Fleisch zu sehen, denn unter ihren Schleiern sind die Mädchen nackt.

So geht das jeden Abend im Kabarett „Weiße Maus". Anita Berber, die berühmte Tänzerin, will hier ihre Idee von hoher Kunst präsentieren, die Gäste aber schielen ihr und den anderen Mädchen zwischen die Beine.

An kleinen, weiß eingedeckten Tischen bringen Handlungsreisende gemeinsam mit den Prostituierten aus der nahen Friedrichstraße ihr Spesenkonto durch, daneben sitzen Besucher aus der Provinz, die Masken vor dem Gesicht tragen, um an diesem Ort der Sünde nicht erkannt zu werden.

Auch die Gewaltigen der Berliner Unterwelt haben sich eingefunden – ihr dröhnendes Gelächter erdrückt zuweilen die Musik. Boxkämpfer, Schauspieler, Zuhälter drängen sich auf den 98 ausverkauften Plätzen. Mädchen sind auf der Suche nach einem Kavalier.

Fast jeden Abend gibt es Ärger. Vor Kurzem ist die Berber mitten in ihrer Darstellung zornentbrannt auf den Tisch eines Zwischenrufers gesprungen und hat im Stehen auf sein Gedeck uriniert.

Auch in dieser Nacht im Herbst 1923 befürchtet der Kabarettchef Peter Sachse Unheil. Nach und nach wird das Stimmengewirr zu einem Inferno aus Geschrei, Gezeter und Gelächter.

Artisten wie der Jongleur Enrico Rastelli und der Entfesselungskünstler Harry Houdini begründen bereits um 1900 den Weltruhm des »Wintergartens«. Hier tritt 1919 Anita Berber als »Stern des Abends« auf

Der Saal tobt. „Die Berber ist schon eine Top-Sau", hört Sachse jemanden zischen.

Auf jeden ordinären Zuruf antwortet die Tänzerin mit einer noch übleren Beschimpfung, während sie sich weiter hin und her dreht. Plötzlich springt sie in rasender Wut von der Rampe, fegt Tische und Stühle zur Seite und schlägt einem entgeisterten Glatzkopf eine Sektflasche über den Schädel. Die Mädchen auf der Bühne feuern sie enthusiastisch an.

Da hat Peter Sachse endgültig genug. Er entlässt Anita Berber.

Die „Weiße Maus", 1919 eröffnet, ist eines der unzähligen Kabaretts und Nachtlokale in der Berliner Friedrichstadt, allein hier an der Jägerstraße gibt es fast 15 Etablissements. Gleich schräg gegenüber liegt der „Schwarze Kater",

Das Publikum schätzt Sensationen, Skurrilitäten – und Sex. Wer auf die Bühne will, muss die Varietébesitzer aber erst einmal überzeugen. So wie diese Schlangendame, die auf einer Schaustellerbörse ihre Kunst vorführt

der vor dem Krieg noch „Chat Noir" hieß und dann in einer Aufwallung von Patriotismus eilig umbenannt wurde.

Anita Berber hat schon überall in Berlin getanzt, im berühmten „Wintergarten", in der „Rakete", im „Toppkeller", auf der Bühne des „Nelson-Theater". Mal züchtig bedeckt, mal fast völlig unbekleidet. Nacktanz ist die große Mode im Berlin der Inflationsjahre.

Nach der Prüderie der Kaiserzeit, gebeutelt vom verlorenen Krieg und den hohen Reparationsforderungen der Sieger, suchen die Menschen ein Ventil für den Druck auf ihren Seelen, und sie finden es in den Bars und Dielen, den Kaschemmen und Kabaretts der Hauptstadt.

Die Republik nimmt schon lange keiner mehr für voll. So wie die Mark in rasendem Tempo an Wert verliert, verfallen auch die Sitten.

Und Anita Berber lebt in ihrem Tanz, in ihrem ganzen Dasein den verunsicherten Bürgern genau dies vor:

dass Geld und Sparbücher nicht mehr zählen, dass das Morgen nichts bedeutet, nur das Heute, und dass man sich nehmen muss, was die Welt zu bieten hat, ehe der drohende Abgrund alles auf ewig verschlingt.

ZURZEIT IST SIE IM „Adlon" abgestiegen, Berlins elegantestem Hotel. Den Gästen bietet sich abends jedes Mal ein schaurig beeindruckendes Bild, wenn die 24 Jahre alte Tänzerin aus ihrer Suite die Freitreppe hinab zum Speisesaal schreitet: das Gesicht leichenblass geschminkt, die Brauen ausgezupft, die Lippen ein blutroter Strich.

Auch ihr Haar ist rot gefärbt, und das Licht der Kronleuchter bricht sich blitzend in ihrem Monokel. Manchmal trägt sie Smoking wie ein Mann oder einen Zobelpelz, in dessen Ausschnitt sich ein dressiertes Äffchen klammert.

Würde man es wagen, näher an sie heranzutreten, könnte man vielleicht ihre geröteten Nasenflügel erkennen, entzündet vom vielen Kokain, das sie schnupft, wenn sie es nicht vor allen Leuten im Café in den Oberschenkel injiziert. Vor jedem Auftritt trinkt sie eine Flasche Cognac, und ihr Frühstück, so raunt man, bestehe aus in Äther und in Chloroform getränkten Rosenblättern.

Heißt nicht ihr bekanntester Tanz „Morphium"? Normalerweise lindere Morphium den Schmerz, hat ein konservativer Kritiker Anfang des Jahres bissig geschrieben – „dieser Tanz ruft ihn hervor". Aber die Leute lieben die schwüle Tangomelodie, zu der sich ganz Berlin in den Salons im Kreise dreht.

Und seit die Mark nichts mehr wert ist, fallen Ausländer in die Stadt ein. Nicht nur die Wohlhabenden, sondern auch holländische Arbeitergesangvereine, schwedische Lehrerklubs und tschechische Handwerkerverbände.

Mit der Ankunft im Bahnhof verwandele sich jedermann in einen Multimillionär, erzählt man sich jenseits der Grenzen. Während die Deutschen Kuchen aus gefrorenen Kartoffeln essen müssen und als Zigarren nikotingetränkte Kohlblätter paffen, lebt wie ein König, wer ein paar Dollar, Pfund oder Kronen in der Tasche hat. 4,2 Billionen Mark ist ein US-Dollar wert in diesem Herbst, auf dem Höhepunkt der Inflation.

BERLIN HAT JENEN, die Devisen besitzen, viel zu bieten. Seit der Gebietserweiterung 1920 ist die deutsche Hauptstadt mit 3,8 Millionen Einwohnern die drittgrößte Metropole der Welt.

Wer im Land etwas werden will, ob als Schriftsteller, Musiker oder Schauspieler, der kommt nach Berlin. Die Stadt schmeckt nach Zukunft, und dafür nimmt man die Hektik, den Lärm und den Dreck auf sich.

Vor allem aber gilt Berlin als Inbegriff des Lasters und der Dekadenz.

Wohin also sollen die Gäste des „Adlon" nach ihrem Diner aufbrechen? Für die Bars an der Friedrichstraße ist es noch zu früh, aber vielleicht weiter den Boulevard Unter den Linden entlang zur Staatsoper bummeln, wo der junge Erich Kleiber dirigiert?

Oder sie wenden sich zum Potsdamer Platz mit seinen Leuchtreklamen und dem Verkehrsgewimmel, wo sich Bars und Weinstuben, Cafés und Mokkadielen mit abgetrennten Knutschlogen aneinanderreihen: das „Josty", das „Kaffee Vaterland" und das „Weinhaus Rheingold", dessen Wände mit Muscheln und Onyx verkleidet sind.

Wem der Sinn nach Spektakel steht, der kann mit einem Taxi die Potsdamer Straße hinunterfahren, bis zu einer Halle, an deren Umzäunung in leuchtenden Lettern „Sportpalast" zu lesen steht. Im Inneren riecht es nach Bier und Bockwurst, Schweiß und Zigarettenqualm.

15 000 Augenpaare richten sich dort bei den großen Veranstaltungen auf den Boxring in der Mitte, wo dann der „blonde Hans" oder der „schreckliche Türke" ihre Gegner mit Haken und Geraden traktieren. Seit Kriegsende ist Berlin vom Boxfieber gepackt, viele Kämpfer haben den Sport während ihrer englischen Kriegsgefangenschaft für sich entdeckt.

Nur beim Sechstagerennen ist noch mehr los, wenn sich insgesamt 26 Radfahrer in Zweierschichten 144 Stunden lang im Kreis herumjagen.

Dann schlürfen die Reichen und Berühmten in den Logen Sekt – auch Anita Berber zeigt sich hier oft mit einer Traube von Verehrern –, während auf den billigen Plätzen, dem „Heuboden", die Arbeiter mit Buletten und einer Molle in der Hand gedrängt nebeneinanderstehen.

Der Stimmungsmacher Reinhold Franz Habisch, den die Berliner nur „Krücke" nennen, seit er 1905 unter die Elektrische geraten ist, pfeift dazu lautstark den „Sportpalastwalzer".

Ebenfalls in der Friedrichstraße betreten die Kaffeehausgäste der mondänen »Imperator-Diele« ein prachtvolles Interieur mit schweren Sesseln und pompösen Wandmalereien

Fast ganz entblößt präsentieren die Girls der »Haller-Revue« ihre Figur »Quadriga« im Admiralspalast an der Friedrichstraße. Kritiker urteilen, die Nacktheit der Tänzerinnen sei »künstlerisch einwandfrei«

Ein Stöhnen geht durch die Menge, wenn ein Radler stürzt und sich die hinter ihm Fahrenden in einem Knäuel übereinandertürmen. Und am Ende des Rennens, notiert der Reporter Egon Erwin Kisch, „wendet man die Aufmerksamkeit nicht mehr auf die Kurve, sondern auf die Nachbarin, die auch eine bildet".

Vom „Adlon" kann sich der Vergnügungssuchende auch nach Charlottenburg wenden, wo es Kabaretts gibt, die neben Tanz und nacktem Fleisch etwas Anspruchsvolleres bieten. In der „Wilden Bühne" von Trude Hesterberg etwa ist im Jahr zuvor ein junger Autor namens Bertolt Brecht aufgetreten und ausgebuht worden, als er seine pazifistische „Legende vom toten Soldaten" vortrug. „Das war eine Blamage", hat der Schriftsteller Walter Mehring danach zum Publikum gesagt: „Aber nicht für den Dichter, sondern für Sie."

Seinem Namen gerecht wird das Lokal stets dann, wenn der Dichter Joachim Ringelnatz auf der Rampe steht und im Suff krakeelend das Mobiliar zerlegt.

Und dann gibt es noch das „Größenwahn" am Kurfürstendamm. Dort hat eine unbekannte Schauspielerin ein paar Lieder zum Besten gegeben; an Max Reinhardts Theaterschule wollte man sie nicht nehmen, aber Beine hat die Frau! Ihr Künstlername ist Marlene Dietrich.

RUND UM DIE Gedächtniskirche stehen auch die großen Kinos, in denen nun düstere, expressionistische Stummfilme laufen, die in ihrer albtraumhaften Handlung das Gefühl der Ausweglosigkeit in Bilder fassen, das die Menschen in der Inflation befallen hat.

„Das Cabinet des Dr. Caligari" und der Vampirfilm „Nosferatu" sind im „Marmorhaus" am Ku'damm uraufgeführt worden, der „Ufa-Palast" am Zoo zeigte als Erstes Fritz Langs „Dr. Mabuse, der Spieler".

Darin hatte Anita Berber einen kleinen Part als Tänzerin – eine Hauptrolle war wohl nicht mehr drin, nachdem Lang von ihrer notorischen Unpünktlichkeit und den Drogenexzessen gehört hatte.

Bekannter beim Publikum ist sie ohnehin mit den Werken des Regisseurs Richard Oswald geworden, der ein paar Minuten entfernt in der Kantstraße ein Kino betreibt. Oswald dreht vermeintlich aufklärerische Sexfilme mit Titeln wie „Die Prostitution" und „Das Tagebuch einer Verlorenen", die ihm oft Ärger mit den Behörden eintragen. In „Anders als die Anderen" beschreibt er das Schicksal eines Homosexuellen, der sich tötet, um einem Prozess zu entkommen.

Ein heikles Thema – dabei gilt Berlin in Sachen Gleichgeschlechtlichkeit als die toleranteste Metropole des Kontinents. 100 000 Homosexuelle

Faszination des Tabubruchs: Halb nackt zeigt sich die amerikanische Tänzerin Josephine Baker 1926 auf Berliner Bühnen – und wird zum umjubelten Star der Hauptstadt

leben in der Stadt, so schätzt die Polizei, die 25 000 Straßenjungen nicht mitgerechnet.

Die Transvestiten treffen sich im rötlichen Ampellicht der Bar „Mikado" an der Puttkamerstraße, und es kommt nicht selten vor, dass ein Besucher aus der Provinz die Damen mit den Gummibusen und den schlanken Beinen für etwas anderes hält, als sie tatsächlich sind.

In der Bülowstraße liegt der „Toppkeller", versteckt hinter drei Haustoren und einem unbeleuchteten Hof. Maskuline Frauen im Anzug, die Haare zum Bubikopf geschnitten, tanzen hier zur Musik einer vierköpfigen Blaskapelle, daneben Dominas, neugierige Künstler und Schauspielerinnen.

Die lesbische Chansonnette Claire Waldoff mit ihrem kurz geschnittenen Haar und der kratzigen Stimme gehört zu den Stammgästen wie auch die Nackttänzerin Celly de Rheydt und Anita Berber, die mal Männer, mal Frauen liebt.

Hin und wieder verirren sich brave Bürger in das Gewölbe, angezogen vom Kitzel des Verbotenen. Und käufliche Damen erholen sich hier von der Arbeit auf der Straße.

WER AUF DER SUCHE nach Prostituierten ist, findet in Berlin reiche Auswahl: Am Wittenbergplatz stehen die Dominas, deren rote oder giftgrüne Lacklederstiefel wie Signalflaggen funktionieren – an der Farbe erkennt der kundige Masochist, welche sexuelle Spezialität ihre Trägerin anzubieten hat.

„Magste Sklave sein?", flüstern sie den Passanten im Licht der Straßenlaternen zu und lassen ihre Reitgerte durch die Luft sausen. „Kostet dich nur sechs Billionen und eine Zigarette." Die Münzstraße im Scheunenviertel wiederum ist berühmt für die „Münzis", schwangere Huren, und an der Oranienburger Straße bieten Prostituierte mit Entstellungen – fehlenden Gliedmaßen, Buckeln, säurevernarbten Gesichtern – ihre zerschundenen Körper an.

Die kessen Tauentzien-Girls, gekleidet wie elegante Damen, sind

Zuweilen tritt Anita Berber auch ganz bürgerlich auf: etwa im berühmten »Café Kranzler« am Prachtboulevard Unter den Linden

bekannt für ihre freche Berliner Schnauze, und vor den Stundenhotels an der Chausseestraße und der oberen Friedrichstraße warten frierende minderjährige Mädchen in abgeschabten Mänteln auf Pädophile.

Oben in der Friedrichstadt sind die Straßen auch weit nach Mitternacht noch voller Menschen: Hausierer, Taschendiebe, Bettler mischen sich unter die Nachtschwärmer. Drogenhändler mit hochgeschlagenem Mantelkragen verkaufen in Toreingängen Kokain – oft gestreckt mit Kartoffelmehl oder Kalk – sowie flüssiges Morphium in Ampullen und braune Opiumkugeln.

Ausrufer mit Handzetteln machen Reklame für die Nachtlokale in den Seitenstraßen („Garantiert nackte Frauen! Nackt bis auf die Haut!"), und auf den Bürgersteigen kauernde Kriegsversehrte rücken ihre künstlichen Gliedmaßen ins Laternenlicht, um Mitleid zu erwecken. Vielleicht kann man hier auch Anita Berbers guten Bekannten Dr. Heinrich Klapper mit seiner Medizintasche um die Ecke biegen sehen. Die Straßenmädchen nennen ihn „Klapperstorch", weil er sich um ihre Abtreibungen kümmert.

In der glasüberdachten Lindenpassage, einem Standort der geschminkten Strichjungen mit ihren künstlichen Taillen, werden pornografische Postkarten verkauft, und Nacktbilder hängen neben Schiefertafeln, auf denen der letzte Stand der Inflationsrate angegeben ist.

Nachwuchs für die Amüsierbetriebe: Junge Frauen bewerben sich als Nummerngirls. In den Shows der Berliner Varietés gibt es pro Nacht bis zu 50 Auftritte von Künstlern, und jeder wird von spärlich bekleideten Damen angekündigt

Die Wirtschaftskrise hat viele Sekretärinnen, Stenotypistinnen und Verkäuferinnen in die Gelegenheitsprostitution getrieben. „Kunstseidene" nennen die Einwohner Berlins diese Amateurhuren, die den rund 10 000 amtlich registrierten „Kontrollmädchen" Konkurrenz machen.

Manche Schlepper entführen ausländische Touristen von der Straße weg in gutbürgerliche Stuben mit Grammofonmusik, wo aus schierer Not Kriegswitwen sich selbst oder ihre Töchter zum Kauf anbieten. Und nicht wenigen Engländern, Franzosen und Amerikanern erscheint dies auch nur gerecht: Hier und jetzt bezahlt Deutschland die Zeche für den grauenvollen Krieg.

In den mehr als 300 Bordellen und Stundenhotels allein rund um den Alexanderplatz findet sich die unterste Kategorie des Rotlichtmilieus: dreckige Absteigen, in denen tagelang die Laken nicht gewechselt werden.

Hier, in direkter Nachbarschaft zum Polizeipräsidium, verkehrt auch die Unterwelt der Stadt. Berlins Sperrstunde beginnt um drei Uhr nachts, wer danach noch einen letzten Cognac trinken will, kann es in den Kaschemmen der kriminellen Ringvereine tun.

„Immertreu" oder „Felsenfest" oder gar „Glaube, Liebe, Hoffnung" nennen sich diese Organisationen, die angeblich die Rehabilitierung früherer Straftäter zum Ziel haben, in Wahrheit aber Drogenhandel, Schmuggel und Prostitution kontrollieren.

Gastwirte zahlen Schutzgelder, und die Polizei sieht nicht so genau hin. Sollte es eines der Ringmitglieder doch einmal vor Gericht verschlagen, bezahlt die Bruderschaft den Anwalt und bei Bedarf auch die nötigen Entlastungszeugen.

Die anderen Zentren der Kriminalität liegen im Osten und Norden – etwa am Schlesischen Bahnhof in Friedrichshain, dessen Name in den vergangenen zwei Jahren im Zusammenhang mit dem Fall Carl Wilhelm Großmann in den Zeitungen genannt wurde: Der gelernte Fleischer soll mindestens 20 Mädchen am Bahnhof aufgegabelt, getötet und anschließend zu Wurst und Dosenfleisch verarbeitet haben.

Nahe dem Stettiner Bahnhof, an der Borsigstraße 29, betreibt der „Hunde-Gustav" sein Lokal, das in den frühen Morgenstunden bei Ganoven, Zuhältern und neugierigen Bürgern gleichermaßen beliebt ist. Zu den Stammgästen gehören „Apachen-Erich", „Mundfäule-Walter" und der „Lange Leo".

Auch die Polizei kommt gern vorbei: zu einer gelegentlichen Razzia oder privat nach Dienstschluss. Der Besitzer des Etablissements verdankt seinen Namen seinem früheren Beruf – Hundefänger – und dem weitverbreiteten Gerücht, dass er nur Hundefleisch zu sich nimmt.

Drogen gibt es in der Friedrichstadt unweit des Potsdamer Platzes an fast jeder Ecke zu kaufen. Kokain, Morphium und Opium sind die Treibmittel der Experimentierlust

Wer morgens gegen sechs aus dem verqualmten, düsteren Gewölbe ins Licht der aufgehenden Sonne stolpert, muss sich fühlen, als hätte ihn ein Bus überfahren. Die Unglücklichen, auf die das Büro wartet, schleppen sich zum „Café Viktoria" Unter den Linden, wo in den Toiletten warmes Wasser aus den Hähnen fließt und man sich rasieren und waschen kann. Die anderen schlafen daheim ihren Rausch aus.

Doch in diesem Herbst 1923 ahnt noch niemand, dass sich Berlin sehr bald verändern wird: Die am 15. November eingeführte neue Währung stellt allmählich die alte Ordnung wieder her, das exzessive Nachtleben geht zu Ende. Viele der Kabaretts in der Jägerstraße müssen schließen, die Berliner strömen stattdessen in die verschwenderisch ausgestatteten Erik-Charell-Revuen mit ihren Reihen roboterhaft strahlender Tänzerinnen. In der Kunst verdrängt die „Neue Sachlichkeit" nun den rauschhaften Expressionismus.

Und Anita Berbers dunkle, selbstzerstörerische Aura wird abgelöst von einem anderen Schönheitsideal: dem sportlichen Girl der Goldenen Zwanziger, mit Bubikopf und Tennisschläger.

Es sind nur noch ein paar Jahre, die der Hohepriesterin der Inflationszeit bleiben: Nacht für Nacht kann man Anita Berber jetzt am Tresen der Transvestitenbar „Eldorado" stehen sehen, trinkend und koksend – das fast vergessene Relikt einer Zeit, an die keiner mehr erinnert werden möchte.

Während einer letzten Tournee durch den Nahen Osten bricht sie auf der Bühne eines Nachtclubs in Beirut zusammen. Diagnose: Lungenschwindsucht. Die monatelange, quälende Heimreise nach Berlin wird nur durch Spenden befreundeter Künstler möglich.

Am 10. November 1928 stirbt Anita Berber, mit 29 Jahren.

Als ihr von Drogen ausgemergelter Körper in die schwarze Erde des Neuköllner Friedhofs hinabgelassen wird, versammeln sich an der Grube Transvestiten und Straßenmädchen, Barmixer, Strichjungen und Hermaphroditen.

Den Tod vor Augen hatte sie sich noch kurz vor ihrem Ende die Lippen geschminkt – mit den Worten: „Der Kerl soll mich schön haben."

LITERATUR 1929

»BERLIN ALEXANDERPLATZ«

Reklamegeschrei, Verkehrslärm, Lichterglanz: Eine Großstadt sprachlich zu fassen ist noch keinem deutschen Schriftsteller gelungen – bis Alfred Döblin »Berlin Alexanderplatz« vorlegt

TEXT: **CLAUDIA WEISS**

Döblins Roman wird ein Welterfolg. Zwei Jahre nach seinem Erscheinen verfilmt Phil Jutzi 1931 die Geschichte um einen ehemaligen Zuchthäusler, der am lauten, quirligen Alexanderplatz in dunkle Geschäfte verwickelt wird

EIN MONTAGMORGEN in der Hauptstadt. Vor dem Zuchthaus Berlin-Tegel steht Franz Biberkopf, groß, kräftig, Anfang 30. Vier Jahre hat der ehemalige Transportarbeiter hinter Gittern verbracht, als Strafe für den Totschlag seiner Geliebten. Jetzt ist er frei – und weiß nicht wohin: „Das war zuerst, als wenn man beim Zahnarzt sitzt, der eine Wurzel mit der Zange gepackt hat und zieht, der Schmerz wächst, der Kopf will platzen."

In der Haftanstalt herrschte Ordnung, feste Regeln gaben Biberkopf Halt. Jetzt aber, 1927, dröhnt Berlin auf ihn ein, der Vier-Millionen-Menschen-Moloch, laut, stickig, dynamisch. Ein Anziehungspunkt für Künstler, Literaten, Zeitungsleute, Glücksjäger.

Und mittendrin Franz Biberkopf, der jetzt nur noch eines will: „anständig" bleiben.

Als Straßenhändler verkauft er tagsüber Schlipse am Alexanderplatz, in Kneipen und Zuhälterkaschemmen verbringt er die Abende. In diesem Milieu findet Biberkopf seine große Liebe. Doch es wird nicht gut enden mit ihm.

Daran lässt sein geistiger Vater, der Autor Alfred Döblin, bereits im Prolog zu „Berlin Alexanderplatz" keinen Zweifel. Jenem Roman, der wie kein zweiter steht für die Erneuerung der deutschen Literatur zu Zeiten der Weimarer Republik.

Der spätere Romancier und Nervenarzt wird am 10. August 1878 in Stettin an der Oder als Sohn jüdischer Eltern geboren. Früh verliert er seinen Vater: Schneidermeister Max Döblin brennt mit einer Angestellten nach Amerika durch, lässt seine Frau Sophie und die fünf Kinder unversorgt zurück. Wirtschaftlich ruiniert, muss die Familie zu Verwandten an die Spree ziehen.

„Ich kam in Berlin in einem Zustand an, der sich nicht sehr unterschied von meiner Geburt, zehn Jahre vorher, in Stettin. Es war gewissermaßen eine Nachgeburt. Es hat aber keiner etwas davon gemerkt", erinnert sich Alfred Döblin später.

Berlin wird sein literarisches Biotop. Während des Medizinstudiums, das ihm Onkel und Bruder finanzieren, verfasst er um 1903 den Roman „Der schwarze Vorhang"; es ist sein erstes großes Prosastück, das veröffentlicht wird – allerdings erst neun Jahre später, im Expressionisten-Blatt „Der Sturm".

Döblin lässt sich als Arzt nieder, heiratet. 1914 zieht er freiwillig in den Krieg. Das Elend dort verändert ihn: Er schreibt nun gegen das Morden an, in seinem Monumentalwerk „Wallenstein" schildert er minutiös den Alltag im Krieg.

Im November 1918 kehrt er in die Hauptstadt zurück. „Mein Gebiet ist: Nerven- und Gemütsleiden; meine Patienten – ich wohne weit im Osten Berlins – gehören fast ausschließlich den Arbeiter- und kleinen Angestelltenkreisen an."

Die meisten Menschen sind verunsichert. Mit dem Kaiserreich ist zugleich die alte Ordnung untergegangen, eine neue gibt es noch nicht. Die Literaten dagegen genießen die Befreiung von der wilhelminischen Zensur: Proletarisch-revolutionäre Schriftsteller wie Johannes R. Becher nutzen die Literatur als Kampfinstrument für die Sache der Arbeiter. Expressionisten kämpfen gegen die verlogene Gesellschaft an, so Ernst Toller. Dadaisten wie Raoul Hausmann rütteln mit sinnentleerten Manifesten und Aktionen am gesamten bürgerlichen Kunstverständnis. Hermann Hesse schreibt seinen „Steppenwolf", Lion Feuchtwanger den „Jud Süß" und Thomas Mann den „Zauberberg".

Der Nervenarzt Döblin beobachtet die Menschen mit dem Blick des Analytikers. „Heran an das Leben. Dichter! Dichter!" will er. Denn: „Ein Kerl muss eine Meinung haben!"

Mit seinem Scharfsinn und Realismus prägt er die um 1925 aufkommende „Neue Sachlichkeit" in der Literatur. Deren Vertreter verstehen sich als kühle Beobachter ihrer Zeit, die die Wirklichkeit sezieren. Der Journalist Egon Erwin Kisch schreibt Reportagen in dem neuen literarischen Stil. Mit „Emil und die Detektive" gelingt Erich Kästner 1928 das Kinderbuch der Neuen Sachlichkeit. Der Emil ist dem realen Hauptstadtbengel so direkt abgeschaut wie Franz Biberkopf dem Arbeiter aus dem Berliner Osten.

Kühl und sachlich auch lässt Döblin seinen Erzähler in „Berlin Alexanderplatz" den Protagonisten Biberkopf auf dessen Weg ins Verderben begleiten. Noch ehe die eigentliche Geschichte beginnt, berichtet der Erzähler vom „Schicksal", das „gegen den Mann" fahre, ihn zur Strecke bringe und einer „Gewaltkur" unterziehe.

Mithilfe einer neuartigen Montagetechnik versucht Döblin, den Leser in jene Unruhe zu versetzen, die auch Franz Biberkopf treibt. Der dauernde Wechsel der sprachlichen Mittel – die Vielstimmigkeit von Berliner Jargon, Bibelsprache, Werbeslogans, Schlager- und Moritatenton, Zeitungsdeutsch, Statistiken – soll das neue Tempo der Großstadt wiedergeben: „Rumm rumm haut die Dampframme auf dem Alexanderplatz. ... Ruller ruller fahren die Elektrischen, Gelbe mit Anhängern ... da sitzt ein alter Mann mit Arztwaage: Kontrollieren Sie Ihr Gewicht, 5 Pfennig."

Die Großstadt ist der eigentliche Gegenspieler von Franz Biberkopf. Das Pandämonium aus Häusergewirr und Menschentrubel, Reklamegeschrei,

Döblin nimmt das Tempo der Großstadt in Berlins Osten auf, wo er sich mit Frau und vier Kindern als Nervenarzt niedergelassen hat. Er mischt Straßenjargon mit Zeitungsdeutsch, Zahlen mit Bibelsprache – und erneuert durch Montage und Tonfall die deutsche Literatur

Verbrechertum, Schlachthausdunst und Jazz, aus Kaschemmenphilosophie, Zuhälterpack, Flittermoral, Hurenbräuten und strahlendem Lichterglanz nimmt ihm den Halt und macht es ihm unmöglich, „anständig" zu sein.

Döblins Verleger Samuel Fischer wagt eine Erstauflage von 10 000 Exemplaren. Sie ist binnen weniger Monate nach Erscheinen im Oktober 1929 vergriffen. Der Kulturkritiker Walter Benjamin urteilt: „So hat der Gischt der Sprache den Leser noch nie bis auf die Knochen durchnässt."

Und Gottfried Benn – ebenfalls ein dichtender Arzt – stellt fest, Döblin mache „mit der rechten Hand Kunst, noch mit dem kleinen Finger der rechten Hand macht er mehr als fast alle übrigen Romanciers".

Zwar finden die Werke Thomas Manns mehr Leser. Auch Erich Maria Remarque erzielt mit seinem lakonisch-kühlen Kriegsbericht „Im Westen nichts Neues" eine weitaus höhere Auflage als „Berlin Alexanderplatz". Doch Form und Inhalt des Döblin-Romans sind revolutionär, so vielseitig wie die Literatur der Weimarer Republik selbst: Mit seiner „Geschichte vom Franz Biberkopf" zieht der Autor gleichsam die Summe aus allen literarischen Avantgarden seiner Zeit.

Mal schreibt er expressionistisch, mal kühl und mit großem Abstand. Er experimentiert mit Filmstil, Naturalismus, Dokumentation. Er montiert, schneidet, konfrontiert. Und porträtiert so auf nie zuvor versuchte Weise das menschliche Dasein im Griff der Großstadt. Damit trifft er ein wesentliches Lebensgefühl der Weimarer Republik – die große Verunsicherung, die Frage: Was kommt danach?

Franz Biberkopf schafft es nicht, „anständig" zu bleiben. Schnell wird er in schmutzige Geschäfte verwickelt, dann ermordet ein Freund seine Geliebte. Und Biberkopf geht daran zugrunde.

Wegen seiner jüdischen Herkunft und als „Asphaltliterat" beschimpft, verlässt Alfred Döblin 1933 Deutschland. Er emigriert über Zürich nach Paris, nimmt im Exil die französische Staatsbürgerschaft an. 1940 gelingt ihm die Flucht vor der heranrückenden Wehrmacht in die USA, nach dem Krieg lebt er in Süddeutschland. 1947 kehrt der Mann, der den deutschen Roman revolutioniert hat, für ein paar Tage an den Alexanderplatz zurück.

Zehn Jahre später stirbt Döblin. Ein Roman von der Kraft und dem Einfallsreichtum seines größten Erfolgs ist ihm nie wieder gelungen.

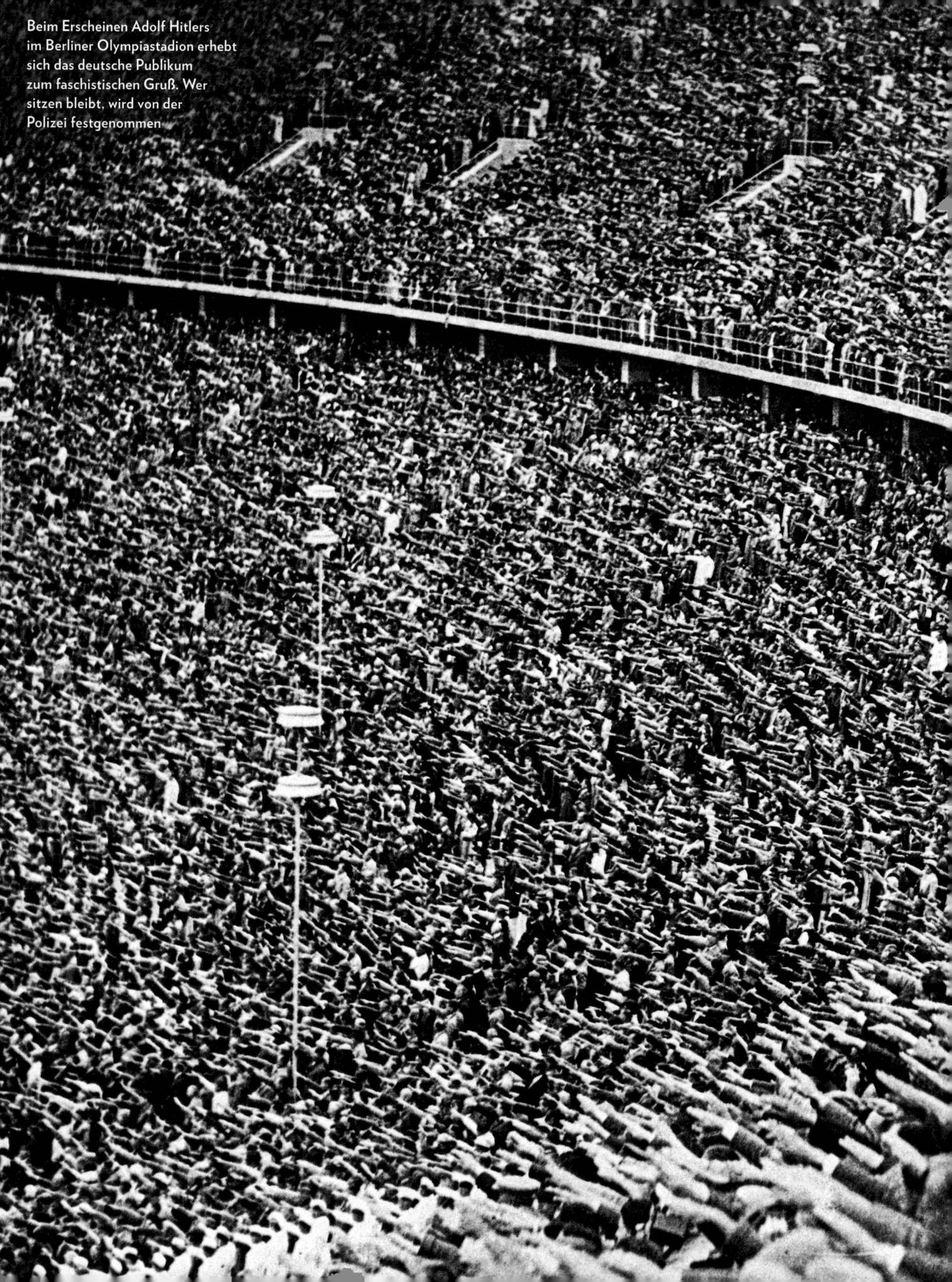

Beim Erscheinen Adolf Hitlers im Berliner Olympiastadion erhebt sich das deutsche Publikum zum faschistischen Gruß. Wer sitzen bleibt, wird von der Polizei festgenommen

OLYMPIA

Die missbrauchten Spiele

Jahrelang wettern die Nationalsozialisten gegen Olympia – nach ihrer »Machtübernahme« aber stecken sie mehr Geld in die Ausrichtung der Spiele als jede Regierung vor ihnen. Das Sportfest soll eine Propagandaveranstaltung werden und die Welt für den neuen deutschen Staat einnehmen. Dafür verzichtet das NS-Regime einige Monate lang auf Übergriffe gegen Juden, nominiert »nichtarische« Athleten – und muss am Ende zusehen, wie ein schwarzer Amerikaner zum Liebling des deutschen Publikums wird

—— TEXT: **GESA GOTTSCHALK**

NS-ZEIT 1936

Das olympische Feuer trifft in Berlin ein: Den Fackellauf vom antiken Olympia an die Spree hat das Propagandaministerium organisiert

ES IST BEREITS NACHT, als Tausende Mädchen und Jungen ins Berliner Olympiastadion einlaufen und zum Klang gläserner Glockenspiele zu tanzen beginnen. Sie sollen das Heranwachsen unschuldiger Kinder zu Frauen und Männern darstellen. Der Reigen gipfelt in einem Bild, welches das olympische Ideal vom gestählten Athleten mit der faschistischen Idee vom Heldentod fürs Vaterland vereint: Zu rhythmischer Musik schlagen sich zwei Krieger in Rüstung, bis sie niedersinken und auf ihren Schilden aus dem Stadion getragen werden. 80 Frauen zeigen darauf den „Tanz der Trauernden". Schließlich singen 1000 Sänger Beethovens „Ode an die Freude", und rings um den oberen Rand des Stadions entflammen Fackeln, Suchscheinwerfer gleiten über die Flaggen.

Die XI. Olympischen Spiele sind eröffnet. Rund 100 000 Zuschauer haben die stundenlange, minutiös getaktete Zeremonie verfolgt. Nicht einmal zur Reichsgründung 1871 hat Berlin ein größeres Fest erlebt.

Auf den Tag genau 22 Jahre ist es her, dass das Deutsche Reich Russland den Krieg erklärt und damit einen lokalen Konflikt in einen Weltkrieg verwandelt hat. Doch scheint das Land an diesem 1. August 1936 entschlossen, ein friedliches Sportfest auszurichten für Männer und Frauen aus fast 50 Ländern.

Das deutsche Publikum ist begeistert von der Inszenierung. Und selbst jene ausländischen Beobachter, die der nationalsozialistischen Diktatur kritisch gegenüberstehen, sind beeindruckt. So eilt André François-Poncet, der französische Botschafter, ungemein aufgewühlt nach Hause. Der 49-jährige Germanist und Deutschlandkenner, der seine Regierung schon früh vor den Nationalsozialisten gewarnt hat, der bereits einen neuen Krieg heraufdämmern sieht und sich von allen Treffen mit Vertretern des neuen Regimes fernzuhalten versucht – François-Poncet also verfasst ein Telegramm nach Paris. „Gleichermaßen großartig wie anmutig" nennt er darin die Aufführung der Kinder.

Und doch hat er Beethovens Musik nicht ungeteilt genossen: „All jene, die beim Zuhören an die Brüchigkeit des Weltfriedens dachten, konnten sich eines klammen Herzens nicht erwehren."

Die Eröffnungsfeier in Berlin mit ihren Fackeln, ihren Flaggen, den feierlichen Schwüren und Hymnen hat auch gezeigt, was bei den vorherigen Spielen in demokratischen Ländern noch nicht so offenkundig war: wie ähnlich sich olympische Zeremonien und totalitäre Inszenierungen in mancher Hinsicht sind und wie perfekt sie sich ergänzen können. Wie leicht Faschisten den Wettkampf nationaler Teams und das Streben nach Sieg für ihre Ziele vereinnahmen können – obwohl die olympischen Ideale der Völkerverständigung und des friedlichen Ringens der Ideologie aller Nationalisten widersprechen.

Denn die modernen Olympischen Spiele sind wie der Nationalsozialismus aus einem verlorenen Krieg entstanden: Erschüttert von Frankreichs Niederlage gegen Deutschland 1870/71, suchte ihr Gründer Baron Pierre de Coubertin, ein Pädagoge und Historiker, nach einem Weg, seine vermeintlich verweichlichten Landsleute wieder zu stählen. Er fand eine Lösung im Sportunterricht der britischen Internate und in einem nationalen Turnier von Amateursportlern bei London, den Wenlock Olympic Games. Die Kombination von geistiger Ausbildung und körperlicher Ertüchtigung an Englands

EIN GRÖSSERES FEST HAT BERLIN NIE ERLEBT

Schulen nahm de Coubertin als Vorbild für eine Reform des französischen Bildungssystems.

Der Baron träumte davon, dass sich die Jugend in Zukunft auf Sportplätzen und nicht auf Schlachtfeldern messen würde. Aber er träumte eben auch von einer weißen, männlichen Bruderschaft der Starken, von kriegerischen Athleten, die, wenn nötig, das Vaterland mit ihrer Manneskraft verteidigen. Er war Antikommunist und glaubte, dass Eliten ein Volk führen müssen – Gedanken, auf die die Nationalsozialisten ohne Weiteres aufbauen können.

1896 organisierte de Coubertin in Athen die ersten Olympischen Spiele der Neuzeit. Nur 241 Athleten nahmen teil – doch über die nächsten Jahrzehnte wurden die Wettkämpfe größer, bei den Sommerspielen in Los Angeles 1932 verfolgten bereits mehr als eine Million Zuschauer die Wettkämpfe.

Die deutschen Turner (hier die Männerriege) sind traditionell völkisch gesinnt, doch auch die anderen Sportverbände schließen nach 1933 jüdische Mitglieder aus

Am zweiten Tag der Spiele in den USA wurde die NSDAP stärkste Fraktion im deutschen Reichstag – und im Internationalen Olympischen Komitee wuchs die Nervosität. Denn es hatte die nächsten Spiele nach Berlin vergeben, an die junge Weimarer Republik: auch, um sie gegen Angriffe von Links- und Rechtsradikalen zu unterstützen.

Dort erstarkte nun eine Partei, deren Vorsitzender Adolf Hitler Olympia noch kurz zuvor als „Komplott von Freimaurern und Juden" bezeichnet hatte und deren Organ „Völkischer Beobachter" vor den Wettkämpfen in Los Angeles warnte: „Die nächsten Olympischen Spiele finden in Berlin statt. Hoffentlich wissen die verantwortlichen Männer, was ihre Pflicht ist. Die Schwarzen müssen ausgeschlossen werden."

IOK-Präsident Henri de Baillet-Latour schickte einen Sportfunktionär nach Berlin, um Hitlers Intentionen zu erforschen. Der neue starke Mann im deutschen Reichstag ließ ausrichten, er betrachte die Ausrichtung der Olympischen Spiele in Berlin „mit großem Interesse". Ein Trivialsatz. Für Hitler aber ein großer Schritt. Denn ebenso wie sein „Reichspropagandaleiter" Joseph Goebbels war der NSDAP-Vorsitzende völlig unsportlich und interessierte sich nicht für Turniere und Wettkämpfe. Anders als etwa Sozialdemokraten und Kommunisten hatten die Nationalsozialisten keine eigenen Sportvereine.

Und doch vollzog sich in jenen Monaten in der Parteispitze ein Wandel. Zwar war den Männern um Hitler noch immer der Gedanke an ein friedliches Treffen der Völker zuwider, bei dem deutsche Athleten sich mit solchen Sportlern messen müssten, die die Nationalsozialisten als „Untermenschen" verachten. Sie erkannten aber, welches Potenzial in diesem Ereignis lag, das spätestens in Los Angeles zur Massenveranstaltung geworden war: Die Spiele waren die perfekte Gelegenheit, um für Deutschland in der Welt zu werben.

Und so kommt es, dass sich der neue Reichskanzler und sein Propagandaminister schon kurz nach der gewonnenen

NS-ZEIT 1936

Deutsche Staffel: In Berlin dürfen zum dritten Mal Frauen an den Leichtathletikwettbewerben teilnehmen

Viele Nationalsozialisten finden Sport unweiblich. Doch bei Olympia werden Frauen, die sich miteinander messen, bewundert – etwa diese Turnerinnen bei einer Bogenschießübung

Berlin hofiert das diplomatische Korps, ausländische Journalisten und olympische Funktionäre: Limousinen vor dem Stadion

Wahl 1933 mit jenem Mann treffen, der die Spiele nach Berlin geholt hat und der seit Jahrzehnten davon träumt, das olympische Feuer in Deutschland brennen zu sehen: Theodor Lewald, ein hoher Beamter im Innenministerium, Mitglied im Internationalen Olympischen Komitee und Gründer des Deutschen Olympischen Ausschusses.

Lewalds Vater stammte aus einer zum evangelischen Glauben konvertierten jüdischen Familie, Lewald selbst hat das Organisationskomitee wenige Tage vor der Machtübernahme als privaten Verein registrieren lassen, damit ihn die neue Regierung nicht ausschließen kann von der Arbeit an seinem Lebenstraum.

Tatsächlich muss ihn Hitler im Amt lassen – auch unter Druck des IOK. Allerdings ernennt er bald den NS-Reichstagsabgeordneten Hans von Tschammer und Osten zum „Reichssportführer", dem sich Lewald unterzuordnen hat.

Kurz nach dem Gespräch mit Lewald tritt Hitler vor die Presse und gibt Olympia seine offizielle Zustimmung: „Ich werde die Spiele ebenso wie alle anderen sportlichen Belange auf jede mögliche Weise vorantreiben."

Das Innenministerium übernimmt die Kosten für die Austragung, das Propagandaministerium die Werbung. Und bei einer Ortsbegehung der zukünftigen Wettkampfstätten im Grunewald wenige Monate später wird deutlich, wie viel sich die neuen Machthaber von den Olympischen Spielen versprechen. Während des Rundgangs denkt Hitler laut über

EIN AMERIKANER SICHERT HITLER DIE SPIELE

die schwierige außenpolitische Lage Deutschlands nach. Es müsse mit großen kulturellen Leistungen die Weltmeinung für sich gewinnen, fordert der Reichskanzler und wischt die bisherigen bescheidenen Pläne beiseite: Das Budget, das vor dem Spaziergang durch den Grunewald noch bei sechs Millionen Reichsmark lag, erhöht er innerhalb einer Stunde auf 40 Millionen Reichsmark (die Spiele werden schließlich rund 90 Millionen kosten).

Um die Welt zu beeindrucken, will Hitler ein neues Stadion errichten lassen, in Naturstein. Und so ist das erste architektonische Großprojekt der neuen Machthaber, die sich nie für Olympia interessiert haben, ausgerechnet die bis dahin größte Wettkampfanlage der Welt: das „Reichssportfeld" am westlichen Stadtrand von Berlin.

Deutschlands Regierung ist nun entschlossen, die Spiele von 1936 für sich zu nutzen. Und stürzt damit die olympische Bewegung in die tiefste Krise ihrer bisherigen Geschichte.

DENN SCHON KURZ NACH Hitlers Machtübernahme haben jüdische Verbände in den USA gefordert, den Austragungsort der Spiele neu zu überdenken. Auch George Messersmith, der US-Botschafter in Deutschland, warnte seine Regierung in Depeschen vor Olympischen Spielen in Deutschland: Jüdische Athleten seien in Berlin nicht sicher.

Auf Theodor Lewalds Bitten geben die Nationalsozialisten eine Erklärung ab, dass sie zu Olympia Athleten aller Rassen willkommen heißen werden – allerdings nur aus dem Ausland.

Für die eigene Mannschaft würden die Regeln der neuen Machthaber gelten. „Der deutsche Sport ist für Arier da", erklärt Reichssportführer Tschammer und Osten. Nicht allein die Leistung der Athleten zähle, sondern „ihre moralische Eignung, Deutschland zu vertreten". Das deutsche Davis-Cup-Team schließt einen jüdischen Tennisstar aus, Juden wird verboten, zu reiten oder öffentliche Schwimmbäder zu benutzen.

Theodor Lewald bekommt Angst um seine Spiele. Eigenmächtig verspricht seine Delegation bei einem IOK-Kongress in Wien, dass Deutschland keine Juden aus den olympischen Teams ausschließen werde. Die IOK-Funktionäre sind beruhigt, obwohl Tschammer und Osten seine Parteigenossen in Reden weiterhin auf einen „rassereinen" Sport einschwört.

Außerhalb der olympischen Bewegung wächst der Widerstand, am stärksten in den USA. Gewerkschaften und Politiker wie der New Yorker Bürgermeister Fiorello La Guardia rufen dort zum Boykott der Wettkämpfe auf – ein Schritt, wie es ihn in der fast 40-jährigen Geschichte der modernen Olympischen Spiele noch nicht gegeben hat.

Die Werbeveranstaltung für das neue Deutschland droht zu einem Reinfall zu werden. Die Vereinigten Staaten haben in Los Angeles die meisten Sportler an den Start geschickt: Sollten sie absagen, wäre das Olympia-Treffen von Berlin bedeutungslos.

Keine Nation gewinnt bei den Spielen von Berlin mehr Medaillen als das Deutsche Reich. Auch die deutschen Turnerinnen holen Gold

Während Hitler bereits über rein „Germanische Spiele" nachdenkt, kämpft Theodor Lewald noch für seinen Traum. Schreibt Telegramme, wirbt bei seinen ausländischen Kollegen.

Doch retten wird Olympia 1936 in Deutschland ein Amerikaner: Avery Brundage, einer der mächtigsten Sportfunktionäre der USA. Der 47-jährige Millionär aus Chicago hat 1912 als Fünf- und Zehnkämpfer an den Sommerspielen teilgenommen. Er glaubt, Politik und Sport seien zwei getrennte Sphären, die man nicht vermischen dürfe. Er bedrängt seine Kollegen in den USA, druckt Pamphlete.

Unterstützung erhält er unter anderem von schwarzen US-Journalisten, die die NS-Rassenideologen mit Siegen in deren eigener Hauptstadt widerlegen wollen. Und von den Sportlern, die sich nicht um den möglichen Höhepunkt ihrer Karriere bringen lassen wollen.

Im September 1935 schließlich nominiert Reichssportführer Tschammer und Osten unter Druck der USA zwei jüdische Sportlerinnen für die deutschen Trainingsgruppen: die Hochspringerin Gretel Bergmann, die bereits nach London emigriert ist, die britische Meisterschaft in ihrer Disziplin gewonnen hat und bei den Olympischen Spielen für ihre neue Heimat antreten will (die Nationalsozialisten zwingen sie zur Rückkehr, indem sie ihre Familie in Schwaben bedrohen). Und die Olympionikin Helene Mayer, die 1933 wegen ihres jüdischen Vaters von ihrem Offenbacher Fechtverein ausgeschlossen wurde; sie arbeitet in den USA, sagt aber Ende Oktober freiwillig zu, für Deutschland anzutreten.

Später berufen die Nationalsozialisten noch den „halbjüdischen" Eishockeyspieler Rudi Ball in die deutsche Mannschaft, allerdings aus sportlichen, nicht aus politischen Gründen. Er hatte entscheidend dazu beigetragen, dass die Deutschen bei den Winterspielen in Lake Placid vier Jahre zuvor die Bronzemedaille gewonnen hatten.

Doch schon die Zusage Helene Mayers hat Brundage gereicht, um die Abstimmung über einen Boykott zu gewin-

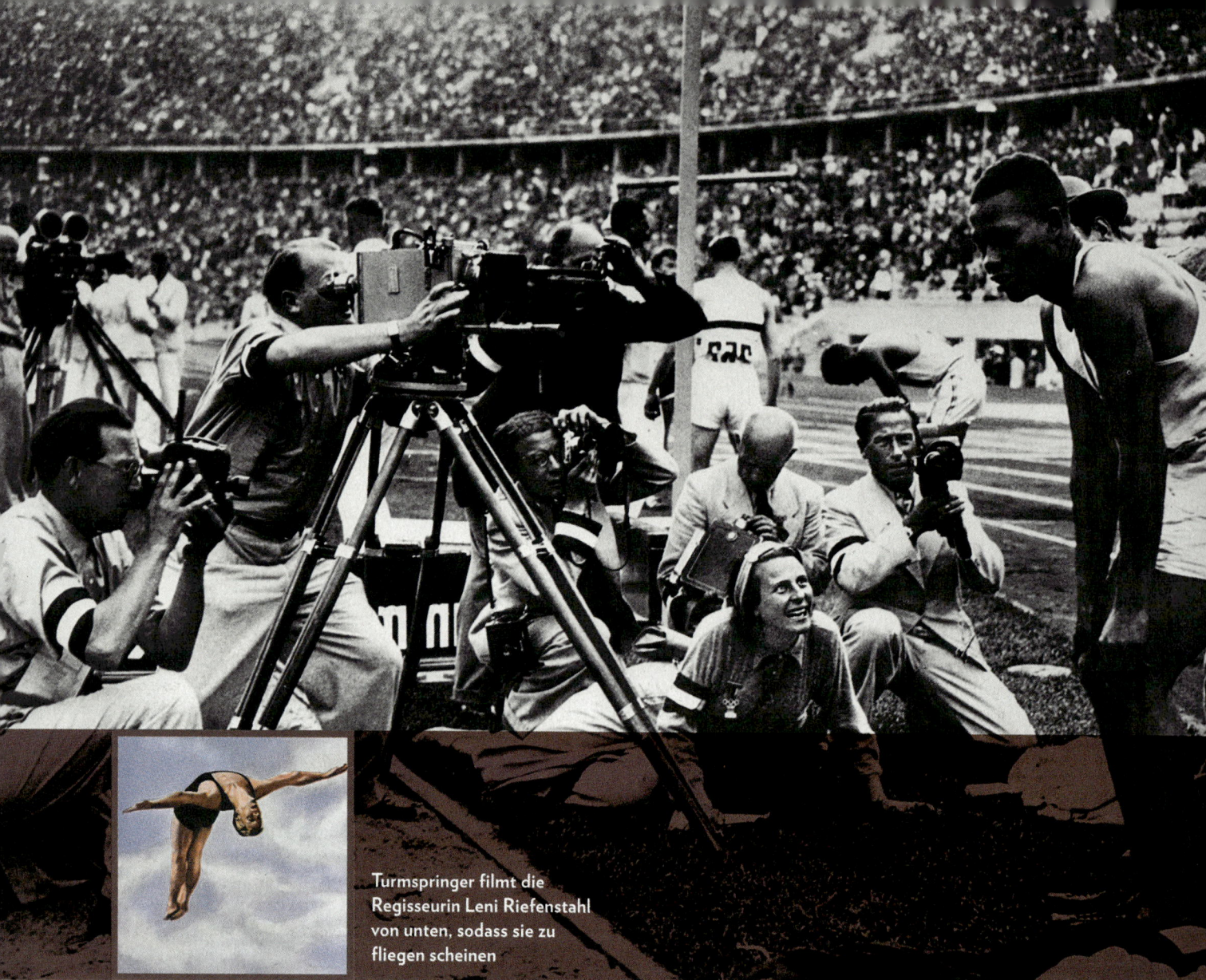

Turmspringer filmt die Regisseurin Leni Riefenstahl von unten, sodass sie zu fliegen scheinen

nen. Der Weg für die amerikanischen Athleten nach Deutschland ist frei.

Schon zwei Monate später beginnen die IV. Olympischen Winterspiele in Garmisch-Partenkirchen (der jeweilige Ausrichter der Sommerspiele darf auch die Wettbewerbe im Winter veranstalten). Das Reichsinnenministerium lässt die überall im Ort hängenden Schilder „Juden kein Zutritt" entfernen, auch die Kästen des Hetzblatts „Der Stürmer" bleiben jetzt leer. Einem Journalisten fallen die vielen Uniformierten auf – Mitglieder des „Reichsarbeitsdienstes", aber auch Tausende SA- und SS-Männer, die Hitler geleiten. Daraufhin werden alle angehalten, zu den Sommerspielen Zivil zu tragen, um die ausländischen Besucher nicht zu erschrecken.

Die Winterspiele werden zu einem erfolgreichen Probelauf für Berlin, mehr als 4000 ausländische Besucher verfolgen die Wettkämpfe, die amerikanischen Zeitungen berichten von der deutschen Gastfreundlichkeit, dem Organisationstalent der Veranstalter, und entgegen der Befürchtung der Kritiker kommt es zu keinen Ausschreitungen gegen jüdische Athleten.

Derweil betreibt das Propagandaministerium mit großem Aufwand Werbung für die Sommerspiele: Der „Olympia-Zug", eine Wanderausstellung auf Lastwagen, fährt durch Deutschland, um die Bevölkerung auf die kommenden Wettkämpfe einzuschwören. Im Ausland wirbt die Reichsbahn um Touristen und preist Berlin als Urlaubsziel des Jahres an.

Die Nationalsozialisten bereiten sich darauf vor, bald im Zentrum des Weltinteresses zu stehen. Joseph Goebbels verhängt der deutschen Presse für die Zeit der Spiele einen Maulkorb: kein Auftrumpfen bei deutschen Siegen, keine rassistischen Beleidigungen. Selbst die Ermordung des Leiters der Schweizer NSDAP-Landesgruppe Wilhelm Gustloff durch einen jüdischen Attentäter dürfen die Zeitungen nur am Rande erwähnen. Gastwirte erhalten die Anweisung, jüdisch aussehende Gäste zu behandeln wie alle anderen Kunden.

Leni Riefenstahl (Mitte) beschäftigt für ihren zweiteiligen Olympia-film gut 40 Kameraleute, um alles Entscheidende einzufangen – so den US-Sprinter Archie Williams nach seinem Sieg

Die Spiele von Berlin werden das bis dahin größte internationale Medienereignis sein. Radiogesellschaften aus 41 Ländern berichten von den Wettkämpfen, 300 Millionen Menschen weltweit hören zu. Mehr als 1800 Zeitungsjournalisten und 125 Fotografen kommen zu den Spielen, so viele wie nie zuvor. Sie sind die Vertreter der Weltmeinung – also jene Menschen, die die Nationalsozialisten vor allem überzeugen wollen. Deshalb lässt Goebbels für die Reporter im Stadion ein Pressezentrum mit modernster Ausstattung bauen: 50 Fernsprecher, 80 Kabinen mit Schreibmaschinen, ausreichend Sekretärinnen und Dolmetscher.

Doch Olympia soll auch nach innen wirken: Millionenfach werden nach dem Ende der Spiele Sammelalben für Zigarettenbildchen verteilt, täglich wird die „Olympia-Zeitung" mit Berichten von den Wettbewerben erscheinen.

Für die männlichen Sportler bauen die Nationalsozialisten ein olympisches Dorf, größer als alle bisher da gewesenen, mit einer Sauna, einer eigenen Schwimmhalle, einem großen See, auf dem rechtzeitig vor der Eröffnung Enten aus dem Berliner Zoo ausgesetzt werden, damit alles natürlich wirkt. Nichts soll die Idylle stören.

Die Gastgeber stellen ein Kulturprogramm zusammen, damit sich die Mannschaften besser kennenlernen können. Gleichzeitig wählen sie zweisprachige Studenten aus, die die Gäste betreuen sollen – und der Gestapo regelmäßig Bericht erstatten. Auch die Post der Sportler und Funktionäre will man lesen und zensieren. Im olympischen Dorf richtet die Kriminalpolizei eine als Informationskiosk getarnte Station ein, besetzt nur mit Frauen.

Am 16. Juli verhaften Polizisten alle Berliner Roma und Sinti und bringen sie in ein Zwangslager am Stadtrand.

Einen Tag zuvor hat die „Manhattan" in New York abgelegt, um die amerikanischen Athleten zu den Sommerspielen in Deutschland zu bringen. Sobald die Nationalsozialisten die Mannschaft der USA sicher auf dem Atlantik wissen, erhält Gretel Bergmann einen Brief: Ihre Leistung reiche nicht aus, um an den Olympischen Spielen teilzunehmen. Als Ausgleich biete man ihr Freikarten für die Leichtathletik-wettbewerbe (Stehplatz). Die Hochspringerin lässt das Schreiben unbeantwortet.

Zur gleichen Zeit beginnt fast 3000 Kilometer entfernt das wohl größte Propaganda-Ereignis dieser Spiele: Im griechischen Olympia entzünden Frauen erstmals ein Feuer, das rund 3000 Läufer in den kommenden Wochen bis nach Berlin bringen sollen.

Carl Diem, der Generalsekretär des Organisationskomitees, hat sich den Fackellauf durch sieben Länder ausgedacht, um die Spiele noch weihevoller zu gestalten. Die Nationalsozialisten übernehmen die Idee begeistert – sie passt hervorragend zu ihrer Lehre vom Deutschen Volk als den wahren Erben des antiken Griechenland. Immer wieder haben NS-Ideologen vor allem Sparta für ihre Propaganda benutzt. Der Fackellauf soll nun den Brückenschlag zwischen dem neuen Deutschland und der Antike verbildlichen.

Ein Assistent von Propagandaminister Goebbels muss die Strecke abfahren, um nichts dem Zufall zu überlassen. Der Waffenproduzent Krupp stiftet die Fackeln aus Magnesium, beim Entzünden des Feuers erklingt das „Horst-Wessel-Lied", die Hymne der NSDAP, und als die Flamme Deutschland erreicht, dürfen sie nur noch Läufer mit „arischer" Erscheinung tragen: groß, schlank, blond, blauäugig.

Kameramänner begleiten den Fackellauf. Sie filmen für Hitlers Lieblingsregisseurin Leni Riefenstahl. Die lässt (beauftragt vom Propagandaministerium) Szenen drehen, die an ihren Film über den Reichsparteitag in Nürnberg 1934 anknüpfen: herrliche Leiber in Bewegung. Weil ihr die Ereignisse nicht heroisch genug wirken, lässt sie den Beginn des Laufs nachstellen, mit einem neuen, fast nackten Fackelträger.

AM 1. AUGUST TRIFFT DAS OLYMPISCHE FEUER in Berlin ein. 25 000 Hitlerjungen, 40 000 SA-Männer und Hunderttausende jubelnde Schaulustige erwarten den Läufer vor dem Schloss. Die „Hitler-Jugend" ist von diesem Tag an die einzige Organisation in Deutschland, in der Jugendliche zwischen 10 und 18 Jahren Sport treiben dürfen. Sie müssen sich fortan politisch indoktrinieren lassen, wenn sie trainieren und an Turnieren teilnehmen wollen. Und ihr Anführer Baldur von Schirach ruft: „Wir, die Jugend Deutschlands, die Jugend Hitlers, begrüßen dich, Jugend der Welt."

Die Hauptstadt ist voller Flaggen. Das Hakenkreuz, auf Säulen, auf Wimpeln, auf Bannern so hoch wie die Häuser, von deren Dächern sie hängen, aber auch bunte Girlanden mit den 49 Flaggen der teilnehmenden Länder. Aus manchen Wohnungen weht die weiße Fahne mit den olympischen Ringen, vor allem aus jenen, in denen Juden wohnen – ihnen ist es verboten, die deutsche Flagge mit dem Hakenkreuz zu hissen.

Jesse Owens bei der Siegerfeier im Weitsprung. Der US-Athlet gewinnt in Berlin mehr Goldmedaillen als jeder andere Sportler

Schließlich wird die letzte Fackel auf den flaggengeschmückten Boulevards zwischen Schloss und Reichssportfeld zum Stadion getragen. Viele der Zuschauer am Straßenrand grüßen das Feuer mit „Hitlergruß". Entlang der Strecke hat Goebbels Lautsprecher aufstellen lassen, über die ein Reporter vom letzten Teilstück berichtet.

Während im Stadion die Eröffnungszeremonie beginnt, die Athleten einziehen, während Tauben (die der Wehrmacht gehören) als Symbol des Friedens aufsteigen, während die olympische Hymne erklingt, legt ein 29-jähriger blonder Fackelläufer die letzten Meter zurück, läuft die große Freitreppe hinunter, an den Mannschaften vorbei und entzündet ein Kohlenbecken.

EIN SCHWARZER WIRD ZUM STAR DER SPIELE

Die Spiele haben begonnen. Den Nationalsozialisten bleiben 15 Tage, um die Welt für sich einzunehmen.

Doch schon gleich zu Anfang unterläuft ihnen ein Fehler. Hitler lädt die Medaillengewinner einzeln in seine Führerloge und gratuliert ihnen persönlich. Vor der Siegerehrung für den letzten Wettbewerb des Tages aber, dem Hochsprung der Männer, verlässt er das Stadion – alle drei Medaillen sind an die USA gegangen, die ersten beiden Plätze haben Afroamerikaner belegt.

Ein Sprecher beeilt sich, den Vorfall als unglückliches Terminproblem darzustellen. Doch ob nun Absicht oder Zufall – IOK-Präsident de Baillet-Latour ist außer sich: Bereits am ersten Tag droht die Politik den Sport zu überschatten. Hitler fügt sich dem Sportfunktionär und empfängt fortan nur noch die deutschen Sieger – und nur in einem Hinterzimmer.

So kommt es, dass Deutschlands Diktator kein Wort mit dem Star der Spiele wechselt, mit Jesse Owens. Der 22-jährige Afroamerikaner wird schnell zum Liebling des Publikums. Mühelos gewinnt er die Sprintwettbewerbe über 100 und 200 Meter, siegt mit der 4x100-Meter-Staffel wie im Weitsprung und wird daher vier Goldmedaillen mit nach Hause nehmen, mehr als jeder andere Athlet bei diesen Sommerspielen.

Als HJ-Führer Baldur von Schirach dem Reichskanzler nach Owens' erster Goldmedaille vorschlägt, er solle sich mit dem Sprinter fotografieren lassen, herrscht Hitler ihn an: „Die Amerikaner sollten sich schämen, dass sie sich ihre Medaillen von Negern gewinnen lassen. Ich persönlich würde diesem Neger nie die Hand geben."

Doch wird ausgerechnet Jesse Owens Teil eines Geschehens, das der Weltöffentlichkeit zeigt, dass die Nationalsozialisten bei aller Perfektion doch nicht alles kontrollieren können; dass es ihnen nicht gelingt, den olympischen Gedanken ihren Interessen vollständig unterzuordnen: Beim Weitsprung am dritten Wettkampftag trifft der Amerikaner auf den Leipziger Studenten Luz Long – in seinem weißen Hemd mit dem Adler und dem Hakenkreuz das Bild eines nordischen Herrenmenschen, blond, groß gewachsen, durchtrainiert.

Die beiden kämpfen im Finale um die Goldmedaille. Owens überspringt die Acht-Meter-Marke, er stellt einen Weltrekord auf, der erst 24 Jahre später gebrochen wird. Daraufhin läuft Long zu ihm, dreht sich Richtung Führerloge und reißt Owens' Arm in die Höhe. Bis zur Siegerehrung wandern die beiden Hand in Hand die Aschenbahn entlang – eine Geste, für die sie außerhalb des Stadions verhaftet werden könnten.

Nur Long wird später vor den Reichskanzler geführt. Dieser ist von der Leistung des jungen Deutschen so begeistert, dass er kein Wort verliert über dessen Verbrüderung mit Owens.

HITLERS EINSTELLUNG ZUM SPORT scheint sich gewandelt zu haben. Jeden Wettkampf, an dem deutsche Sportler teilnehmen, verfolgt er in den Stadien oder an der Ruderstrecke in Grünau – offenbar ebenso begeistert vor allem von deutschen Siegen wie der Rest der Hauptstadt.

Ganz Berlin scheint in diesen zwei Wochen ein Teil des Stadions zu sein, zu Tausenden strömen die Menschen zu den Wettkampfstätten, nicht wenige vom nationalsozialistischen Freizeitwerk „Kraft durch Freude" nach Berlin gebracht. Sie drängen sich auf den Straßen, in den Cafés, verfolgen über die in den Bäumen aufgehängten Lautsprecher die Wettkämpfe oder versuchen

Zehnkampf der Männer: Die USA dominieren die Leichtathletik – vor allem Afroamerikaner besiegen die vermeintlichen Herrenmenschen

in öffentlichen Filmstuben auf den ersten TV-Geräten überhaupt die verschwommenen Bilder zu erkennen, die zwei riesige Kameras im Stadion einfangen.

Alle Begeisterung scheint der Vorgabe von Goebbels zu folgen. „Wir müssen charmanter als die Pariser sein", schreibt ein von ihm gegründetes Propagandablatt, „leichtlebiger als die Wiener, lebhafter als die Römer."

Nicht alle Euphorie ist verordnet. Die Deutschen haben neue Helden wie den Vielseitigkeitsreiter Oberleutnant Freiherr von Wangenheim, der trotz gebrochenen Schlüsselbeins mit der Mannschaft Gold geholt hat, oder den Turner Karl Schwarzmann, der vier Medaillen gewann.

Das Land führt den Medaillenspiegel an. Ein neues Selbstbewusstsein durchströmt die Deutschen, die sich nach dem Ersten Weltkrieg lange Zeit gedemütigt gefühlt hatten.

Viele ausländische Redaktionen haben neben Sportreportern auch politische Korrespondenten nach Berlin geschickt. Und die spüren die Anstrengung hinter der Fröhlichkeit.

Zwar sind viele von ihnen von der Stimmung in der Stadt und dem Organisationstalent der Deutschen begeistert. Doch sie fühlen auch das, was der US-Schriftsteller Thomas Wolfe später in dem Roman „Es führt kein Weg zurück" so beschreibt: „Man spürte die horrende Konzentration der Kräfte, das ungeheure Straffe und Geordnete in den von überall her zusammengezogenen Kräften des ganzen Landes. Das Unheilverkündende lag darin, dass diese Machtdemonstration offensichtlich über die Erfordernisse des sportlichen Ereignisses hinausging. Die Spiele wurden dadurch in den Schatten gestellt und wirkten nicht mehr als sportliche Wettkämpfe, zu denen die ausgewählten Mannschaften anderer Nationen entsandt waren; sie wurden von Tag zu Tag mehr zu einer überwältigenden Demonstration, für die man ganz Deutschland geschult und diszipliniert hatte. Die Spiele schienen nur ein Symbol der neu gewonnenen Macht zu sein, ein Mittel, um der ganzen Welt vor Augen zu führen, wie weit diese neue Macht es gebracht hatte."

Im Schießen und im Reiten treten für Deutschland fast ausschließlich Offiziere der Wehrmacht an

Nur wenige Zeitungen lassen sich im Verlauf der Sommerspiele milder stimmen, etwa die „New York Times": „Wie sehr man die Exzesse des Hitler-Regimes bedauern oder verabscheuen mag, die Spiele haben die erstaunliche neue Energie und Entschlossenheit des deutschen Volkes gezeigt."

Doch die meisten Beobachter reisen nach dem Ende der Spiele am 16. August mit jenem Bild von Deutschland ab, mit dem sie nach Berlin gekommen sind.

Die wenigen, die schon vorher uneingeschränkt begeistert waren, sehen sich bestätigt. Avery Brundage ist darunter, für den die Sommerspiele 1936 schlicht „die besten aller Zeiten" waren. Die Kritiker der neuen Machthaber aber sehen vor allem den Propaganda-Aufwand, der in seiner Perfektion eher bedrohlich als beruhigend wirkt. Sie halten den Mann, der dem internationalen Wettkampf 16 Tage lang zugeschaut hat, weiterhin für eine Bedrohung des Weltfriedens. Und sie glauben nicht daran, dass die neue nachsichtige Politik gegenüber den Juden von Dauer sein wird.

Und so misslingt den Nationalsozialisten ihr eigentliches Ziel, in das sie 90 Millionen Reichsmark und viel Energie gesteckt haben: das Bild Deutschlands in der Welt zu verbessern.

DIE KRITIKER DES NS-REGIMES sind zu Recht skeptisch: So wird später bekannt, dass Adolf Hitler am zweiten Wettkampftag den Geheimbefehl gegeben hat, den Faschisten und Putschisten Francisco Franco im Spanischen Bürgerkrieg zu unterstützen. Und zwei Wochen nach der Abschlussfeier befiehlt der Reichskanzler seinen Ministern, Deutschland im Verlauf der nächsten vier Jahre kriegsbereit zu machen.

Die olympischen Ringe über dem Eingang zum Stadion werden nun durch ein riesiges Hakenkreuz ersetzt, und in

Nur am ersten Tag gratuliert Hitler den Siegern öffentlich, wie hier der Speerwerferin Tilly Fleischer (rechts). Später empfängt er deutsche Gewinner nur noch im Hinterzimmer

den Katakomben beginnt die Produktion von Funkgeräten für die Armee.

Wolfgang Fürstner, den Gründer und ehemaligen Leiter des olympischen Dorfes, schließen die Nationalsozialisten wegen „nichtarischer Abstammung" aus der Wehrmacht aus, er bringt sich am Dorfsee um. In die Wohnhäuser der Athleten zieht das 1. Bataillon des Infanterielehrregiments, aus dem „Speisehaus der Nationen" wird ein Lazarett.

Der „Halbjude" Theodor Lewald muss 1937 alle Ämter niederlegen. Helene Mayer hat für Deutschland Silber gewonnen und emigriert endgültig in die USA, ebenso die verhinderte Hochspringerin Gretel Bergmann.

Nach der Abreise der internationalen Presse geben die Nationalsozialisten ihre Zurückhaltung gegenüber den Juden wieder auf, so wie es sich manche Berliner SA-Männer heimlich schon während der Spiele ausgemalt hatten: „Wenn die Olympiade vorbei, schlagen wir die Juden zu Brei." 1938 zerstören sie in einem reichsweiten Pogrom jüdische Geschäfte und Gotteshäuser.

Das IOK aber bittet die Deutschen im Sommer 1939, im folgenden Jahr noch einmal die Winterspiele auszurichten – Japan, dem die Spiele zugesprochen waren, hat abgesagt.

Noch nach dem Überfall der Wehrmacht auf Polen drei Monate später verleiht das Komitee Leni Riefenstahl ein

Theodor Lewald hat die Spiele nach Deutschland geholt. 1937 wird der »Halbjude« zum Rücktritt gezwungen

»Reichssportführer« Hans von Tschammer und Osten übernimmt schließlich die Organisation der Spiele

Carl Diem, Erfinder des Fackellaufs, wird in den letzten Kriegsmonaten eine flammende Rede vor Hitlerjungen halten

Luz Long wird 1943 als Soldat bei der Invasion der Alliierten auf Sizilien verwundet und stirbt in einem britischen Lazarett. Noch lange nach den Spielen stand er in Kontakt mit Jesse Owens, jenem Mann, mit dem er nach der nationalsozialistischen Rassenideologie nie hätte Freundschaft schließen dürfen. In seinem letzten Brief an Owens schreibt er: „Wenn der Krieg vorbei ist, fahre bitte nach Deutschland und finde meinen Sohn. Sag ihm, dass die Dinge zwischen Menschen auf dieser Erde anders sein können."

Carl Diem, der Erfinder des Fackellaufs, wird im März 1945 auf dem Reichssportfeld eine Durchhaltrede vor Berliner Hitlerjungen halten, in der er ihre Volkssturm-Einheit mit jenen Spartanern vergleicht, die sich an den Thermopylen gegen die Perser geopfert haben.

Viele der Insassen des „Zigeunerlagers" Marzahn bleiben auch nach dem Ende der Sommerspiele interniert, andere Roma und Sinti aus dem ganzen Reich kommen hinzu. Die meisten werden 1943 nach Auschwitz deportiert.

olympisches Diplom für die beiden Filme über die Spiele, „Fest der Völker" und „Fest der Schönheit". Sie kann es nicht entgegennehmen, da sie als Kriegsberichterstatterin an der Front weilt.

Nur die Absage Adolf Hilters einige Monate später verhindert, dass die nationalsozialistische Diktatur innerhalb von vier Jahren zweimal zu Olympischen Spielen einladen darf – eine Ehre, die keiner Demokratie je zuteil geworden ist.

Vielleicht hätte das IOK auf hellsichtigere Beobachter hören sollen. Etwa auf Sir Robert Vansittart, einen Unterstaatssekretär im britischen Außenministerium, der nach seiner Rückkehr aus Berlin über die Deutschen notierte: „Sie werden etwas mit dieser aufgestauten Energie anfangen wollen. Sie befinden sich jetzt im strengen Training, nicht für die Olympischen Spiele, sondern um andere und gänzlich unsportliche Weltrekorde zu brechen – und die Welt vielleicht ebenso."

ENDE DES ZWEITEN WELTKRIEGS 1945

KAMPF UM

Sowjetsoldaten stürmen durch eine Berliner Straße: 2,5 Millionen Rotarmisten kämpfen gegen knapp 90 000 deutsche Verteidiger

Im Frühjahr 1945 fällt die Gewalt des vom NS-Regime entfesselten Krieges voll auf Deutschland zurück. Überall sind die Alliierten auf dem Vormarsch, längst haben zahlreiche Städte kapituliert.

DIE KAPITALE

Doch in der Hauptstadt Berlin lässt Adolf Hitler das nicht zu. Erbittert kämpft dort im April das letzte deutsche Aufgebot gegen die vorrückende Sowjetarmee. Die Rache der Sieger ist fürchterlich

— TEXT: **ULRIKE MOSER**

S DUFTET LEICHT NACH FLIEDER. Und Berlin ist voller Leben. Tausende haben die Keller, Bunker und Schutzräume verlassen. „Plötzlich erinnert man sich, dass es Frühling ist", schreibt eine junge Frau in ihr Tagebuch. Vor den Lebensmittelläden haben sich Schlangen gebildet und vor jedem Hydranten. Es ist lange her, dass so viele Menschen auf den Straßen waren.

Es ist Samstagvormittag, der 21. April 1945. Soeben haben die Amerikaner noch einmal Berlin bombardiert. Durch Dutzende Luftangriffe sind weit über die Hälfte aller Gebäude in der Innenstadt zerstört. Etwa drei Millionen Menschen vegetieren noch in Trümmern und rauchenden Ruinen, zwischen Resignation und Verzweiflung, zwischen Zynismus und der Anstrengung weiterzuleben.

Noch immer gehen Menschen pünktlich zur Arbeit. Noch immer öffnen Kinos nachmittags die Kassen. Die Berliner Philharmoniker haben am 12. April ihr letztes Konzert gegeben – mit dem Finale aus Richard Wagners „Götterdämmerung". Nach der Vorstellung sollen Hitlerjungen Zyanid an die Besucher verteilt haben.

Seit Tagen rückt das Grollen der Front von Osten her näher. Doch noch immer wird die Post ausgetragen, produziert die Berliner Industrie Kriegsmaterial. Bestattungsunternehmen verkaufen dieselben Särge mehrfach, da die Toten herausgenommen und in Massengräbern bestattet werden. Unbekannte finden sich bei anonymem Sex im Tiergarten.

Dieser Frühlingsmorgen scheint ein Moment des Atemholens zu sein – bis plötzlich Granaten aus sowjetischen Ferngeschützen einschlagen. Am Hermannplatz vor Karstadt explodieren sie in der Menge. Blut und Körperteile bedecken das Pflaster. Eine Salve nach der anderen geht im Zentrum nieder. Aus der Ruine des Reichstags schlagen Flammen.

HINGERICHTETE HÄNGEN AN BÄUMEN UND LATERNEN

Über den Kurfürstendamm galoppieren Pferde mit brennenden Mähnen und trampeln fliehende Menschen nieder.

Der Krieg, der schon lange verloren ist, entfaltet noch einmal all seine Schrecken. Granaten schlagen zu jeder Tages- und Nachtzeit ein. Alarm wird nicht mehr gegeben. Die Menschen können ihre Schutzräume, die Keller und U-Bahn-Schächte nicht mehr verlassen. Strom gibt es oft nur noch für wenige Minuten. Die Wasserversorgung bricht zusammen. Die Menschen in den Bunkern verrichten ihre Notdurft, wo immer es ihnen möglich ist.

Eine knappe Woche zuvor, am frühen Morgen des 16. April, hat die Sowjetarmee an der Oder mit ihrer großen Offensive auf Berlin, die „Höhle der faschistischen Bestie", begonnen. Mit 20 Armeen – 2,5 Millionen Soldaten, mehr als 40 000 Granatwerfern und Feldgeschützen sowie Hunderten von Stalinorgeln – ist sie an drei Fronten gegen die Hauptstadt vorgerückt.

Obwohl General Dwight D. Eisenhower, der Oberbefehlshaber der Westalliierten, den Vormarsch der US Army an der Elbe gestoppt hat, fürchtet Josef Stalin, der sowjetische Diktator, noch immer, die Amerikaner könnten Berlin vor seinen Truppen erreichen. Und treibt seine Marschälle zu einem Vormarsch ohne Rücksicht auf Verluste an. In einer gewaltigen Zangenbewegung ist die Sowjetarmee gegen Berlin vorgestoßen. Siegessymbol soll die Einnahme des Reichstags sein. Nun, am 21. April, dringen abends die ersten Einheiten in die Vororte ein.

Das NS-Regime taumelt seinem Untergang entgegen.

Aber noch in der Agonie nimmt es Rache an seinen Gegnern. In der Nacht zum Montag, dem 23. April, werden 16 Menschen aus ihren Gefängniszellen geholt und in eine Ruine an der Invalidenstraße zur Hinrichtung geführt. Unter ihnen Männer des deutschen Widerstands wie Klaus Bonhoeffer, Rüdiger Schleicher und Albrecht Haushofer. Als man die Leichname drei Wochen später findet, sind Haushofers Finger noch immer um Blätter mit in der Haft verfassten Sonetten geklammert: „Es gibt wohl Zeiten, die der Irrsinn lenkt, / Dann sinds die besten Köpfe, die man hängt."

Die Scharfrichter im Gefängnis Plötzensee arbeiten bis kurz vor Kriegsende. Feldgendarmerie- und SS-Trupps durchkämmen Keller und Schutzräume auf der Suche nach Deserteuren. Improvisierte Standgerichte fällen Blitzurteile – auch gegen Zivilisten. In manchen Stadtbezirken hängen seit Mitte März Dutzende von Hingerichteten an Bäumen und Laternenmasten; Schätzungen kommen auf annähernd 1000 Exekutierte in den letzten drei Monaten des Krieges.

An diesem 23. April liegen in den Straßen Leichen, denen die SS Pappschilder umgehängt hat: „Noch haben wir die Macht!" Trotz des Artilleriebeschusses haben sich hungernde Berliner am Morgen in die Lebensmittellager am Osthafen gewagt, um zu plündern, und sind mit Rinderhälften und Butterfässern nach Hause gewankt. Einige sind von SS-Leuten aufgegriffen worden.

Am 16. Januar ist Adolf Hitler aus seinem letzten „Führer"-Hauptquartier, dem „Adlerhorst" bei Bad Nauheim, nach Berlin zurückgekehrt. In dem Wagen, der ihn zur Reichskanzlei brachte, hatte er die Fensterblenden herabgezogen – um die Zerstörung nicht sehen zu müssen. Seither ist der Bunker unter dem Garten der Reichskanzlei sein Domizil. Aus dieser Schattenwelt dirigiert der immer greisenhafter und hinfälliger werdende Diktator Armeen, die nur noch in seiner Fantasie existieren, eröffnet Entscheidungsschlachten, die nie stattfinden, schickt letzte versprengte Truppen in aussichtslose Gefechte. Die Kapitulation zu verhindern bedeutet Hitler mehr als das Weiterleben der Deutschen. Die „halbe Welt", hat er einst angekündigt, wolle er mit in den Untergang reißen.

Nun macht er das wahr – zumindest in der ungeliebten Reichshauptstadt. Hitler verachtet alles, was den Ruhm Berlins ausgemacht hat: dessen kosmopolitische Offenheit, die weltbedeutende kulturelle Szene, die Intellektuellen gleich welcher Couleur – insbesondere jüdische. Während der vergangenen zwölf Jahre hat er sich immer nur kurze Zeit in Berlin aufgehalten und ist der Stadt, wann immer es möglich war, entflohen. Nun harrt er hier aus, zwischen Untergangsfantasien und paranoiden Verschwörungstheorien, zwischen Pathos und Apathie.

AM 25. APRIL IST BERLIN von der Außenwelt abgeschlossen. Während die Bevölkerung nicht weiß, wohin sie flüchten soll, sind die „Goldfasane" längst verschwunden: Trotz eines Goebbels-Befehls – „Kein Mann, der eine Waffe tragen kann, verlässt Berlin" – haben sich vor vier Tagen Minister, Regierungsbeamte und Parteiobere in langen Wagenkolonnen aus der Hauptstadt aufgemacht. Vorbei an jenen Laternenpfählen, an denen „Deserteure" und „Feiglinge" hängen.

Große Teile Berlins sind bereits von Sowjettruppen besetzt. Sie stehen nur noch gut sechs Kilometer vom Reichstag entfernt. Bomber begleiten den Vormarsch mit Wellen von Angriffen. In den Innenstadtbezirken mischt sich in das Krachen der Einschläge das Heulen der Stalinorgeln. Der Kampf

> »Unsere Geschütze feuern manchmal 1000 Granaten auf einen kleinen Platz«, notiert ein sowjetischer Kriegsberichterstatter. Als die Kämpfe verebben, sind 40 Prozent der Berliner Bausubstanz zerstört, ist das Reichstagsgebäude nur noch eine Ruine

wird umso erbitterter, je näher die sowjetischen Verbände dem Zentrum kommen, während sie in den Randbezirken, vorbei an Villen und durch Schrebergärten, rasch vorgestoßen waren.

Doch nun beginnt der Häuserkampf um die riesigen Mietskasernen, durch Innenhöfe, Durchgänge und Kellerdurchbrüche. Die sowjetische Taktik ist einfach und brutal: Die Artillerie schießt alles, wo sich Widerstand zeigt oder vermutet wird, in Trümmer.

„Unsere Geschütze feuern manchmal 1000 Granaten auf einen kleinen Platz, eine Häusergruppe oder selbst einen Garten", notiert ein sowjetischer Kriegsberichterstatter. Dann greifen Panzer an, walzen Straßensperren nieder und schießen jedes Gebäude, aus dem noch gefeuert wird, zusammen. Ihnen folgt die Infanterie mit Handgranaten, Maschinenpistolen und Flammenwerfern.

»Frau komm!«: Brutalisiert durch einen grausamen Krieg, vergewaltigen Sowjetsoldaten in den Tagen um die Kapitulation, so schätzen Ärzte, etwa 100 000 Berliner Mädchen und Frauen

Den sowjetischen Truppen stehen nur knapp 45 000 Soldaten der Wehrmacht und der Waffen-SS gegenüber. Außerdem Hitlerjungen, viele gerade 14 Jahre alt, die den russischen Panzern auf Fahrrädern entgegenfahren. Und mehr als 40 000 Angehörige des „Volkssturms": in letzter Minute rekrutierte, bislang nicht „Kriegsverwendungsfähige", vor allem ältere Männer und Jugendliche.

40 000 DEUTSCHE FALLEN. UND 300 000 RUSSEN

Dem Volkssturm fehlt es an allem: an Waffen, Munition, Erfahrung. Im Tiergarten üben Einheiten den Feindeinsatz, indem sie auf leere Blechbüchsen schlagen, um Maschinengewehrfeuer zu imitieren. Die Verteidigung ist kaum organisiert, es fehlt an Verbindungen zwischen den kämpfenden Gruppen, es herrscht Verwirrung um Zuständigkeiten. Die Heeresleitung behilft sich zeitweilig mit dem Berliner Telefonbuch, lässt in bestimmten Stadtteilen Nummern anrufen und fragen: „Gnädige Frau, sind die Russen schon bei Ihnen?"

Am 26. April beginnt der Kampf auch in den S- und U-Bahn-Schächten, in denen die deutschen Verteidiger Gefechtsstände errichtet haben. Die Tunnel sind mit Zivilisten und verwundeten Soldaten überfüllt.

WÄHREND BERLIN IMMER MEHR zu einem brennenden Friedhof wird, veranstaltet Hitler in seinem Bunker eine bizarre Zeremonie: Einem Jungen, der allein einen Panzer abgeschossen haben soll, heftet er das Eiserne Kreuz an. Dann schickt er ihn und die anderen wieder hinaus in den aussichtslosen Kampf in den Straßen.

Am 28. April gelingt Sowjetsoldaten die Überquerung des Landwehrkanals. Um jeden Meter wird gerungen. Nahkämpfe mit Handgranaten und Bajonetten dauern bis zu sechs Stunden. Je näher die sowjetischen Truppen dem Reichstag kommen, desto heftiger wird der Widerstand. Zu den verbissensten Verteidigern gehören die französischen Angehörigen der SS-Division „Charlemagne" und Reste von SS-Verbänden aus ganz Europa. Für sie gibt es keinen Weg zurück. Sie haben nichts zu verlieren.

Während im Zentrum der Kampf tobt, räumen Berliner in anderen Bezirken schon Schutt – auf Anordnung des gerade ernannten sowjetischen Stadtkommandanten Nikolai E. Bersarin. Nun rückt die zweite Reihe der sowjetischen Truppen ein. Die Straßen sind voll von Männern mit zottigen Pferden und Panjewagen, behängt mit billigem Beutegut: Gießkannen, Akkordeons, Töpfen. Viele haben seit vier

Unter den deutschen Kämpfern, die sich der Roten Armee schließlich ergeben, sind viele Alte und sogar Minderjährige (oben). Am 2. Mai kapitulieren die letzten Truppen des NS-Regimes in der Reichshauptstadt

Jahren ihre Familien nicht mehr gesehen. Brennen auf Rache für die Verbrechen der Deutschen an ihren Landsleuten. Sind brutalisiert durch den brutalen Krieg.

„Frau komm!": Vor allem nachts, aber auch am Tag werden Frauen und Mädchen fortgeschleppt und wieder und wieder vergewaltigt, oft von ganzen Gruppen. Nach Schätzungen von Krankenhausärzten werden in Berlin etwa 100 000 Frauen missbraucht. Tausende sterben an den Folgen oder nehmen sich das Leben.

IN SEINEM BUNKER DIKTIERT HITLER am 29. April, morgens gegen vier, sein persönliches und politisches Testament – ein zynisches Vermächtnis, in dem er die Deutschen ein letztes Mal auffordert, auch zukünftig die „Rassengesetze peinlich einzuhalten". Kurz zuvor sind er und Eva Braun getraut worden. Einen Tag später begehen beide Selbstmord. Ihre Leichen werden ins Freie getragen und mit Benzin angezündet. Der Mann, der von einer Begräbnisstätte in einem Glockenturm in Linz geträumt hat, endet in einem Granattrichter zwischen Schutt und Unrat.

Am selben Tag beginnt der Hauptangriff auf den Reichstag. Von Stockwerk zu Stockwerk, von Flur zu Flur kämpfen in seinen Mauern sowjetische Soldaten und SS-Männer. Um 22.50 Uhr gelingt es eigens ausgewählten Soldaten, die Rote Fahne auf dem Dach zu hissen.

Am nächsten Morgen wird die Szene für die Fotografen wiederholt. Während die Kameraverschlüsse klicken, während in den Straßen Russen tanzend den 1. Mai feiern, wird im Reichstag noch immer gekämpft – in den Kellergewölben, Mann gegen Mann, mit Messern und Spaten. Bis die Sowjets am Mittag des 2. Mai Flammenwerfer einsetzen.

Einige Stunden zuvor, um sechs Uhr morgens, haben die deutschen Truppen in der Reichshauptstadt kapituliert. Nicht ein Gebäude, nicht eine Straße in der Innenstadt ist unversehrt geblieben, etwa 40 Prozent der Berliner Bausubstanz sind zerstört. 300 000 sowjetische und 40 000 deutsche Soldaten hat die Schlacht um Berlin das Leben gekostet. Über die zivilen Opfer gibt es keine verlässlichen Zahlen.

Auf den Straßen liegen rauchende Trümmer, ausgebrannte Panzer, Tierkadaver und menschliche Leichen. Durch den Gestank ist der Duft von Flieder zu erahnen.

BERLIN-BLOCKADE 1948

RETTUNG AUS DER LUFT

Nach Hitlers Ende teilen die Sieger das Reich sowie die einstige Kapitale Berlin untereinander auf, zerstreiten sich dann aber über die Frage, was mit Deutschland geschehen soll. Im Juni 1948 eskaliert der Konflikt: Der Sowjetdiktator Josef Stalin will Briten, Amerikaner und Franzosen aus den drei Westsektoren Berlins vertreiben, die mitten in der Besatzungszone der UdSSR liegen. Er lässt Straßen, Schienen und Flüsse blockieren – doch die Westmächte kapitulieren nicht, sondern starten eine »Luftbrücke«. Es ist ein riskanter Plan, denn noch nie ist eine Millionenmetropole allein über Flugzeuge versorgt worden

— **TEXT: CAY RADEMACHER**

Kinder stehen auf den Mauerresten eines zerbombten Hauses in Berlin. Sie bejubeln den Anflug eines US-Bombers. Während des Krieges haben alliierte Maschinen die Stadt zerstört – diesmal aber werden sie Berlin retten

Berlin ist das Kraftwerk des Kalten Krieges. Hier wird jene unheimliche, die zweite Hälfte des 20. Jahrhunderts verfinsternde Auseinandersetzung, irgendwo zwischen Nicht-Frieden und Nicht-Kampf, immer wieder angeheizt. Der Kalte Krieg beginnt (auch) in Berlin, er geht hier durch mehr als eine dramatische Wendung, und er wird in dieser Stadt schließlich symbolisch enden.

In dieser fast genau vier Jahrzehnte währenden Ära ist wohl keine Zeit so entscheidend wie jene Monate zwischen Sommer 1948 und Frühjahr 1949, in denen es zur „Berlin-Blockade" kommt. Ein einziger Mann, der sowjetische Diktator Josef Stalin, nimmt eine Metropole als Geisel. Er blockiert vom Juni 1948 an für über zwei Millionen Berliner jede Nahrungsversorgung, selbst die Milch für die Kinder kann die Sperren der Roten Armee nicht mehr passieren.

Kein Kilowatt Strom gibt es mehr für Westberlin, keine Kohle im Winter, nicht einmal Heu für jene Kühe, die in westlichen Ställen stehen. Und das soll so lange andauern, bis Berlin kapituliert, bis die westlichen Alliierten ihre Sektoren aufgeben, bis sich die ganze Stadt dem Willen Stalins unterwirft.

Doch Berlin gibt sich nicht geschlagen, und die Alliierten lassen es nicht im Stich. Über eine „Luftbrücke" wird, erstmals in der Geschichte, eine Großstadt mit Flugzeugen versorgt. Der Mythos vom „Rosinenbomber" wird geboren, aus dem nicht mehr Sprengkörper auf die Hitler-Stadt, sondern Schokoladen auf die Frontmetropole regnen.

Und der Mythos vom „Völker der Welt, schaut auf diese Stadt"-Berliner entsteht, vom verarmten, hageren, doch in den Ruinen tapfer der Diktatur trotzenden Zivilisten. (Wer will sich da noch daran erinnern, dass nur wenige Jahre zuvor Berliner in braunen, grauen und schwarzen Uniformen durch das Brandenburger Tor paradiert sind?)

322 Tage lang dauert die Blockade. Dann gibt Stalin auf, zermürbt von dem wirtschaftlichen, politischen und propagandistischen Misserfolg der Aktion.

Was für ein Triumph für den Westen! Für Berlin! Und was für eine Wendemarke im Kalten Krieg.

Denn zuvor haben die vier Sieger des Anti-Hitler-Kampfes noch miteinander kooperiert, wenn auch mürrisch und misstrauisch. Die Berlin-Blockade jedoch wird zum *point of no return*: Fortan ist die Welt zweigeteilt, wird jeder Ort zum Schachfeld, auf dem vor allem die Spieler in Moskau und Washington ihre Figuren platzieren.

Und daher ist es auch nicht verwunderlich, dass man, um die Blockade zu verstehen, den Blick zunächst auf Orte Tausende Kilometer von Deutschland entfernt richten muss. Denn Berlins Schicksal wird nicht an den Ufern der Spree entschieden, sondern an denen von Potomac und Moskwa.

WASHINGTON, 12. MÄRZ 1947.
US-Präsident Harry Truman tritt vor beide Kammern des Kongresses und hält vor den Parlamentariern eine programmatische Rede zur Außenpolitik, die schon bald als „Truman-Doktrin" bekannt wird: „Im gegenwärtigen Augenblick der Weltgeschichte muss fast jede Nation zwischen zwei verschiedenen Lebensarten wählen. Die eine Art zu leben gründet sich auf den Willen der Mehrheit und zeichnet sich durch freie Institutionen, repräsentative Regierungen, freie Wahlen, Garantien persönlicher Freiheit, Freiheit der Rede und der Religion und Freiheit von politischer Unterdrückung aus. Die zweite Lebensart hat als Grundlage den Willen einer Minderheit. Sie stützt sich auf Terror und Unterdrückung."

Truman verkündet anschließend eine neue Strategie. Fortan werden die USA weltweit „freien Völkern" beistehen, sich einer Unterwerfung zu widersetzen – gemeint ist ein von der Sowjetunion gesteuerter kommunistischer Umsturz.

Das gilt auch für den Feind von gestern: Deutschland. Die USA haben mit ihren Verbündeten Großbritannien und Frankreich im Westen des ehemaligen Deutschen Reiches drei Zonen militärisch besetzt. Sie verwalten auch drei Sektoren in der ehemaligen Hauptstadt Berlin, ein vierter untersteht Moskau. Diese Sektoren liegen wie eine Insel inmitten der Sowjetischen Besatzungszone Deutschlands (SBZ).

Nachdem Truman seine Doktrin verkündet hat, ist klar: Die USA werden selbst diese winzige Exklave im Osten gegen jeden Druck Moskaus verteidigen. Mehr noch: General Lucius D. Clay, der US-Militärgouverneur in Deutschland, schätzt vor Journalisten Berlin ganz offen als „einzigartigen Beobachtungsposten nach Sowjet-Europa" ein und als „enorm nützlichen Außenposten unserer Zivilisation". Mit anderen Worten: Berlin ist das spionierende Auge und das werbende Schaufenster des Westens mitten in Stalins Machtsphäre.

MOSKAU, 26. MÄRZ 1948.
Im Kreml empfängt Stalin Wilhelm Pieck, den Vorsitzenden der kommunistisch dominierten ostdeutschen SED, sowie weitere Spitzenfunktionäre. Der Diktator und seine Genossen besprechen ein gemeinsames Problem: Berlin.

Stalin würde Clays Einschätzung vom „Beobachtungs- und Außenposten" wohl unterschreiben – eben deshalb ist Westberlin für ihn ja ein Ärgernis, nämlich ein vorgeschobener Posten der rivalisierenden Supermacht USA. Für Pieck und seine Genossen sind aber nicht die Amerikaner das Hauptproblem: sondern die Sozialdemokraten.

In ganz Berlin haben im Oktober 1946 die einzigen freien Wahlen über Zonengrenzen hinweg stattgefunden – und die SED hat, trotz massiver Hilfe der östlichen Besatzungsmacht, katastrophal verloren. Nicht einmal jeder fünfte Berliner hat für die allseits verhasste „Russenpartei" gestimmt, fast die Hälfte hingegen für die SPD. Und im Herbst 1948 stehen erneut Wahlen an.

Kaum etwas weiß man heute über die Gedanken des bereits wahnhaft misstrauischen, alternden Stalin. Welche Motive hat er damals, welche Pläne treiben ihn um? Nur wenige Dokumente oder Augenzeugenberichte überliefern Interna aus dem Kreml für diese Zeit. Doch Wilhelm Pieck macht sich regelmäßig Notizen nach Besprechungen, so auch unmittelbar nach diesem Treffen. Sie werden Jahrzehnte später für die Forschung zugänglich.

Demnach gestehen die Ostdeutschen, dass sie die kommende Wahl wohl nur dann gewinnen würden, wenn man die Alliierten aus Berlin vertreiben könnte. Ohne die Westmächte wäre man in der Lage, die Wahlen zu manipulieren, und die SED säße, wie sonst schon überall in der sowjetischen Besatzungszone, endlich auch in der alten Reichshauptstadt an den Hebeln der Macht.

Darauf Stalin: „Lasst uns einen gemeinsamen Versuch starten – vielleicht können wir sie hinausdrängen!" Offenbar hat der Herrscher des Kremls zu diesem Zeitpunkt schon längst die Blockade beschlossen. Kühl kalkuliert er eine neue Art von Krieg ein – einen Krieg ohne einen einzigen Schuss.

Sollte die Rote Armee die Kanäle, Eisenbahnlinien und Straßen zwischen Westdeutschland und Westberlin blockieren, könnten sich die Amerikaner den Zugang in die Stadt nicht mit Gewalt erkämpfen, denn die nach 1945 größtenteils demobilisierte US Army ist dazu viel zu schwach. Kein Panzer würde rollen. Andererseits: Würden die Amerikaner dann gleich Atombomben werfen? Nur um die in Ruinen liegende Hitler-Stadt Berlin zu halten?

Solange die Rote Armee zwar die Wege blockiert, aber nicht auf die Amerikaner schießt, werden die Gegner auch nicht feuern, weder konventionell noch nuklear: Das ist Stalins Vabanquespiel.

Er will auf die Amerikaner und die mit ihnen verbündeten Briten und

Ab dem 19. Juni 1948 unterbrechen die sowjetischen Besatzer alle Land-, Schienen- und Wasserwege nach Westberlin. Hier schaufeln Arbeiter an der Sektorengrenze Trümmerschutt von Lastwagen, um die Friedrichstraße zu blockieren

Franzosen nicht schießen lassen, er will sie langsam erwürgen. Blockiert er die Versorgungswege nach Berlin, so das Kalkül, dann wird die Situation dort in wenigen Wochen so unhaltbar, dass die Westmächte abziehen müssen. Die Sowjetunion wäre den lästigen US-Vorposten los, die SED hätte freie Hand in der Stadt.

„Die Ausräucherung der Westmächte wird nicht leicht", warnt Wladimir Semjonow einen Monat nach dem Kreml-Treffen. Semjonow ist Politkommissar der SMAD, der Sowjetischen Militäradministration in Deutschland, und damit einer der beiden mächtigsten Statthalter Stalins im Land.

Vermutlich plant der Diktator die Berlin-Blockade für den Herbst 1948, nach einer sorgfältig orchestrierten diplomatisch-politischen Eskalation.

Und so kommt es zunächst auch: Am 20. März 1948 verlässt der sowjetische Vertreter den Alliierten Kontrollrat, das formal oberste Gremium der Siegermächte, in dem die vier Militärgouverneure gemeinsam über die Belange des besiegten Deutschland bestimmen. Und vom 16. Juni 1948 an sitzt auch kein sowjetischer Abgesandter mehr in der Alliierten Kommandantur, dem Berliner Äquivalent zum Kontrollrat.

Fortan existiert keine alle vier Sektoren übergreifende alliierte Verwaltung mehr. Das werde „das Ansehen der Westmächte in Deutschland und Europa weiter untergraben", vermutet Semjonow. Weshalb ein sowjetischer Rückzug das westliche Prestige

Für den US-Militärgouverneur Lucius D. Clay (rechts), hier mit seinem Vorgänger, dem späteren amerikanischen Präsidenten Dwight D. Eisenhower, ist die Blockade eine Schlacht um Berlin – mit einer Luftbrücke will der General sie gewinnen

schädigen sollte, bleibt allerdings sein Geheimnis.

Klar ist jedenfalls, dass Stalin sich schon zu diesem Zeitpunkt fatal verkalkuliert hat. So rechnet er unter anderem damit, dass der Westen in seinen Zonen eine neue Währung einführen wird, was Westdeutschland wirtschaftlich eng an die USA koppeln würde – aber er erwartet dies erst für den August 1948.

Doch schon am 18. Juni teilen ihm westliche Diplomaten mit, dass man die D-Mark in Umlauf bringen werde, und zwar bereits zwei Tage später.

Schock. Konfusion. Stalin ist überrumpelt. Soll die unter US-Regie eingeführte D-Mark auch in der SBZ gelten? Unmöglich!

Per Dekret lässt er die neue Währung im Osten für illegal erklären. (Und schon Tage später werden die ersten Berliner, die D-Mark in der Tasche haben, von Polizeistreifen im Osten verhaftet.) Eilig erfindet die SMAD stattdessen eine Ost-Mark – indem sie einfach die alten deutschen Reichsmarkscheine mit einem Coupon bekleben lässt.

Trotzdem ist der 20. Juni 1948 der Tag der Währungsreform. In Westdeutschland bekommen die Menschen erstmals die neue D-Mark ausbezahlt.

Daraufhin kommt es zu Tumulten im Neuen Stadthaus, wo die 1946 gewählten Berliner Stadtverordneten tagen. Ein von der SED organisierter Demonstrationszug belagert das Gebäude, die von einem SED-Mann geführte Gesamt-Berliner Polizei bleibt tatenlos. Die SPD-Abgeordnete Jeanette Wolff, eine Jüdin und KZ-Überlebende, wird geschlagen und als „Volksverräterin" beschimpft.

Aber am Ende sind die wenigen SED-Parlamentarier die Einzigen, die gegen die Einführung der „Separatisten-Mark" stimmen. (Ein symbolischer Akt, denn letztlich bestimmen in Berlin ja die Siegermächte über die Währung.)

In Westberlin haben die Besatzer immerhin, aus Rücksicht auf den besonderen Status der Vier-Mächte-Stadt, die neuen Scheine zusätzlich mit einem „B" gestempelt – Zeichen dafür, dass Westberlin zwar den Westalliierten untersteht, aber staatsrechtlich nicht zu den Westzonen zählt.

Eine juristische Finesse, die Josef Stalin nun auch nicht mehr besänftigen kann. Er will zurückschlagen. Und zwar früher als ursprünglich geplant.

DONNERSTAG, 24. JUNI 1948. In der Nacht kappt der Berliner Energieversorger Bewag auf Befehl der SMAD die Stromversorgung aus zwei im Osten gelegenen Kraftwerken in den Westen der Stadt. Am Morgen bringt die im Osten erscheinende „Tägliche Rundschau" auf Seite eins (aber eher unauffällig) die Meldung: „Störung an der Eisenbahnstrecke Berlin–Helmstedt". Auch die Autobahn nach Helmstedt wird, so begründet es die SMAD, wegen „dringender Reparaturarbeiten" sofort gesperrt. Und auf den Wasserstraßen sind es die Schleusen, die auf einmal „repariert" werden müssen.

Die Westberliner Bevölkerung erfährt im Laufe des ersten Tages nach und nach von der so beiläufig eingeleiteten Blockade: aus dem Radio, über Mundpropaganda – und aus einer Rede ihres designierten Oberbürgermeisters.

Im Hertha-Stadion am Gesundbrunnen spricht Ernst Reuter vor 70 000 Bürgern, die eigentlich gekommen sind, um für die Währungsreform zu demonstrieren. Doch nun muss der SPD-Politiker berichten, dass Stalin den Berlinern mit Hunger droht.

„Das ist Erpressung und Verbrechen gegen die Menschlichkeit", empört sich Reuter und verkündet: „Berlin wird nicht drankommen! Wir werden uns mit allen Mitteln, über die wir hier verfügen, bis zum Äußersten gegen den Machtanspruch wenden, der uns zu Sklaven, der uns zu Heloten einer Partei machen will."

o beginnt die Berlin-Blockade – ohne eine formale Erklärung der Sowjetunion –, und so wird sie auch all die Monate weitergehen. Es ist kein offizieller Akt, der etwa mit einem Regierungsdekret einsetzt. Die Blockade bleibt stets ein über die Zeit immer perfider ausgewähltes Bündel aus Schikanen, die meist mit technischen Problemen begründet werden und manchmal mit Währungsfragen – so akzeptiert die Post der SBZ beispielsweise keine Sendungen mehr, die mit westlichen Briefmarken frankiert sind.

Andererseits haftet der Blockade lange Zeit etwas Improvisiertes, Hastiges, Unausgegorenes an. Denn sie sollte ja eigentlich später verhängt werden, nur die Währungsreform treibt Moskau zur übereilten Aktion. So erreichen noch vier Tage nach Blockadebeginn sieben Frachtkähne mit 1200 Tonnen Ladung unbehelligt Westberlin. Und zur gleichen Zeit fleht der Berliner SED-Vorsitzende seine sowjetischen Beschützer bereits an, den Milchboykott wieder aufzuheben. Denn der trifft vor allem die Kinder, und das wiederum ist verheerende Propaganda für den Osten.

Wegen der fehlenden Stromversorgung aus dem Osten hat jeder Haushalt in Westberlin jetzt nur noch zweimal pro Tag je zwei Stunden Strom. Bald müssen im Westen U- und Straßenbahnen zwischen 18.00 und 6.00 Uhr stillgelegt werden, um Energie zu sparen. Schaufenster und Leuchtreklamen erlöschen.

In den folgenden Tagen sinkt auch der Gasdruck, da das Gas aus der immer knapper werdenden Kohle gewonnen wird: Westberlin wird zur kalten, düsteren Stadt. Die Westberliner Behörden schließen das Strandbad Wannsee, weil die Wasserpumpen abgestellt werden. Und in Krankenhäusern werden Röntgenaufnahmen (die viel Strom verbrauchen) nur noch in Notfällen genehmigt.

Wie weit sich Josef Stalin in dieser Zeit persönlich einmischt, ist vollkommen unklar. Selbstverständlich geschieht nichts gegen seinen Willen.

Eine Transportmaschine der Alliierten im Anflug auf Tempelhof. Täglich kommen so mehrere Tausend Tonnen in die Stadt, darunter sogar Heu für Rinder, Spezialzucker für Imker und 15 VW-Käfer-Streifenwagen für die Polizei

Aber bestimmt er auch die Details? Sicher ist, dass die SMAD unter Semjonow und dem Militärgouverneur Marschall Sokolowskij relativ autonom entscheiden darf. Semjonow und Sokolowskij sprechen, an allen Moskauer Ministerien vorbei, auf einer speziellen Funktelefonverbindung direkt mit dem Diktator. Und was dort genau beschlossen wird, ist bis heute unbekannt.

Wahrscheinlich aber werden Semjonow und Sokolowskij dem Sowjetdiktator mitteilen, General Clay habe verkündet, die Amerikaner ließen sich nur durch einen Krieg aus Berlin vertreiben.

Für den britischen Außenminister Ernest Bevin kommt ein Zurückweichen in Berlin ebenfalls nicht infrage.

Als Reaktion auf die Krise gestattet Großbritannien den Amerikanern am Tag nach Beginn der Blockade, atomwaffentragende Bomber auf der Insel zu stationieren – „um zu zeigen, dass wir es ernst meinen", wie Bevin verkündet.

Selbst die Franzosen, die schwächste Besatzungsmacht, sichern Berlins Politikern zu, dass sie bleiben werden.

US-Präsident Truman schließlich denkt ebenfalls nicht daran, Berlin aufzugeben: Er steckt mitten im Wahlkampf. Und eine Umfrage hat ergeben, dass 80 Prozent der Amerikaner dafür sind, die Stadt zu halten.

Als ahnte Clay die Wünsche seines Oberbefehlshabers voraus, setzt er einen kühnen Plan in die Tat um, ohne vorher in Washington nachzufragen.

SAMSTAG, 26. JUNI. Auf dem Flugplatz Tempelhof im US-Sektor landet eine Transportmaschine. So unauffällig beginnt ein militärisches Unternehmen mit dem Codenamen „Operation Vittles", das rasch unter einer ganz anderen Bezeichnung berühmt wird: „Luftbrücke".

Seit November 1945 dürfen Flugzeuge nur auf drei „Luftkorridoren" Berlin anfliegen, auf schmalen Routen über der SBZ. Eine alliierte Luftsicherheitszentrale überwacht den Verkehr. Dort werden, über alle Krisen hinweg, bis zur Auflösung der Zentrale 1990 sowjetische und westliche Militärs Seite an Seite arbeiten – keine Chance also, dass sich westliche Maschinen auf anderen als den erlaubten Kursen der ehemaligen Reichshauptstadt nähern könnten.

Clay will seine Soldaten und die mehr als zwei Millionen Westberliner nun über diese Korridore versorgen. Denn würde er versuchen, mit Konvois oder gar Panzern in die Sowjetische Besatzungszone einzudringen, könnte er damit einen Krieg provozieren.

Der US-General nutzt stattdessen die entscheidende Schwäche der Gegenseite: Da es eine Blockade offiziell ja gar nicht gibt, sondern es sich bloß um „Reparaturen" der Land- und Wasserwege handelt, weicht er einfach in die Luft aus, wo solche Reparaturen nicht als Vorwand dienen können. Die Rote Armee könnte die Amerikaner dort nur aufhalten, indem sie den ersten Schuss abgibt und so einen Krieg auslöst.

Clay ordnet die Operation Vittles an, noch ehe er das Weiße Haus informiert – würde die Rote Armee am 26. Juni tatsächlich schießen, gerieten die einzige Atommacht und die größte Landmacht der Welt in einen fatalen Konflikt, ohne dass der Präsident in Washington das auch nur gewusst hätte.

Zu Clays (und der Berliner) Glück schießt kein Rotarmist an diesem Tag – und Truman deckt seinen General, als er später am Tag von der Luftbrücke erfährt: Er ordnet an, alle in Europa verfügbaren Transportflugzeuge in den Dienst des *air lift* zu stellen – und erhebt so Clays improvisierte Notmaßnahme in den Rang einer offiziellen Staatsaktion.

Zwei Tage später teilt der Präsident in einem Gespräch mit seinen wichtigsten Beratern seine strategische Entscheidung mit, die das Schicksal Berlins prägen wird: „We are going to stay, period."

Und das Kabinett in London hat zu Beginn der Blockade ebenfalls die Versorgung aus der Luft beschlossen.

Die US Air Force setzt anfangs rund 70 C-47-Transportflugzeuge ein, die Briten 17 baugleiche „Dakotas". Jede dieser zweimotorigen, knapp 20 Meter langen Maschinen trägt ungefähr drei Tonnen Fracht. Die kurz danach genutzten viermotorigen C-54 schaffen immerhin fast zehn Tonnen.

Die amerikanischen und britischen Offiziere, die neben Tempelhof das Flugfeld Gatow im britischen Sektor ansteuern lassen, haben zwar keine Erfahrung mit einem so großen Air Lift, doch sie lernen mit jedem Flug – und sie sind kreativ bis zur

Flugzeuge der US-Luftwaffe werden in Tempelhof entladen. Immer leistungsfähiger wird die Luftbrücke: Ostern 1949 erreichen innerhalb von 24 Stunden 1398 Flüge die eingeschlossene Stadt, alle 62 Sekunden landet eine Maschine in Berlin

Waghalsigkeit: So werden schon nach wenigen Tagen in die C-47 760 Liter Treibstoff weniger hineingepumpt, dafür kann jede Maschine eine halbe Tonne Fracht mehr mitschleppen. Die Briten buchen zivile Chartermaschinen hinzu. In den Luftkorridoren werden unterschiedlich schnellen Maschinen verschiedene Flughöhen zugewiesen, damit der Verkehr sich nicht staut.

ndere Ideen werden dagegen nicht umgesetzt – etwa der Vorschlag, die für die Stromerzeugung wichtigen Kohlen mit noch zu bauenden Riesenluftschiffen zu schleppen. Oder sie aus den Schächten schwerer B-29-Bomber abzuwerfen. Die herabregnenden Transportsäcke, so zeigt ein Test bei Frankfurt, platzen beim Aufprall – und es dauert dann sehr lange, die verstreuten Brocken aufzusammeln.

Dank der immer besseren Organisation landet bald alle acht Minuten eine C-47 in Tempelhof. Die Kohle ist nun in Säcken verstaut, die im Rumpf verzurrt werden, damit sie während des oft genug unruhigen Fluges nicht verrutschen und die Maschine nicht in ein gefährliches Ungleichgewicht bringen. Deutsche Arbeiter (der Job ist begehrt, denn neben dem Geld bekommen sie täglich eine warme Mahlzeit) schleppen binnen weniger Minuten Kartoffeln und Kohle, Margarine und Medikamente heraus.

Die Flugzeuge werden nach und nach unter anderem 53 000 Meter Uniformtuch, eine Tonne Waffen und Munition sowie 15 VW-Käfer-Streifenwagen für die Westberliner Polizei hereinbringen; dazu Spezialzucker für die Bienenvölker der Berliner Imker und Heu für die 8947 Rinder auf dem Stadtgebiet, Papier für die Zeitungen sowie knapp viereinhalb Tonnen frisch gedruckte Geldscheine für die Banken.

Bereits Mitte Juli 1948 werden an Schönwettertagen – wenn die Piloten auf Sicht sehr dicht hintereinander fliegen und landen können – mehr als 2000 Tonnen täglich über die Luftbrücke in die Metropole kommen. (Sobald Wolken aufziehen, müssen die Sicherheitsabstände vergrößert werden, und damit verringert sich die Zahl der Flugzeuge, die täglich die Korridore passieren.) Doch Clays Experten rechnen aus, dass sie diese Menge fast verdoppeln müssen, um Berlin halten zu können.

FREITAG, 2. JULI. In der Hauptwerkstatt der Berliner Feuerwehr im Ostberliner Stadtteil Weißensee sind einige

Einsatzfahrzeuge aus westlichen Wachen repariert worden. Sie dürfen auf Befehl der SMAD nicht zurückgebracht werden.

MONTAG, 5. JULI. Auf dem Großen Wannsee landet zum ersten Mal ein „Sunderland"-Wasserflugzeug, das auf der Elbe gestartet ist. Das bauchige britische Flugboot hat 3,5 Tonnen Fleisch an Bord, das mit Lastkähnen ans Ufer gebracht wird. Später werden die Sunderlands vor allem die täglich benötigten 19 Tonnen Salz liefern – denn die empfindliche Mechanik und Hydraulik konventioneller Frachtmaschinen wird durch das (aus Säcken hier und da herausrieselnde) Salz angegriffen; die für Nordsee und Atlantik konzipierten Wasserflugzeuge hingegen sind korrosionsgeschützt.

Weil es an Kohle fehlt, verbrennen die Berliner alles, was sie kriegen können – auch die Sitzflächen dieser Parkbänke. Trotzdem müssen viele frieren. Selbst in Krankenhäusern bleibt während des Winters 1948/49 in den meisten Zimmern die Heizung kalt

MITTWOCH, 7. JULI. In Westberlins Krankenhäusern wird der Äther knapp; Chirurgen können nur noch im Notfall operieren. Medikamente organisieren die Ärzte in Selbsthilfe, etwa durch Kleinanzeigen in der Zeitung: „Zur Heilung einer 27-Jährigen, die an Kehlkopftuberkulose erkrankt ist, benötigt das Neuköllner Krankenhaus dringend 120 g Streptomycin. Meldungen an Professor Zadek, Neukölln."

VOM HIMMEL REGNET ES SCHOKOLADE

76 000 Berliner werden bis Ende Juli 1948 an Tuberkulose erkrankt sein, mehr als 3000 von ihnen das Jahr nicht überleben. Angeblich leidet jeder dritte Erstklässler unter Tbc. Woche für Woche sterben durchschnittlich 40 Säuglinge an diversen Krankheiten. Immerhin bleiben Kinder-, Geburts- und Frischoperierten-Stationen trotz Kohlenmangels beheizt.

DONNERSTAG, 8. JULI. Westberlins 70 Blindenhunde erhalten kein Fleisch mehr aus den Abdeckereien im Osten. Nun muss ihr Futter eingeflogen werden – und die Luftbrücke wird genau an diesem Tag auch ohne Schusswechsel gefährlich: Über dem Taunus stürzt eine C-47 ab, drei Piloten sterben. Es werden nicht die letzten Toten bleiben.

Ackerbau in der Großstadt: Eine Frau gießt Gemüse und Tabakpflanzen, nur wenige Schritte entfernt rattert eine Straßenbahn vorbei. Die Eingeschlossenen können sich nicht allein auf die Lebensmittel verlassen, die über die Luftbrücke in die Metropole kommen. So legen sie überall in Berlin Beete an, wie hier in Wilmersdorf. Und im Botanischen Garten wachsen nun auch Kartoffeln

SONNTAG, 18. JULI. Keine Rohstoffe, kaum Energie, kein Zugang mehr zu den Märkten: 2430 Westberliner Unternehmen haben bereits aufgegeben und die Produktion eingestellt. Die Stadtverwaltung registriert mehr als 35 000 neue Arbeitslose. Die Gesamtzahl der Beschäftigungslosen wird bis zum folgenden Frühjahr auf 156 000 ansteigen. Der Magistrat beschließt, 50 000 Berliner für die „Enttrümmerung" (das Freiräumen zerstörter Grundstücke) einzustellen. Eine teure Arbeitsbeschaffungsmaßnahme, die Westberlin nicht aus Steuereinnahmen bezahlen kann.

Die Exklave wird nun zur finanziellen Bürde der neu gegründeten westdeutschen Länder, die wertvolle Lebensmittel nach Berlin liefern und zugleich den defizitären Etat der schwer gebeutelten Stadt mitfinanzieren müssen. Und niemand weiß, wie hoch die Kosten ausfallen werden, denn ein Ende der Blockade ist unabsehbar.

DONNERSTAG, 22. JULI. AEG Turbine, eines der größten Unternehmen Westberlins, erhält weiterhin Strom aus dem Osten – denn die hier produzierten Großmaschinen werden in Kraftwerken der SBZ dringend benötigt. Doch nun verbieten die Alliierten deren Ausfuhr. Nach und nach verschärft sich damit eine Gegenblockade des Westens. Keine Maschinen, keine Waren, überhaupt kein Handel mehr mit dem Osten!

Ludwig Erhard, der Direktor der westdeutschen Verwaltung für Wirtschaft, protestiert bei Clay gegen diese Entscheidung, denn sie schadet westdeutschen Ex- und Importen. Doch der General bleibt hart und verbietet sogar ein Konzert der Berliner Philharmoniker im Ostteil der Stadt.

Tatsächlich wird die ostdeutsche Wirtschaft durch die Gegenblockade wohl schwerer getroffen als die westdeutsche durch Stalins Einkesselung. Nun erweist sich die Berlin-Sperre auch für die UdSSR als teure Aktion. Der führende SED-Funktionär Walter Ulbricht schmäht Westberlin als den „Brückenkopf, von dem aus der Stoß gegen die Wirtschaft der Sowjetischen Besatzungszone geführt werden soll".

SAMSTAG, 24. JULI. Die SMAD erlässt den Befehl Nummer 80: Von nun an dürfen sich Westberliner für Lebensmittelkarten auch im Osten registrieren lassen. Die Alliierten haben dieses System der Kriegszeit im Mai 1945 übernommen. Jedem Bürger stehen Karten zu, die in Zehn-Tage-Einheiten eingeteilt sind. Mit Coupons, die sie herausschneiden müssen, erhalten die Menschen in den Läden penibel aufgeführte Mengen Vorräte, die je nach Alter, Arbeit und anderen Kriterien unterschiedlich ausfallen.

Ein in der Industrie schuftender „Schwerstarbeiter" soll mit seinen Karten 2905 Kalorien täglich bekommen, ein „Normalverbraucher" muss sich mit 1605 Kalorien begnügen. Doch oft sind Kartoffeln zerdrückt, werden Brot oder „Nährmittel" wie Hafergrütze gestreckt. Oder die Waren werden gar nicht „aufgerufen", sind also nirgendwo erhältlich. Eine Unsicherheit, die körperlich und geistig zermürbt.

Berlin ist längst eine Stadt der Erschöpften, selbst Alltägliches kostet Kraft. Zwar sind schon wieder mehr als 7000 Privatautos zugelassen, doch die haben kaum Benzin. Da U- und Straßenbahnen die Hälfte des Tages nicht mehr fahren, lebt die Metropole, deren Fläche achtmal so groß ist wie die von Paris, im langsamen, Kräfte zehrenden Takt der Fußgänger.

Mit dem Befehl Nummer 80 wollen Sowjetoffiziere und SED-Kader nun eine Abstimmung mit den Füßen provozieren. Ihr Kalkül: Immer mehr Berliner aus dem unterversorgten Westen werden das Angebot annehmen, sich im Osten registrieren zu lassen – und damit die westliche Herrschaft destabilisieren. Nach einigen Wochen sind die ersten Zahlen absehbar: Rund 21000 Westberliner haben Ost-Karten beantragt, nur gut ein Prozent aller Einwohner. Ein klares Votum für den Westen.

MONTAG, 26. JULI. Ein Konvoi mehrerer Lastwagen voller Lebensmittel hält am Platz vor dem Bahnhof Zoo. Einige Händler in Westdeutschland haben ihn auf eigenes Risiko losgeschickt – und zwar auf Nebenstrecken durch die SBZ. Da die Rote Armee nicht jede Landstraße Brandenburgs wegen „Reparaturarbeiten" sperren kann, ist diese beschwerliche Route offiziell weiterhin frei.

Die „Blockadebrecher" (wie die Berliner diese Geschäftemacher schon bald nennen) verkaufen ihre Waren gegen harte D-Mark. Die Aktion ist derart profitabel, dass in den nächsten Monaten immer wieder Konvois nach

Für die Berliner Kinder ist die Luftbrücke ein Spektakel: Sie beobachten die landenden Maschinen und spielen wie hier mit Modellflugzeugen die Versorgung nach. Mit etwas Fantasie wird dabei aus ein paar Backsteinen der Flughafen Tempelhof

BERLIN-BLOCKADE 1948

Der US-Pilot Gail Halvorsen befestigt kleine Fallschirme an amerikanischen Süßigkeiten, die er über der Stadt abwirft

Berlin fahren. Manche Lastwagen werden unterwegs von Rotarmisten beschlagnahmt, die meisten jedoch erstaunlicherweise nicht – ein Zeichen dafür, dass die Landblockade nicht undurchdringlich ist. Andere Blockadebrecher nutzen die unübersichtliche Ruinenwüste, um zu Fuß oder mit dem Fahrrad auf Schleichwegen Vorräte vom Umland in die Stadt zu bringen. Oder sie stecken ihre Waren einfach in Pakete, die sie an brandenburgische Postämter in der Nähe der Berliner Stadtgrenze schicken und von dort aus zu Fuß in die Westsektoren tragen.

SONNTAG, 1. AUGUST. Die SED richtet ein „Postzeitungsamt" ein. Es wird nach und nach den Verkauf von Zeitungen aus westlichen Sektoren im Ostteil verbieten. Allerdings können viele Berliner diese Zensur recht einfach sabotieren. So werden in Lesezirkelmappen Westzeitungen unauffällig zwischen Ostblätter wie das „Neue Deutschland" geheftet. Diese Mappen liegen in Geschäften und bei Friseuren aus.

MITTWOCH, 4. AUGUST. Der Botanische Garten im Westen öffnet sein wiedererrichtetes Gewächshaus, wo so exotische Pflanzen wie Bananenstauden gedeihen. Auf der Freifläche davor werden Kartoffeln angebaut, um die Versorgung der Stadt zu verbessern.

DONNERSTAG, 5. AUGUST. Ostberlin soll unbedingt günstiger dastehen als der Westen! Daher befiehlt die SMAD den Länderverwaltungen von Thüringen, Sachsen und Brandenburg, 51 000 Paar Schuhe und 10 000 Paar Handschuhe nach Ostberlin zu liefern. Sofort.

SAMSTAG, 7. AUGUST. Der neue Westberliner Polizeipräsident Johannes Stumm bezieht seine Zentrale im amerikanischen Sektor. Doch sein vom Magistrat abgesetzter Vorgänger, das im Osten residierende SED-Mitglied Paul Markgraf, bleibt mit Unterstützung der sowjetischen Besatzer im Amt. Damit ist die Ordnungsmacht der Stadt geteilt: in eine Ost-Einheit, die bald „Volkspolizei" genannt wird – und in die neue Westpolizei, die von der Sowjetkommandantur offiziell nicht anerkannt wird.

MONTAG, 16. AUGUST. In einem Luftkorridor rast ein sowjetisches Jagdflugzeug auf einen britischen Transporter zu. Die beiden Maschinen trennen nur noch 30 Meter, als das Kampfflugzeug abdreht.

DONNERSTAG, 19. AUGUST. Razzia am Potsdamer Platz! Dieser Ort ist Berlins „fünfter Sektor": Im Zentrum der Stadt stoßen hier amerikanische, britische und sowjetische Zonen aufeinander, ohne dass irgendeine Barriere diese Grenzen markiert. Die kriegszernarbten Blocks von Deutschlandhaus und Columbushaus werfen Schatten auf das Muster unzähliger Straßenbahnschienen, an fast allen Ecken führen düstere Niedergänge zu U- und S-Bahn-Stationen: Wenn es einen idealen Ort für einen Schwarzmarkt gibt, dann hier.

Der Schwarzmarkt ist ein Produkt des Mangels, ein illegaler Basar, auf dem verkauft und getauscht wird, was es auf den Rationierungskarten zu wenig oder gar nicht gibt, von Butter und Medikamenten bis zu Schuhen und Nähmaschinen. Da es vielen Berlinern kaum möglich ist, mit den offiziellen Rationen zu überleben, sind sie gezwungen, das wenige, was sie aus den Ruinen gerettet haben, auf den Potsdamer Platz oder einen der vielen anderen schwarzen Märkte zu tragen. Wer nichts zu tauschen hat, muss mit hohen Beträgen in West- oder Ost-Mark bezahlen (deren Wechselkurs zueinander sich zwischen 1:4 und 1:6 einpendelt) oder mit Zigaretten.

Die Schieber sind die Könige dieser Schattenwelt – Händler und Schmuggler, die auf heimlichen Wegen den Markt versorgen, etwa wenn sie Piloten der Luftbrücke bestechen, Schokolade oder andere Waren aus den eingeflogenen Beständen abzuzweigen.

Auf manchen Schwarzmärkten haben sich die Schieber zu Banden organisiert; der Bahnhof Zoo und der Wittenbergplatz etwa sind in der Hand der „Immergrün"-Bande, zu der 290 Männer gehören. Eine andere Gruppe stiehlt Lastwagen und fährt auf Nebenwegen bis nach Brandenburg, um dort Rinder auf den Weiden zu schlachten und das Fleisch unter der Hand zu verhökern.

egen 18.30 Uhr startet die Volkspolizei an diesem Donnerstag eine Razzia auf der Ostseite des Potsdamer Platzes: Uniformierte erscheinen, stürmen los – und versuchen, jeden zu verhaften, der ihnen als Schieber oder als Kunde verdächtig

erscheint. Doch es sind ja nur wenige Schritte bis zum amerikanischen Sektor ...

Die Menge flutet in die Sicherheit des westlichen Bereichs, die Volkspolizisten verharren an der Grenze.

Und dann fällt irgendjemandem auf – vielleicht einem wütenden Schieber, der bei der Flucht einige Waren verloren hat, vielleicht einem erschöpften Bürger, der sich um ein paar Gramm ertauschten Zuckers betrogen sieht –, dass nur sehr wenige Volkspolizisten dort stehen.

Ein Stein fliegt. Noch einer. Und immer weitere werden geworfen. Da verlieren die Ostberliner Beamten die Nerven und ziehen ihre Pistolen. Zwei Dutzend Mal feuern sie direkt in die Menge, über die Sektorengrenze hinweg. Zurück bleiben mindestens sechs Verletzte.

Es ist nicht das erste Mal, dass Volkspolizisten, Rotarmisten oder sowjetische Geheimagenten die Sektorengrenze missachten. Und es ist auch nicht die erste Schwarzmarktrazzia, bei der geschossen wird. Doch was zuvor kaum Aufsehen erregt hätte, wird im August 1948 zu einem Politikum.

Der US-Militärkommandant in Berlin gibt der Blockade die Schuld für die Eskalation an der Sektorengrenze: Sie zwinge die Berliner zum Besuch der illegalen Märkte. Die sowjetische Seite dagegen sieht faschistische Kräfte am Werk: „Junge Männer in schwarzen Hosen und hohen Stiefeln" hätten die Ostberliner Polizei mit Hilfe amerikanischer Militärpolizisten angegriffen.

Berlins Schwarzhändler aber zeigen sich von dem Schusswaffengebrauch der Vopos wie von dessen politischen Folgen völlig unbeeindruckt und gehen weiter ihren profitablen Geschäften nach.

FREITAG, 20. AUGUST. Auf dem Bethaniendamm in Kreuzberg (US-Sektor) überfallen gegen 13.45 Uhr mehrere Rotarmisten drei deutsche Westpolizisten und verschleppen sie nach Ostberlin. Erst nach drei Tagen werden die Beamten wieder freigelassen. Eine Begründung für diesen Angriff gibt es nicht, doch werden in den nächsten Tagen fünf weitere Polizisten entführt.

SAMSTAG, 21. AUGUST. Der US-Pilot Gail Halvorsen wirft während des Landeanflugs auf Tempelhof Schokolade an selbst gebastelten Fallschirmen für die Berliner Kinder ab. Schnell machen es ihm einige Kameraden nach. Irgendwann kommt unter den Bewohnern der Stadt daher der Spitzname „Rosinenbomber" auf – ein US-Colonel erwähnt den Begriff jedenfalls schon am 3. Dezember 1948 in einem Memo für General Clay.

Und die SED verteilt ungefähr zur gleichen Zeit ein Flugblatt mit einer schon verzweifelt klingenden Propaganda gegen die immer populärer werdenden alliierten Flieger: „Gestern

RETTUNG AUS DER LUFT

Alliierte Maschinen können die drei Westberliner Landeplätze – Tegel, Gatow und Tempelhof – nur über zwei schmale Korridore von Hamburg und Frankfurt am Main aus ansteuern. So haben es die Siegermächte vereinbart. Die Rückflugroute führt nach Bückeburg. Als Josef Stalin 1948 den Landweg aus dem Westen abriegeln lässt, werden diese Korridore zu den Lebensadern der Millionenmetropole

Während der Luftbrücke kommt es immer wieder zu tödlichen Unglücken. 86 Menschen sterben bei Abstürzen oder auf den völlig überlasteten Flughäfen. Im August 1948 geht dieser amerikanische Flieger in Flammen auf, die vierköpfige Crew kann sich retten

Phosphor, heute Rosinen, morgen Atombomben."

FREITAG, 27. AUGUST. Schießerei zwischen GIs und einem Offizier der Roten Armee. Ein sowjetischer Militärjeep rast in der Nähe des Potsdamer Platzes durch den US-Sektor. Zwar hat er das Recht, durch Westberlin zu fahren, doch ist dieser Wagen viel zu schnell. US-Militärpolizisten wollen den Fahrer anhalten und ermahnen, langsamer zu fahren. Doch als der Rotarmist die Stoppzeichen sieht, gibt er erst recht Gas. Es kommt zu einer Verfolgungsjagd zwischen dem Jeep und einigen Militärpolizisten auf Motorrädern. Sowjetsoldat wie Amerikaner schießen, treffen aber glücklicherweise niemanden; allerdings stürzt ein GI vom Motorrad.

Der russische Fahrer bringt sich schließlich hinter der sowjetischen Sektorengrenze in Sicherheit.

MONTAG, 6. SEPTEMBER. Fast alles in Berlin ist bereits geteilt, nur die Stadtverordnetenversammlung nicht. Zwar haben die gewählten Abgeordneten sehr wenige Kompetenzen – wichtige Entscheidungen fällen die Besatzungsmächte –, doch haben Berlins Parlament und die „Magistrat" genannte Regierung durchaus Einfluss auf die Verwaltung, von der Polizei bis zum Wohnungsamt. Außerdem ist es als Zeichen für Deutschlands Erneuerung wichtig, dass in der ehemaligen Reichshauptstadt wieder Politiker demokratisch bestimmt werden.

Bis zu diesem Tag. Denn nun dringen von der SED zusammengerufene Schläger in das im Osten liegende Neue Stadthaus ein und sprengen die Sitzung. Rangeleien, Rufe, eine Tür geht zu Bruch, ostdeutsche Volkspolizisten sehen tatenlos zu; schließlich geben die Abgeordneten auf und fliehen.

Ziel der SED ist es, die für den Herbst 1948 geplanten Wahlen (deren Termin noch nicht feststeht) zu verhindern, indem sie das Parlament lahmlegt. Denn die Blockade wird die westlichen Alliierten vor der Wahl nicht mehr aus Berlin vertreiben, das ist inzwischen klar. Die SED-Funktionäre können jetzt nur noch versuchen, die Aktivitäten ihrer demokratischen Rivalen zu sabotieren – und in ihrem eigenen Gebiet den letzten Widerstand auszuschalten.

Man werde „den Ostsektor reinigen von gegenrevolutionären Kräften", hat Wilhelm Pieck ein paar Tage zuvor einem Offizier der Roten Armee versprochen, und es werde „Absetzung von Posten, Verhaftungen" geben.

DONNERSTAG, 9. SEPTEMBER. Der Platz vor dem zerschossenen Reichstag ist ein Menschenmeer. 250 000 Berliner mögen dort stehen, vielleicht auch 300 000. Die demokratischen Parteien haben zu einer Protestveranstaltung gegen die Sprengung der Stadtverordnetenversammlung aufgerufen, und eine unfassbare Menge strömt zusammen, eine der größten Kundgebungen, die das an Paraden und Demonstrationen nicht gerade arme Berlin bis dahin erlebt hat.

Es spricht der SPD-Politiker Ernst Reuter – der schlimmstmögliche Feind der SED und deren Schutzmacht. Denn Reuter, schon 1912 Sozialdemokrat, war im Ersten Weltkrieg als Kriegsgefangener in Russland. Dort erlebte er die Oktoberrevolution mit, wurde begeisterter Bolschewist – und 1921 erster Generalsekretär der KPD, wo er sich gegen Pieck durchsetzte. Doch nach einigen Monaten stürzte er durch eine Intrige, wurde aus der KPD ausgeschlossen, trat wieder der SPD bei. Die NS-Zeit hat er im Exil überlebt.

Dies ist kein Politiker, den die SED als ehemaligen Nationalsozialisten schmähen könnte. Bereits 1947 ist Reuter von der Stadtverordnetenversammlung zum Berliner Oberbürgermeister

DIE LAGE IN BERLIN BLEIBT PREKÄR

gewählt worden, doch damals hat Marschall Sokolowskij sein Veto eingelegt und verhindert, dass er das Amt antreten konnte. Bei der anstehenden Wahl aber wird ihn die SPD nun erneut nominieren.

Reuter hält an diesem Tag eine der bedeutendsten Reden der deutschen Nachkriegsgeschichte: pathetisch, leidenschaftlich, so ganz anders als das blutleere Gerede der SED-Apparatschiks Pieck oder Ulbricht. Schlau erklärt er Berlins Schicksal zum Schicksal des Westens: „Ihr Völker der Welt! Schaut auf diese Stadt und erkennt, dass ihr diese Stadt und dieses Land nicht preisgeben dürft, nicht preisgeben könnt!"

Doch es sind nicht bloß diese Sätze, mit denen Reuter seine Zuhörer aufpeitscht (und die in die Geschichtsbücher eingehen). Er greift seine ostdeutschen Gegner auch frontal an: „Die

»Schaut auf diese Stadt!«: Ernst Reuter, später Oberbürgermeister, ist die Stimme des Widerstands gegen die Blockade

Handschellen, die sind in Wirklichkeit das Symbol dieser erbärmlichen Kümmerlinge, die für 30 Silberlinge sich selbst und ihr Volk an eine fremde Macht verkaufen wollen."

Kein Wunder, dass am Ende der Veranstaltung gegen 18.00 Uhr etliche Tausend Zuhörer zum Brandenburger Tor ziehen. Es sind ja bloß ein paar Schritte vom Reichstag dorthin – doch es ist zugleich ein Weg hinein in den sowjetischen Sektor.

uf dem Brandenburger Tor weht die Rote Fahne. Nun stürmen Demonstranten das Monument, einigen gelingt es, bis auf das Dach zu klettern und die Rote Fahne vom Mast zu reißen. Die Demonstranten jubeln – und die Volkspolizisten und Rotarmisten schießen. Mehr als 200 Menschen werden verletzt. Ein Junge stirbt noch auf dem Weg ins Krankenhaus. Er ist 15 Jahre alt.

Am Ende dieses Tages ist endgültig klar, dass die SED oder die Sowjetunion weder durch Propaganda noch durch materielle Anreize wie Lebensmittelkarten jemals populär werden.

Sie können die Berliner nicht überzeugen, sie können nur mehr versuchen, ihren Willen zu brechen. Noch hat die Blockade wenig ausgerichtet. Aber der Winter kommt ja erst – und langsam wird der Preis, den der Westen zahlen muss, schmerzhaft hoch.

MITTWOCH, 29. SEPTEMBER. Der Hamburger Bürgermeister Max Brauer (SPD) ist, wie andere westdeutsche Länderchefs auch, besorgt wegen der hohen Kosten der Blockade. So stehen allein beim Westberliner Energielieferanten, der ja einen erheblichen Teil der Kohle teuer einfliegen lassen muss, Einnahmen von 8,6 Millionen D-Mark Ausgaben von 21 Millionen gegenüber. Max Brauer schlägt nun öffentlich vor, dass wöchentlich 20 000 Berliner ausgeflogen werden sollen, um Westberlin nach und nach zu leeren. Seine Stadt beispielsweise könne 5000 Menschen aufnehmen.

Ein Eklat. Für General Clay ist Brauers Äußerung Defätismus im Kampf um Berlin – und er bietet dem Hamburger Bürgermeister sein eigenes Flugzeug an, damit der sich doch bitte einmal persönlich an die Spree begeben und sich dort umsehen solle. Brauer bleibt an der Elbe.

Am selben Tag stoppt ein ostdeutscher Personenzug kurz am Bahnhof Zoo. Da stürzen Menschen heraus: Es sind Ostberliner, die von den Sowjetbehörden für den Uranbergbau im Süden ihrer Besatzungszone zwangsverpflichtet worden sind. Die Flüchtlinge tauchen im Westen unter.

MITTWOCH, 6. OKTOBER. Kohle kommt mit den Flugzeugen, aber wie sollen die Berliner diese Kohle in ihren Öfen anzünden? 100 000 Kubikmeter Holz, so befehlen es nun die westlichen Stadtkommandanten, müssen vor dem Winter in Westberlin geschlagen werden.

Der Forstmeister protestiert: Auf diese Weise werde man zwar für acht Wochen Anfeuerholz bekommen, müsste anschließend aber eine Generation lang wiederaufforsten. Die Menge wird daraufhin zwar um zwei Drittel gesenkt, doch ab Mitte Oktober fallen die Bäume, etwa im Grunewald.

DIENSTAG, 19. OKTOBER. Auf Befehl Nummer 53 der Polizei des Landes Brandenburg gegen „Hamsterer und Schieber" wird von der Volkspolizei und der sowjetischen Besatzungsmacht ein „Ring um Berlin" gelegt. Polizisten sollen in den Bahnhöfen alle Reisenden durchsuchen und ertauschte Waren, etwa Kartoffeln, beschlagnahmen.

Zudem lässt die SMAD 70 Straßensperren in der Stadt und im Umland errichten, um Personen- und Lastwagen auf dem Weg nach Westberlin besser zu kontrollieren. Diese Posten werden kurz darauf winterfest gemacht, ein Indiz dafür, dass die Blockade noch lange andauern wird. Alle aus Westdeutschland eintreffenden Briefe und Pakete werden nun systematisch von anderen Sendungen getrennt, um sie leichter zensieren zu können.

ür die Eingeschlossenen ist der „Ring" ein schwerer Schlag. So sind im September 1948 beispielsweise 38 500 Tonnen Kartoffeln über die Luftbrücke eingeflogen worden. Im gleichen Zeitraum haben Hamsterer, so schätzt es zumindest der Berichterstatter des „Neuen Deutschland", 36 000 Tonnen Kartoffeln aus Brandenburg geholt.

Auch ist es bislang noch möglich gewesen, mit der S-Bahn im 20-Minuten-Takt von Westberlin etwa nach Potsdam zu fahren. Dort haben Bürger, ganz legal, Braunkohlebriketts kaufen können, den Zentner zu 18 Ost-Mark. Wer seine D-Mark zuvor schwarz zum Kurs 1:6 getauscht hat, konnte das Heizmaterial auf diese Weise für weniger als drei D-Mark pro Zentner erwerben. Doch fortan ist es unmöglich, einen Sack Briketts an den Kontrollen der Volkspolizei vorbeizuschmuggeln.

Oder auch nicht. Denn immer wieder ziehen nun Menschen kurz vor den Bahnhöfen die Notbremse – und entkommen aus dem haltenden Zug, bevor die Polizisten herangeeilt sind.

Besser organisierte Hamsterer werfen ihre Warensäcke während der Fahrt aus dem Zug und lassen sie von Komplizen einsammeln. Lastwagenfahrer durchbrechen innerhalb Berlins nun häufig die Kontrollen. Die Volkspolizisten schießen, doch zumeist erreichen die Fahrzeuge noch den rettenden Westsektor.

Manchmal muss es aber auch gar keine Gewalt sein: Ein paar strategisch günstig platzierte Kohlen oder Holzscheite, die von den Beamten „requiriert" werden, um ihr Wachhäuschen zu heizen, beschleunigen die Kontrollen. Und der eine oder andere Grenzübergang ist nachts geöffnet, da es an Lampen fehlt. Wäre die Schranke abgesenkt, würde es die ganze Zeit zu Unfällen kommen.

SAMSTAG, 23. OKTOBER. Für den Dichter und Dramatiker Bertolt Brecht und seine Frau Helene Weigel, die nach 15 Jahren Exil wieder in Ostberlin leben, findet im Klubhaus des Kulturbundes in der Jägerstraße ein Empfang statt. Am gleichen Tag hält der Philosoph Bertrand Russell im British Information Centre am Lehniner Platz einen Vortrag über „Wissenschaft und Zivilisation". Die geteilte Stadt ist – viel mehr wohl noch, als General Clay vermutet hat – für beide Blöcke zum Schaufenster ihrer Systeme geworden.

Wer will, kann an einem Abend in der Städtischen Oper in der Kantstraße (West) eine Neuinszenierung von Mozarts „Così fan tutte" bewundern und nur wenige Tage später und wenige Kilometer weiter in der Jägerstraße (Ost) einem Vortrag des Schriftstellers Arnold Zweig lauschen. Und wer zu Hause bleibt, zu dem kommt die Kultur angerollt: Zwar besitzt längst nicht jeder Berliner ein Radio (und ist zudem ja meist der Strom abgestellt), doch der RIAS – der „Rundfunk im Amerikanischen Sektor" – schickt Lautsprecherwagen los, die mit dem Programm die Straßen beschallen.

MONTAG, 1. NOVEMBER. Die Lebensmittelrationen im Westen werden leicht erhöht. Einem „Normalverbraucher" stehen nun pro Tag 400 Gramm Brot, 50 Gramm „Nährmittel", 40 Gramm Fleisch, 30 Gramm Fett, 40 Gramm Zucker, 400 Gramm Kartoffeln und fünf Gramm Käse zu.

Das sind nach wie vor sehr bescheidene Rationen – doch die Erhöhung ist psychologisch wichtig, denn sie zeigt den Berlinern, dass die Luftbrücke hält.

FREITAG, 5. NOVEMBER 1948. Die erste Maschine landet auf dem neu errichteten Flugplatz Tegel im französischen Sektor. Mit dem dritten festen Landeplatz in Berlin wird die Versorgung deutlich erleichtert. Bald bringen die Rosinenbomber durchschnittlich 8000 Tonnen täglich herein, weit mehr als das einst von Clays Experten errechnete Minimum. Alliierte Pioniere und deutsche Bautrupps haben den Flugplatz in nur viereinhalb Monaten aus dem Boden gestampft.

MONTAG, 15. NOVEMBER. In Ostberlin öffnen die ersten „Freien Läden", so in der Frankfurter Allee. Hier werden, staatlich autorisiert, Waren ohne Rationskarten verkauft, zum Beispiel eine Tafel Schokolade für mindestens 18 Ost-Mark, ein Paar Herrenschuhe für 300 Ost-Mark. Kurz darauf folgen auch „Freie Restaurants", etwa das „Borchardt" in der Französischen Straße, wo das Wildragout mit Kartoffelklößchen 11,70 Ost-Mark kostet.

Da der Durchschnittsverdienst des Ostberliners bei 200 Ost-Mark liegt, ist klar, dass sich kaum jemand diese Preise leisten kann. Ziel sind Westberliner Kunden und deren Geld – und das erfolgreich: Die „Freien Läden" des Ostens führen zu einer Krise des Schwarzmarkts im Westen. Die Schieber am Potsdamer Platz oder vor dem Bahnhof Zoo müssen die 100-Gramm-Tafel Schokolade für 8,50 Ost-Mark verschleudern, um mit der neuen legalen Konkurrenz mithalten zu können.

SONNTAG, 5. DEZEMBER. Wilhelm Piecks Albtraum wird wahr, zumindest in Westberlin. Unter Aufsicht der Alliierten finden in den drei Westsektoren Wahlen zur Stadtverordnetenversammlung statt. Der Strom wird an diesem Tag bereits um 15.30 Uhr eingeschaltet, um Wahllokale zu beleuchten. Auch sichern Polizisten die Orte, weil man Angriffe von SED-

Trupps fürchtet. Doch die Ostpartei beschränkt sich auf Boykottaufrufe.

An der Wahl beteiligen sich 83,6 Prozent der stimmberechtigten Menschen in diesen Zonen, die SPD holt fast zwei Drittel der Stimmen. Zwei Tage darauf wird Ernst Reuter zum Oberbürgermeister von Berlin gewählt, sechs Wochen später ziehen die Stadtverordneten in ihr neues Domizil: das Schöneberger Rathaus. Berlin hat nun zwei Regierungen, die beide die Macht in der ganzen Stadt beanspruchen, denn fünf Tage zuvor hat sich im Osten bereits der SED-Funktionär Friedrich Ebert von einer „Außerordentlichen Stadtverordnetenversammlung" zum Oberbürgermeister wählen lassen.

Doch auch an diesem Wahltag werden die Berliner daran erinnert, wie

Nach 322 Tagen und mehr als 270 000 Hilfsflügen öffnen die sowjetischen Behörden am 12. Mai 1949 die Grenzen: Die Bürger der Stadt können wieder durch die Ostzone nach Westdeutschland reisen. Dieser Bus wird bei seiner Abfahrt nach Hannover von den Einwohnern bejubelt. Die Westmächte haben im Kampf um Berlin gesiegt. Doch der Kalte Krieg hat gerade erst richtig begonnen

prekär ihre Situation noch immer ist. Wieder einmal stürzt ein Frachtflugzeug ab, eine amerikanische Maschine, die Kohlen bringen sollte. Drei Tote.

MONTAG, 6. DEZEMBER. Ein Volkspolizist beobachtet auf dem Teltowkanal zufällig einen Flößer, der riesige Rundhölzer durch das Wasser stakt. Als er den Mann anspricht, treibt der sein Holz rasch ans gegenüberliegende Ufer, das im amerikanischen Sektor liegt. So stoßen die Autoritäten im Osten auf einen Schmuggel, den der westliche Magistrat schon seit einiger Zeit organisiert: Bauholz aus dem Umland wird zu Flößen gebunden und nach Berlin geschickt. Das ist so langsam und so absurd auffällig, dass gerade dies lange keinen Verdacht erregte und niemand die Flößer je kontrolliert hat.

DIENSTAG, 7. DEZEMBER. Je kälter die Tage, desto wagemutiger die Kohlenklauer. Das Brennmaterial wird in Westberlin, nachdem es aus den Flugzeugen geladen worden ist, mit Lastwagen oder Zügen weitergeschafft.

Ende August verabschieden sich alliierte Piloten und Westberliner voneinander. Josef Stalin hat zwar bereits im Frühjahr 1949 die Blockade beendet, die Luftbrücke aber haben die Westmächte noch mehrere Monate lang aufrechterhalten

Zwischen den Bahnhöfen Witzleben und Westend fällt an diesem Tag ein 18-Jähriger zwischen die fahrenden Waggons, ein Rad trennt seinen linken Arm ab.

Andere Berliner suchen in den Ruinen nach Brennholz, was nicht weniger gefährlich ist. Einer stürzt vom Dach der Synagoge in der Fasanenstraße und stirbt, ein anderer wird in einem Keller in der Bernauer Straße verschüttet.

Ein Westberliner Unternehmen stellt als neues Heizmaterial „Branda-Platten" vor: Kunstbriketts, zusammengepresst aus 60 Prozent Kohlenstaub und 30 Prozent Sägespänen, verklebt mit zehn Prozent Teer. Das Produkt ist teuer (200 Platten mit 80 Kilogramm Gewicht kosten 23 D-Mark), hat weniger Brennwert als ein Braunkohlebrikett und erzeugt extrem giftige Abgase.

MITTWOCH, 15. DEZEMBER. Die britischen Wasserflugzeuge landen nicht mehr in Berlin, weil die Havel zuzufrieren droht.

SAMSTAG, 25. DEZEMBER. Weihnachtsfeier der US-Besatzungsmacht im Titania-Palast. Mehrere Minister aus Washington sind zu Gast, der Komiker Bob Hope und der Komponist Irving Berlin treten auf. Für die US-Regierung ist das Ausharren in der Stadt zu einer Prestigefrage geworden, und jeder soll es sehen.

Den deutschen Mitarbeitern auf den Flughäfen haben die westlichen Alliierten – Gegenblockade hin oder her – kurz vor Weihnachten als Geschenke offiziell 59 400 Flaschen Schnaps in der sowjetischen Besatzungszone gekauft, für gut drei Millionen Ost-Mark.

MITTWOCH, 29. DEZEMBER. Volkspolizisten durchsuchen seit einiger Zeit immer häufiger Reisende in der U-Bahn und beschlagnahmen Waren sowie D-Mark-Scheine und Westzeitungen, sobald die Züge über Ostberliner Gebiet rattern. An diesem Tag sind Passanten am U-Bahnhof Bernauer Straße darüber derart wütend, dass sie die Türen eines Wagens von innen blockieren und einen eingeschlossenen Volkspolizisten verprügeln. Der Beamte kann erst im Westen entkommen.

Einige Tage darauf prangert der „Tagesspiegel" in einem Zeitungsbeitrag die ostdeutschen „Banditenpolizisten" in den S- und U-Bahnen an und veröffentlicht ihre Namen und Adressen.

SAMSTAG, 1. JANUAR 1949. Alliierte Spezialisten entwickeln den Plan, das von der Roten Armee 1945 weitgehend demontierte Kohlekraftwerk West mithilfe der Luftbrücke wiederaufzubauen. Es könnte den westlichen Sektoren Strom liefern.

Das Problem ist die riesige Kesselanlage: Selbst das stabilste bei der Luftbrücke eingesetzte Frachtflugzeug kann nur Teile von 9,6 Meter Länge und 2,28 Meter Durchmesser sowie einem Einzelgewicht von fünf Tonnen aufnehmen. Die gesamte Kesselanlage des Kraftwerks wiegt 310 Tonnen. 195 Tonnen lassen sich in transportfähige Komponenten zerlegen. Aber der Rest?

Zwar fliegen britische Maschinen später Kraftwerksteile ein, doch stößt die Luftbrücke hier an ihre Grenzen: Bis zum Ende der Blockade wird es nicht mehr gelingen, das Kohlekraftwerk vollständig in Transportflugzeuge zu verfrachten. Es wird erst im Dezember 1949 vollendet.

MONTAG, 31. JANUAR. In der „New York Times" erscheint ein Interview mit Josef Stalin. Der Diktator gibt sich in seiner Antwort auf eine Frage zur Berlin-Blockade recht nachgiebig – und vor allem fehlt seine Forderung, die Währungsreform in den westlichen Besatzungszonen rückgängig zu machen. Bis dahin haben der Kremlherr und seine Gehilfen die unterschiedlichen Währungen im Westen und Osten stets als Mittel zur Spaltung Deutschlands scharf kritisiert. Nun erwähnt er die D-Mark nicht mehr. Für die Sowjet-Kenner im US-Außenministerium ist dies ein von Stalin sorgfältig platzierter Hinweis darauf, dass er bereit ist, die Blockade zu beenden.

Philip C. Jessup, ein US-Diplomat bei den Vereinten Nationen in New York, nimmt daraufhin heimlich Kontakt zu seinem sowjetischen Kollegen Jakow Malik auf.

MITTWOCH, 23. FEBRUAR. Volkspolizisten riegeln die Sektorengrenze zu Neukölln an mehreren Stellen mit Betonsperren und Gräben ab. Einige Tage zuvor haben sie bereits die Lohmühlenbrücke zwischen Neukölln und Treptow mit Eisenpfählen blockiert.

Bis zum 19. April werden nach und nach die meisten Straßen und Brücken zwischen West- und Ostberlin gesperrt. Schließlich bleiben nur noch vier Kontrollposten, an denen Fahrzeuge passieren dürfen: Unter den Linden, Leipziger Straße, Brunnenstraße, Köpenicker Straße. Das ist zwar noch keine Mauer, aber doch eine deutliche Teilung der Stadt.

KARSAMSTAG, 16. APRIL. Amerikaner und Briten organisieren eine „Easter Parade", um zu demonstrieren, was die Luftbrücke inzwischen leisten kann. Im Verlauf von 24 Stunden registrieren die Berliner Flughäfen 1364 Flüge und 11 654 Tonnen Fracht – so viel wie nie zuvor und niemals wieder.

DIENSTAG, 26. APRIL. Die sowjetische Nachrichtenagentur Tass und das amerikanische Außenministerium deuten jeweils in kurzen Meldungen ein Ende der Blockade an. Tatsächlich einigen sich die Diplomaten Jessup und Malik in den folgenden Tagen auf einen Kompromiss. Ende Mai wollen sich die Außenminister der vier Siegermächte zu einer Konferenz in Paris treffen.

Stalin besteht nun nur noch darauf, dass zumindest bis zu diesem Zeitpunkt kein westdeutscher Teilstaat offiziell gegründet wird, damit aus der Konferenz kein Affront für die Sowjetunion wird. Und er bittet sich die Aufhebung der Gegenblockade aus, denn die schadet der Ostwirtschaft inzwischen mehr als die Blockade der Westwirtschaft.

DONNERSTAG, 5. MAI. Die Vertreter der vier Siegermächte geben in New York in einer gemeinsamen Erklärung das baldige Ende der Blockade bekannt – und die westlichen Alliierten verzichten höflich darauf, an die angeblichen technischen Schwierigkeiten zu erinnern, die doch vor fast einem Jahr die Abriegelung ausgelöst haben sollen.

DONNERSTAG, 12. MAI 1949, 0.00 UHR, die Grenzen sind wieder offen, und auch die Straßensperren zwischen den Sektoren sind geräumt! Gleich in der ersten Minute des neuen Tages rollen 27 Lastwagen von Westdeutschland aus über den Grenzübergang Helmstedt-Marienborn in die sowjetische Besatzungszone.

Die Rotarmisten lassen den Konvoi anstandslos passieren. Die Autobahn ist nun offiziell „repariert" – und ebenso die Bahnverbindung. (Bereits um 5.35 Uhr trifft der erste Zug aus Westen am Berliner Bahnhof Charlottenburg ein.)

Nach einer umständlichen und langsamen Fahrt erreicht der Konvoi um 14.35 Uhr Westberlin. Die Sperre ist beendet, die Millionenmetropole kann wieder auf ganz normalen Wegen mit ganz normalen Waren versorgt werden. Die Ladung des ersten (britischen) Lastwagens, der Berlin erreicht, besteht aus: Gurken.

Die Berlin-Blockade ist eines der größten politischen, diplomatischen, propagandistischen und sogar ökonomischen Debakel, die Josef Stalin je erlitten hat, zumindest ist es wohl seine größte Niederlage im Kalten Krieg. Der Sowjetdiktator muss nicht nur sein deutschlandpolitisches Maximalziel begraben: Statt eines vereinten, abgerüsteten, der UdSSR freundschaftlich verbundenen Deutschland bekommt er nun ein geteiltes Land, dessen größerer Teil der Sowjetunion feindlich gegenübersteht. Auch das Minimalziel – zumindest ganz Berlin unter seine Kontrolle zu bringen – scheitert spektakulär.

40 Jahre später, als die auch durch die Berlin-Blockade betonierte Ordnung des Kalten Krieges endlich kollabiert, wird der ehemalige US-Außenminister Henry Kissinger seinen langjährigen sowjetischen Kollegen Andrej Gromyko, fragen, warum denn Stalin um alles in der Welt 1948 Berlin blockiert habe.

Gromykos Antwort ist eine rein militärische Spekulation: Der Diktator habe geglaubt, dass die Amerikaner niemals wegen Berlin die Atombombe gezündet hätten. Und jeden westlichen Landkonvoi hätte die Rote Armee zusammengeschossen. Aber über Stalins möglicherweise weitergehende politische und strategische Pläne kann selbst der frühere Außenminister nichts sagen.

Für den Westen ist die Blockade ein Glücksfall, vor allem für die Deutschen und die US-Führung. Für die Deutschen, weil während der Auseinandersetzung um Berlin aus dem Hitler-Volk in der Hitler-Stadt gleichsam über Nacht tapfere Verbündete werden, die sich furchtlos und zugleich, wie beruhigend, ganz zivil und ohne Waffen der Roten Armee widersetzen. Und für die US-Führung, weil die Blockade ein Schock für alle Westeuropäer ist, ein Menetekel: Was dort geschieht, das droht uns auch! Ohne den Würgegriff um Berlin hätten sich, so ist zu vermuten, die meisten Europäer wohl kaum so bereitwillig und bedingungslos innerhalb der NATO unter die Vormacht der USA begeben.

Die Luftbrücke wird noch bis zum 30. September 1949 weitergeführt, nur zur Sicherheit, bis endgültig klar ist, dass die Sowjetunion die Land- und Wasserverbindungen nicht erneut blockiert. Insgesamt waren es 277 569 Flüge mit mehr als 2,1 Millionen Tonnen Fracht (davon gut 1,4 Millionen Tonnen Kohle). Über 60 000 Menschen sind mit den Rosinenbombern eingeflogen worden, 168 000 mit ihnen hinausgelangt.

Doch immer wieder sind Maschinen abgestürzt, und auf den vollkommen überlasteten Flughäfen ist es zu schrecklichen Unfällen gekommen.

32 Amerikaner sind gestorben, 38 Briten, je ein Australier und ein Südafrikaner sowie 14 Deutsche: Piloten, Soldaten, zivile Angestellte.

322 Tage, 277 569 Flüge, 86 Tote.

SPIONAGE 1955

In Berlin treffen die Kontrahenten des Kalten Krieges auf engstem Raum direkt aufeinander. Nach dem Sieg gegen Hitler-Deutschland verwalten die Alliierten die ehemalige Reichshauptstadt anfangs noch gemeinsam. Doch bald kommt es zum Bruch – und die USA starten eine der spektakulärsten Abhörunternehmungen aller Zeiten

— TEXT: **CAY RADEMACHER**

DUELL DER

Nach Kriegsende teilen die Siegermächte Berlin 1945 in vier Zonen auf (hier der Übergang in den sowjetischen Teil am Brandenburger Tor). Offiziell arbeiten sie zusammen, tatsächlich aber beginnt schon bald der Kampf zwischen Ost und West

AGENTEN

Der Alexanderplatz gehört zur sowjetischen Zone. Und Josef Stalin hofft, bald ganz Berlin kontrollieren zu können

Anfangs kann man sich in der Stadt frei bewegen – oft kommt es zu Begegnungen zwischen US- und sowjetischen Soldaten

BERLIN, 22. APRIL 1956, 0.50 UHR. Unter dem Dach eines schmucklosen Lagerhauses am Schönbergweg im US-Sektor der Stadt verbirgt sich ein CIA-Agent. Mit einem Nachtsichtfernglas beobachtet er die Umgebung, einen kahlen Streifen Land, der hier im Süden Berlins die Grenze bildet zwischen dem amerikanischen und dem sowjetischen Sektor. Draußen sind empfindliche Mikrofone versteckt, die selbst leise Gespräche eventuell patrouillierender Soldaten und ostdeutscher Grenzpolizisten auffangen könnten. Doch jetzt ist alles ruhig.

Der Agent kann von seinem Posten aus über die kaum 100 Meter entfernte Grenze in den sowjetischen Sektor blicken. Zu seiner Rechten ist der alte Rudower Friedhof zu erkennen, nun in Ostberlin, daneben ein Feld. Dahinter, bereits fast 400 Meter tief im Osten, eine von Bäumen beschattete Straße: die Schönefelder Chaussee.

Eine ganz gewöhnliche Straße – doch für die CIA verbirgt sie den Gral der Spionage. Denn 70 Zentimeter unter ihr verlaufen drei fast armdicke Stränge Hunderter Telefonleitungen: Fernsprechverbindungen, über die sowjetische Generäle, Geheimagenten sowie gewöhnliche Soldaten mit ihren Vorgesetzten und mit hohen Funktionären der DDR sprechen, Minute für Minute, Stunde um Stunde, Tag um Tag.

Und: Die CIA hört mit.

Die Agency nennt die Abhöraktion „Operation Gold". In monatelanger Arbeit haben amerikanische und britische Agenten einen fünf Meter tiefen Tunnel von dem Lagerhaus am Schönbergweg fast einen halben Kilometer lang bis unter den Ostsektor gegraben, um von dort aus ebenjene Leitungen entlang der Schönefelder Chaussee anzuzapfen.

Sie haben Drähte an die Kabel geklemmt und hören seither jedes Gespräch mit und lesen jedes Fernschreiben, das durch die Leitungen rauscht. Seit mehr als elf Monaten saugt die CIA alles ab, was durch diesen Tunnel abzusaugen ist; die Tonbänder, auf denen die Aufnahmen verzeichnet sind, wiegen inzwischen 25 Tonnen. Der Tunnel ist wie ein Ohr, das tief ins Herz des Ostblocks horcht.

Immer wieder beobachtet der amerikanische Posten daher die Schönefelder Chaussee. Die Nacht ist düster, der sandige Boden dampft Feuchtigkeit in die Luft, in den letzten Tagen hat es außergewöhnlich heftig geregnet. Plötzlich ist auf der Chaussee eine Bewegung zu erkennen, eine Fahrzeugkolonne. Der Agent sieht im Fernglas mehr als 40 Schatten, die aus den Wagen springen: sowjetische Soldaten.

Sie sind mit Spaten und Hacken bewehrt. Sie stellen sich in einer Reihe auf und beginnen, das Erdreich neben der Straße systematisch aufzugraben. Direkt über der Installation des amerikanischen Geheimdienstes.

Der CIA-Posten gibt Alarm.

In dieser Frühlingsnacht wird eine der aufwendigsten, teuersten und bis heute umstrittensten Spionageaktionen des Kalten Krieges enden – einer Ära, in der es zwischen Spionen und Agenten, Schattengestalten unter falschen Namen und mit dubiosen Befehlen, täglich zu stillen, aber gnadenlosen Duellen kommt, mitten in Europa, mitten in Berlin …

„Berlin, the Spy's Eternal City" hat der Thrillerautor John Le Carré die Metropole genannt, die „Ewige Stadt des Spions". Die geteilte Stadt ist Symbol des Kalten Krieges und eines seiner Schlachtfelder. Nirgendwo prallen West und Ost in dieser Zeit so direkt aufeinander wie hier, wo es manchmal schon reicht, die Straßenseite zu wechseln, um von einem Machtblock in den anderen zu gelangen.

Die Teilung der Welt nach 1945 ist in Berlin auf eine Fläche von 890 Quadratkilometern verdichtet: auf einen vom Osten (der Sowjetunion) und drei vom Westen (den USA, Großbritannien und Frankreich) beherrschte Sektoren der kriegszernarbten einstigen Kapitale.

Deutschland ist von den Siegern des Zweiten Weltkrieges in Besatzungszonen aufgeteilt worden. Die ehemalige Reichshauptstadt jedoch, die in der sowjetischen Zone liegt, wird von allen vier Mächten gemeinsam regiert. Jede von ihnen besetzt einen Teil Berlins, doch alle Mächte zusammen verwalten die Stadt – in der „Alliierten Kommandantur".

Das, zumindest, ist die Theorie.

In der Realität jedoch ist das von der UdSSR besetzte Ostberlin Teil der ebenfalls von ihr beherrschten Sowjetischen Besatzungszone: Überall steht Moskaus Armee, überall hat Diktator Josef Stalin seine Gefolgsleute in der kommunistisch dominierten Ostpartei SED als Statthalter eingesetzt, und auch im Alltag, von den Zugverbindungen bis zur Kultur, ist Ostberlin ein Teil seines Machtbereichs.

Die drei Westsektoren – in denen starke wirtschaftliche und kulturelle Verbindungen zu den Besatzungszonen in Westdeutschland bestehen – werden von den Sowjetbehörden allmählich isoliert, zumal sie ja von Ostgebiet umgeben sind.

Drei Jahre funktioniert die gemeinsame Verwaltung so eben, dann kollabiert das Konstrukt.

Zum einen führen Frankreich, Großbritannien und die USA am 20. Juni 1948 in ihren Zonen eine neue Währung ein, die D-Mark, Tage später auch in Westberlin. Das bindet die Stadt ökonomisch (und symbolisch) an den Westen.

Zum anderen wohl, die Motive sind bis heute nicht ganz klar, spielt der alternde Diktator Stalin va banque: Er will seine einstigen Verbündeten aus Westberlin vertreiben und fortan die ganze Stadt kontrollieren, ohne dabei einen Schuss abzufeuern. Und so veranlasst er am 24. Juni 1948 eine totale Blockade Westberlins: Kein Zug, kein Auto, kein Binnenschiff darf mehr von Westdeutschland aus die Metropole erreichen.

Doch anders als von Moskau geplant, gelingt es nicht, die Stadt auszuhungern. Amerikaner und Briten organisieren per Luftbrücke die komplette Versorgung. Transportflugzeuge schaffen mit 277 569 Landungen über insgesamt 322 Tage rund 2,1 Millionen Tonnen Fracht – Kohle, Lebensmittel, Medikamente und Kleidung – nach Westberlin.

Am 12. Mai 1949 gibt Stalin auf und beendet die Blockade. Berlin ist nun für viele die Stadt der Freiheit.

Kurz darauf wird Ostberlin die Kapitale der neu gegründeten DDR.

Westberlin bleibt eine Exklave der drei demokratischen Alliierten – und ein Ort, den Lucius D. Clay, der in Berlin residierende Militärgouverneur der US-Besatzungszone, einen „enorm nützlichen Außenposten unserer Zivilisation" nennt: das Schaufenster des reichen, freien Westens mitten im Ostblock sowie „ein einzigartiger Beobachtungsposten nach Sowjet-Europa".

Eine perfekte Basis für Spione.

Denn neben dem ideologischen Konflikt tobt längst ein zweiter Kampf zwischen Ost und West: das Duell der Agenten.

DER SOWJETISCHE GEHEIMDIENST ist das wichtigste Machtinstrument in Stalins Terrorstaat: eine Staatspolizei, die im Inneren alle Oppositionellen vernichten und im Ausland spionieren soll. Als im August 1945 die Generäle der siegreichen Roten Armee ihre Militäradministration im Stadtteil Karlshorst einrichten, zieht auch ein Resident des Geheimdienstes in den massigen Bau. Acht Jahre später arbeiten dort 2200 Agenten.

Manche Offiziere sind klassische Spione. Sie führen Informanten in Westberlin, in Deutschland, aber auch in anderen westlichen Ländern. So hat die Sowjetunion eine Quelle in Paris, die Memoranden aus dem französischen Außenministerium im vollen Wortlaut nach Moskau weiterleitet. Eine andere Abteilung soll westliche Spione in Ostberlin und der DDR aufspüren.

Anfang der 1950er Jahre wird die Geheimdienst-Residentur in Berlin von Jewgenij Pitowranow geleitet, einem Offizier, der die Risiken seines Jobs schon persönlich gespürt hat.

Denn die fürchterliche Macht des Geheimdienstes ist zugleich seine elementare Schwäche. Gerade weil er Teil von Stalins Terrorapparat ist, werden auch seine Agenten selbst immer wieder Opfer ebenjenes Terrors. Pitowranow etwa wird 1951 als stellvertretender Minister vom Diktator persönlich empfangen, eine große Ehre – doch nur Wochen später verhaftet, ohne Anklage, offenbar allein aus Stalins Willkür. Dann aber erhält er erneut einen hohen Posten.

Als der Diktator im März 1953 stirbt, entbrennt in Moskau ein Nachfolgekampf. Lawrentij Berija, der brutale Stellvertreter Stalins und Leiter der sowjetischen Atombombenforschung, übernimmt Innenministerium und Geheimdienst und beginnt sie zu „säubern".

Im April 1953 beruft er Tausende Agenten aus dem Ausland zurück in die UdSSR, angeblich, um ihre Arbeit zu „optimieren". Allein aus Berlin müssen sich wohl 1700 der 2200 Agenten in der Lubjanka, der Geheimdienstzentrale, zum Rapport melden.

Vielleicht bestellt Berija auch Pitowranow ein, jedenfalls müssen wir ihn uns wohl als einen Mann vorstellen, der jede Stunde damit rechnet, an die Wand gestellt zu werden. Am Ende ist es Berija, der erschossen wird, denn er verliert das Ringen um Stalins Nachfolge gegen Nikita Chruschtschow, den baldigen neuen Chef der sowjetischen KP. Und Moskau schickt Pitowranow am 1. August 1953 als Geheimdienstchef nach Karlshorst.

Der mächtigste sowjetische Geheimpolizist in Deutschland ist also ein zweimal dem Untergang entronnener Mann, ein Agent, der sich wie ein Gulag-Häftling auf Abruf fühlen muss. Er übernimmt einen demoralisierten Apparat, den er erst wiederaufbauen soll.

Sein Gegenspieler William Harvey ist da in einer weitaus besseren Situation. Der CIA-Chef von Berlin – übergewichtig, etwas vulgär, aber durchaus auch charismatisch – hat eine Vision: Für ihn ist Berlin die perfekte Spionagebasis tief im Feindesland.

Er hat die Operation Gold entwickelt. Der Plan: Hören wir die sowjetischen Telefone ab, deren Leitungen in Berlin nur ein paar Meter vor den eigenen Stellungen vergraben sein müssen. In Wien, das nach dem Kriegsende ebenfalls von den Alliierten geteilt und besetzt wurde, ist dem britischen Geheimdienst SIS 1948 genau so eine Aktion an sowjetisch genutzten Kabeln gelungen.

Es wäre ein großer Coup, die Gespräche feindlicher Agenten und Funktionäre an einer der wichtigsten Auslandsstationen Moskaus abzuhören.

In Berlin stellt sich zunächst ein technisches Problem: Wo verlaufen die bereits zur Kaiserzeit verlegten Telefonkabel? Und welche unter diesen Tausenden Kupfersträngen werden von den sowjetischen Behörden benutzt?

Harvey weiht seinen Agenten Walter O'Brien in die Operation Gold ein, einen ehemaligen Baseballprofi, Infanterieoffizier im Weltkrieg und Rechtsanwalt in Chicago – einen aggressiven, heißblütigen Mann, der seine bürgerliche Karriere aufgegeben hat und zur CIA gewechselt ist, weil er etwas erleben will.

O'Brien spricht gut Deutsch und nutzt ein schier grenzenlos wirkendes Potenzial von Informanten, die gewissermaßen freiwillig zu ihm kommen: Flüchtlinge.

Zwischen 1949 und 1961 verlassen 2,7 Millionen Menschen Ostdeutschland, das ist fast jeder sechste Bürger. Die meisten werden zunächst in Auffanglagern wie Berlin-Marienfelde emp-

Weil die Spannungen zwischen den Alliierten zunehmen, kontrollieren bald Soldaten an den Sektorengrenzen

Ein Schild warnt vor der sowjetischen Zone – immer wieder kommt es dort zu Übergriffen gegen Zivilisten

Als »Sektor der Freiheit« preisen die Sowjetbesatzer ihren Bereich – und provozieren damit die Amerikaner

Frankreich ist die schwächste Siegermacht – und spielt im beginnenden Kampf der Blöcke eine untergeordnete Rolle

fangen – und hier befragt die CIA systematisch jeden Neuankömmling.

Walter O'Brien sucht nach geflohenen Mitarbeitern der Post, die an Telefonleitungen gearbeitet haben. Über verschlungene Wege wirbt er auch einen Informanten im Ostberliner Postamt Lichtenberg an.

Der schmuggelt technische Handbücher – jedes fast einen halben Meter lang, 25 Zentimeter breit und fünf Zentimeter dick – aus dem Amt und übergibt sie heimlich einem CIA-Kurier. In Westberlin fotografiert O'Brien Seite um Seite dieser bibeldicken Dokumente ab. Anschließend werden sie rasch zurück in den Ostteil der Stadt gebracht, damit ihr Fehlen nicht auffällt.

Der CIA-Mann wirbt auch eine Frau in der Telefonvermittlung eines Amtes im Osten an. Sie bringt ihm Karteikarten, auf denen verzeichnet ist, welche Kabel von sowjetischen Behörden belegt werden. Weitere Informanten gewinnt er in den Fernmeldeämtern von Erfurt, Dresden, Magdeburg – sowie mitten im DDR-Postministerium: Dort besorgt ihm jemand Kopien von den Karten aller Telefonleitungen Ostdeutschlands.

Irgendwann Anfang 1953 riskiert O'Brien einen Test: Einer seiner Informanten in einem ostdeutschen Telefonamt stellt nachts absichtlich Verbindungen auf ein durch Westberlin laufendes Kabel um. In einem dortigen Amt, wo sich ein CIA-Mann als deutscher Techniker ausgibt, werden die sowjetischen Gespräche aufgezeichnet.

Die Sowjettruppen sprechen zwar über eine Leitung gleichzeitig auf mehreren Frequenzen, doch mithilfe eines Demodulators gelingt es dem Agenten, die Zeichen zu entzerren – und so erbringt O'Brien den Beweis, dass es möglich ist, Telefonleitungen anzuzapfen und über die einmal präparierten Leitungen Gespräche mitzuhören.

EIN GANZES JAHR VERGEHT mit weiteren Vorbereitungen. Im Januar 1954 gibt CIA-Chef Allen Dulles in Washington schließlich sein Einverständnis zu der bis dahin komplexesten Aktion seiner Agency in Berlin. 6,7 Millionen Dollar wird sie am Ende kosten – so viel wie zwei der extrem teuren U2-Spionageflugzeuge.

Ende April 1954 stellen deutsche Baufirmen offiziell im Auftrag der US-Armee am Schönbergweg ein angebliches Lagerhaus fertig sowie einen Hangar für Fahrzeuge (in dem drei dieselbetriebene Stromgeneratoren stehen) und ein Wohnhaus für Soldaten.

Den Arbeitern ist gesagt worden, dass die Armee das neue Konzept einer „kostensparenden Lagerung" ausprobieren werde; daher müssten sie unter der Halle einen außerordentlich tiefen Keller anlegen mit Rampen, über die Gabelstapler fahren sollen. Die Halle liegt auf einem Grundstück direkt an der Zonengrenze, nicht weit entfernt von einer Kabeltrasse, deren Verlauf O'Brien seit einiger Zeit kennt.

Im September rücken US-Pioniere in das Lagerhaus ein, Lastwagen bringen unter Planen getarnte Baumaschinen und Material. Schon Monate zuvor haben Teams in New Mexico in den USA und in der britischen Grafschaft Surrey testweise bis zu 150 Meter lange Tunnel gegraben – durch einen Sandboden, der dem Berliner Erdreich gleicht.

Die Pioniere wühlen sich in einem steilen Schacht vom Keller aus in die Tiefe. Neun Meter unter der Erdoberfläche wollen sie waagerecht weitergraben. Doch im September kommt es plötzlich zu einem Wassereinbruch. Die US-Experten sind davon ausgegangen, dass der Grundwasserspiegel hier mindestens zehn Meter tief liegt. Tatsächlich aber dringt bereits bei fünf Metern unter dem Erdboden Wasser in den Gang.

Was nun? Tiefer geht nicht, erfährt Harvey. Also entscheidet er, den Gang in nur fünf Meter Tiefe graben zu lassen. Das aber ist derart dicht unter der Oberfläche, dass man im Freien womöglich Geräusche hören könnte. Und so schlägt fortan jedes Mal, wenn DDR-Grenzer an der Sektorengrenze patrouillieren, ein oben Ausschau haltender Agent Alarm, und die Arbeiter rühren sich nicht, bis die Wachen weitergezogen sind.

Stahlbögen, verschraubt zu einer Röhre, verstärken jedes Segment des entstehenden, gut 1,80 Meter durchmessenden Ganges. 125 Tonnen Stahlelemente sind nach Berlin geschafft worden – in den üblichen US-Versorgungszügen quer durch die DDR. Mit dem Holz der Transportkisten wird der Boden des Ganges ausgelegt. Strom- und Abhörleitungen sowie Belüftungsrohre ziehen sich an den Wänden entlang, im Keller des Lagerhauses dröhnen die zugehörigen Luft- und Entwässerungspumpen.

Am Ende werden die Pioniere 3000 Tonnen Sand und Erde aus dem Untergrund geholt und, von außen unsichtbar, in dem Lagerhaus aufgehäuft haben.

Die Overalls der Männer sind verschmutzt – und könnte es nicht verdächtig sein, wenn man aus einem vorgeblichen Lagerhaus mit Erdreich verschmierte Kleidung in die Wäscherei der Army schafft? Also werden vor Ort Waschmaschine und Trockner aufgebaut.

Ständig beziehen nun CIA-Agenten Posten unter dem Dach und beobachten das Niemandsland, unter dem der Tunnel verläuft. Sie observieren die Straßen, notieren sich, welche Anwohner wann wohin gehen, schreiben Kennzeichen vorbeifahrender Autos auf – stets auf der Suche nach einem auffälligen Muster, nach Personen, die immer wieder bestimmte Wege gehen, nach Wagen, die immer wieder durch bestimmte Straßen fahren, an bestimmten Ecken parken.

Aber sie entdecken nichts Verdächtiges.

Im Winter 1954 erreichen die Männer im Untergrund Ostgebiet. Auf Höhe der Sektorengrenze lässt Harvey im Gang einen mit Sprengstoff gefüllten Schlauch an die Decke heften; sollte der Tunnel entdeckt werden, will er ihn sprengen.

Doch tatsächlich geraten die Pioniere in ganz andere Schwierigkeiten. Die kriegsverwüstete Stadt ist ja ein gigantisches Trümmerfeld. 39 Prozent aller Wohnungen sind zerbombt worden, 90 Millionen Kubikmeter Trümmer liegen über der Stadt. (Die zerstörten Ziegel, Betonteile und Stahlträger werden nach und nach zu Hügeln aufgeschüttet, etwa dem 115 Meter hohen Teufelsberg am Rand des Grunewalds – auf dem ein amerikanischer Militärgeheimdienst 1957 eine Abhöranlage installieren wird.)

Auch im östlichen Sektor liegen die Reste zusammengefallener Häuser nahe der Tunnelroute im Boden. Als sich nun die Pioniere unter den Ruinen hindurchwühlen, graben sie die Sickergrube eines solchen Baus an. Der Tunnel gleicht vorübergehend einem Abwasserkanal, die Situation der Männer im Dreck sei „highly unpleasant", so ein CIA-Mann.

IM MÄRZ 1955 HABEN DIE PIONIERE ihr Ziel endlich erreicht. Unter den Telefonleitungen bauen sie eine mit einer massiven Stahltür zum Tunnel hin verschlossene Kammer. Von dort aus graben britische Spezialisten einen Schacht nach oben, zu den Kabeln der sowjetischen Besatzer. Dann bringen CIA-Agenten ein offiziell wirkendes Warnschild mit einem Text in Russisch und Deutsch an der Tür an: „Eintritt verboten im Auftrag des Kommandierenden Generals." Sollten ostdeutsche Fernmeldetechniker oder sowjetische Soldaten bei Grabungen oder Wartungsarbeiten zufällig auf die Kammer stoßen, werden sie es hoffentlich nicht wagen, weiter vorzudringen.

Im Tunnel vor der Kammer lässt Harvey in einem weiteren Raum Geräte installieren, die die schwachen Signale aus den Kabeln verstärken. Diese Impulse werden dann ins Lagerhaus geleitet, wo die eigentlichen Aufnahmegeräte stehen. Zum Teil können Telefongespräche live mitgehört werden, der große Rest wird aufgezeichnet.

Natürlich bemerken sowjetische Soldaten, dass rund um das Lagerhaus an der Sektorengrenze auffallend viele GIs Dienst tun. Um sie auf die falsche Fährte zu lenken, installieren die Amerikaner auf dem Gebäude eine große Radarantenne, mit der sie scheinbar den nahe gelegenen Flughafen Schönefeld überwachen. Kurz darauf registrieren die CIA-Posten Männer im Osten, die mit ihren Ferngläsern das Dach des Gebäudes absuchen – während doch die Spione buchstäblich unter ihren Stiefelsohlen wühlen.

11. Mai 1955. Vorsichtig legen zu Hilfe gerufene britische Spezialisten die Kabel im Schacht frei. Vorsichtig klemmen sie Kupferleitungen an, es darf keine Störung geben, keinen verdächtigen elektrischen Impuls. Und dann ist es angezapft, das sowjetische Telefonsystem. Fortan zeichnen die Tonbandmaschinen täglich Hunderte Gespräche auf. So selten wie möglich – jedes Geräusch könnte die Enttarnung bedeuten! – wagen sich Techniker zu Wartungsarbeiten in den Tunnel.

Wenn doch einmal ein Spezialist bis in die Kammer vordringt, ist die Feuchtigkeit aus seiner Atemluft so hoch, dass sie die empfindlichen elektrischen Anlagen beschädigen könnte. Eigens installierte Entfeuchter benötigen jedes Mal einige Zeit, um die Luft wieder auf unbedenkliche Werte herunterzutrocknen.

Die Tonbänder werden in unauffälligen Lastwagen aus dem Lagerhaus geschmuggelt. Ein Flugzeug bringt die Telefonate nach London. Die ebenfalls aufgefangenen Fernschreiben kommen zur CIA-Zentrale in Washington. Dort werten Dutzende Spezialisten alles aus.

Die wenigen Gespräche, die die versteckten Lauscher tatsächlich live mithören, sind zuweilen grotesk trivial: In einer Unterredung etwa wird deutlich, dass Ostberlins Geheimdienstchef Pitowranow in der Umgebung einen Jagdausflug organisiert und mit Nachtsichtgeräten der Armee auf Pirsch gehen will.

Ein anderes Mal wird der Koch der US-Agenten – denn auch die Mahlzeiten werden vor Ort zubereitet – nach Frankfurt am Main beordert. GIs mit derart harmlosen Funktionen dürfen für Dienstreisen mit einem Auto von Westberlin quer durch die DDR fahren. Da es Verdacht erregen könnte, wenn man ausgerechnet diesem Koch eine Reise im Auto verweigerte, sondern ihn mit dem Flugzeug ausflöge, nimmt er den Wagen.

Und verfährt sich prompt.

Kaum hat er Berlin verlassen, nimmt er die Autobahn nach Frankfurt an der Oder, also in die völlig falsche Richtung. DDR-Grenzer stoppen ihn schließlich tief im Osten. Allgemeine Aufregung, Meldungen rauschen hin und her, und die Lauscher am Schönbergweg hören alles mit. Man kann sich ihre Nervosität vorstellen – und ihre Erleichterung, als die Grenzpolizisten den gestrandeten Amerikaner nach ein paar Stunden auf die richtige Route nach Westen setzen.

Die Irrfahrt des Kochs bleibt nicht William Harveys einziger Schreckmoment. An einem frühen Morgen fängt ein in der Kammer installiertes Abhörmikrofon seltsame dumpfe Laute auf.

Alarm!

Der Posten im Lagerhaus kann nichts erkennen: Nebel verhüllt die Schönefelder Chaussee. Als der sich endlich verzieht, sieht der Agent, dass Volkspolizisten genau über der Abhöranlage Autos kontrollieren. Die dumpfen Geräusche, die das Mikrofon überträgt, kommen von einem Uniformierten, der sich mit stampfenden Schritten warm hält.

Doch es gibt keine verdächtige Bewegung um das Lagerhaus. Keine verstärkten Patrouillen an der Sektorengrenze. Keine Kontrollen der Kabel an der Schönefelder Chaussee. Täglich strömen

Im Oktober 1949 wird Ostberlin zur Hauptstadt der neu gegründeten DDR. Als am 17. Juni 1953 Hunderttausende Bürger des sowjetischen Satellitenstaates für höhere Löhne, Freiheit und die deutsche Einheit demonstrieren, lässt Moskau Panzer aufrollen, hier am Leipziger Platz

Die Sowjetarmee tötet Dutzende Zivilisten. Der Westen schaut tatenlos zu, um keinen Krieg zu riskieren

Als Außenposten mitten im Machtbereich Moskaus ist Westberlin für die Amerikaner die perfekte Basis für Spionage. 1954 beginnen sie einen Tunnel in den Osten der Stadt zu graben, um unterirdisch Telefonkabel der sowjetischen Truppen anzuzapfen

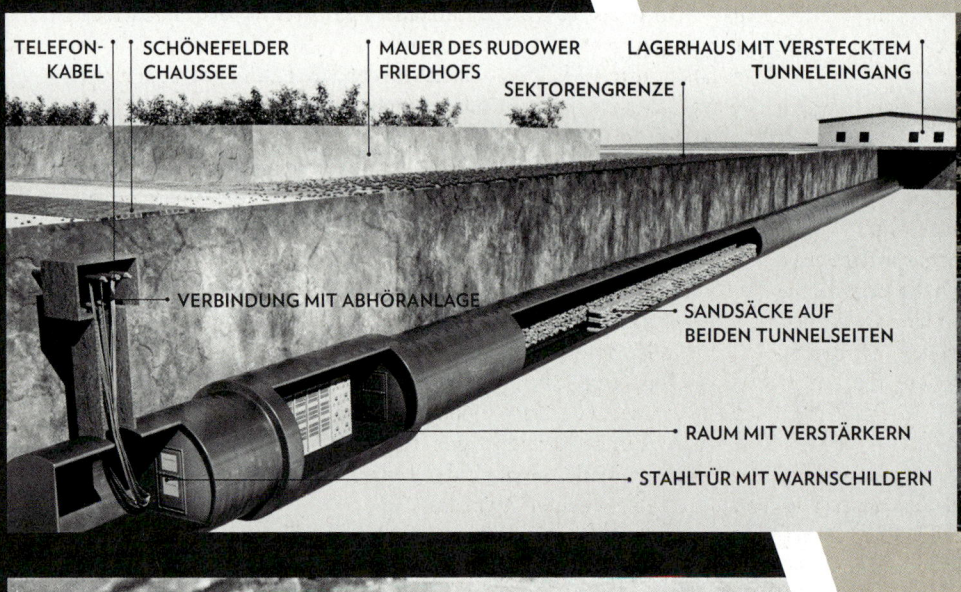

Rund 500 Meter lang ist der Tunnel (weiße Linie). Er verläuft unter der Grenze nach Ostberlin

In einem Raum des Tunnels steht eine Verstärkeranlage. Die CIA schneidet mehr als 370 000 Telefonate mit

3000 Tonnen Erde schaufeln die Amerikaner aus dem Untergrund – und verstecken sie in einer Lagerhalle am Tunneleingang

die Gespräche in die Aufnahmegeräte. William Harvey muss glauben, dass ihm der perfekte Coup gelungen ist.

Tatsächlich aber ist er längst verraten worden.

BEREITS FRÜH HAT SICH DIE CIA an die im Abhören erfahrenen Kollegen des britischen Geheimdienstes SIS gewandt. Am 15. Dezember 1953, neun Monate vor dem ersten Spatenstich des Tunnels, hat Harvey seine Tunnelbauer zu einer Geheimkonferenz nach London geschickt. Zu den wenigen Teilnehmern zählten Spezialisten der „Y Section" des SIS, der Abteilung für technische Spionage, unter ihnen ein Mann namens George Blake. Und der ist ein Doppelagent.

Im Jahr 1950 ist Blake, damals britischer Agent und Diplomat in Korea, während des dortigen Krieges in Gefangenschaft geraten, als nordkoreanische Truppen Südkoreas Hauptstadt Seoul überrannten. Der idealistische, mit Linken sympathisierende Gesandte wurde von Agenten des Kreml befragt – und bot an, für den Osten zu spionieren.

Als Blake 1953 nach London zurückkehrt, wird er in der UdSSR fortan als Agent „Diomid" geführt. Was für eine Quelle: ein Verräter im Hauptquartier des SIS! Blake ist für den sowjetischen Geheimdienst so wichtig, dass in der Moskauer Zentrale nur drei hohe Offiziere von seiner Existenz wissen.

In London führt ihn der Geheimagent Sergej Kondraschow, offiziell Kulturmitarbeiter der Botschaft. Er besorgt Blake eine Kleinstbildkamera, mit der er Dokumente fotografiert. Die Filme übergibt er Kondraschow, der die Informationen in der Diplomatenpost nach Moskau verschickt.

Beim Tunnel-Treffen ist Blake ausgerechnet Schriftführer, er schreibt ein Protokoll und reicht Kohlepapier-Durchschläge davon an seinen Offizier weiter.

Nur: Was nun?

Kondraschow und die Führung des Geheimdienstes KGB wissen jetzt, wann und wie welche Berliner Kabel angezapft werden sollen. Wenn Moskau nun jedoch darauf reagiert und keine wichtigen Gespräche über ebendiese Telefonleitungen führen lässt – würde das die CIA nicht misstrauisch machen?

Würde man sich in Washington und London nicht fragen, weshalb ausgerechnet diese Kabel unter der Schönefelder Chaussee bedeutungslos geworden sind? Würde man im Westen dann nicht vermuten, enttarnt worden zu sein? Und nach einem Spion suchen?

George Blake, so beschließt die KGB-Führung, ist wichtiger als die Kabel. Diese Quelle darf auf keinen Fall enttarnt werden. Auch wenn es schmerzt: Die Gespräche über die Leitungen müssen ungefiltert bleiben. Der KGB informiert weder die Sowjetarmee, die diese Verbindung intensiv nutzt, noch die ostdeutschen Verbündeten.

Selbst die eigenen Agenten bleiben im Dunkeln. Jewgenij Pitowranow, der Chef der Berliner Residenz, erfährt mit keinem Wort, dass von den Amerikanern gewissermaßen unter seinen Füßen ein Spionagetunnel gegraben wird.

Im Januar 1955 wird George Blake von der SIS-Führung (wo niemand an seiner Zuverlässigkeit zweifelt) routinemäßig von London nach Berlin versetzt. Fortan hat er nicht mehr direkt mit dem Tunnel zu tun, obwohl er ihm geografisch viel näher gekommen ist. Und nun erst werden sorgfältig dosierte KGB-Warnungen vor dem Tunnel nicht mehr seine Enttarnung riskieren.

Bald danach wird Pitowranow eingeweiht – aber nur er. Die Führung der Sowjetarmee nutzt die Kabel weiterhin ahnungslos.

Es ist nicht sicher, wann KP-Chef Nikita Chruschtschow in Moskau informiert wird – nur, dass er schließlich das Ende dieses Doppelspiels bestimmt. Im April 1956 will er den „Spionagetunnel" als großen Propagandacoup präsentieren: Der Westen spähe mit schmutzigen Tricks und gegen das Völkerrecht (immerhin verläuft der Tunnel ja unter dem sowjetischen Sektor) den Osten aus.

Die Direktiven sind klar: Der Tunnel muss im April 1956 „entdeckt" werden. Dies muss „zufällig" geschehen, es darf keinen Hinweis darauf geben, dass man ihn gezielt freigelegt hat, um nicht den Verdacht auf Blake zu lenken. Daher haben sowjetische Soldaten den Tunnel freizulegen, nicht KGB-Agenten.

Und er muss als alleiniges Werk der CIA denunziert werden, denn Chruschtschow ist im April auf Staatsbesuch in Großbritannien und will seine britischen Gastgeber nicht öffentlich desavouieren.

Ende 1955 fliegen KGB-Abhörspezialisten aus Moskau nach Ostberlin. Man hat ihnen nur vage gesagt, sie mögen die Leitungen überprüfen. Pitowranow überzeugt den kommandierenden sowjetischen Marschall zur gleichen Zeit, eine militärische Signalkompanie aufstellen zu lassen. Die dazu abgestellten Soldaten werden heimlich von den eingeflogenen KGB-Spezialisten ausgebildet. Im Frühjahr 1956 ist diese neue Truppe bereit für ihre „Entdeckung".

Donnerstag, 19. April 1956. Seit Tagen starker Regen. Die extreme Feuchtigkeit führt überall im Berliner Telefonnetz zu Störungen durch geflutete Kabel. Techniker rücken aus. Zur Sicherheit schickt auch Harvey einen Spezialisten in den Tunnel. Der prüft die Anschlüsse in der Kammer. Alles okay.

22. April, wohl gegen 1.00 Uhr morgens. Der Alarm des CIA-Postens erreicht William Harvey, der zum Lagerhaus eilt. Die Uniformierten graben immer noch entlang der Schönefelder Chaussee. Harvey muss hilflos zusehen.

Kurz darauf wird der Schacht mit den Abhörkabeln entdeckt. Über das Abhörmikrofon verfolgen Harvey und einige Agenten die aufgeregten Ausrufe der sowjetischen Soldaten. Der Telefonverkehr über die Kabel läuft aber immer noch weiter, die Tonbänder zeichnen auf.

Gegen 2.50 Uhr entdecken die Armeetechniker, dass unter dem Schacht offenbar eine Kammer liegt.

Ostdeutsche Telefonspezialisten kommen hinzu. Sowjetsoldaten und Volkspolizisten sperren die Schönefelder Chaussee. Harvey hört übers Mikrofon den Befehl eines Offiziers: Wir warten auf Tageslicht! Offenbar fürchtet er, die Anlage könnte vermint sein.

6.30 Uhr. Ein Nachrichtenoffizier aus Karlshorst inspiziert die Anlage. Jemand erklärt ihm, dass die Kabel angezapft worden seien. Kurz danach wechseln die meisten Einheiten der sowjetischen Streitkräfte auf andere Leitungen oder auf Funkverbindungen.

Gegen 9.00 Uhr. Das letzte Telefonat: Ein aufgeregter Offizier ruft aus der Wohnung des Marschalls beim sowjetischen Stadtkommandanten an. Offensichtlich hat endlich auch die Armeeführung von den manipulierten Leitungen erfahren. Danach weist die Vermittlung alle Anrufe ab: „Ich werde Sie zu niemandem durchstellen. Rufen Sie nicht an, das ist alles. So lautet der Befehl." Fernschreiben laufen aber immer noch weiter.

Gegen Mittag dringen ostdeutsche Techniker bis zum Raum mit den Verstärkeranlagen vor. Harvey hört „Donnerwetter!" und andere erstaunte Ausrufe. Die Techniker konnten die Stahltür nicht öffnen – und haben nun einen Tunnel um die Tür herum gegraben.

Harvey schickt einen Agenten auf die Suche nach General Charles L. Dasher, dem US-Stadtkommandanten von Berlin. Er will die Erlaubnis einholen, den Tunnel zu sprengen. Es ist Sonntagmittag, der Agent spürt den Offizier schließlich im Yacht Club Wannsee auf. Dasher fragt: „Können Sie garantieren, dass bei einer Sprengung keine sowjetischen Soldaten verletzt werden?" Das kann niemand. Da der General keinen gewalttätigen Zwischenfall provozieren möchte, untersagt er die Sprengung.

14.20 Uhr. Die ersten Sowjetsoldaten dringen in den Tunnel hinter der Verstärkeranlage ein. Was nun?

Harvey hat mitten im Tunnel, genau unter der Sektorengrenze, Sandsäcke und Stacheldraht aufstellen lassen, darüber hängt er ein hastig mit der Hand geschriebenes Schild: „Sie treten jetzt in die amerikanischen Sektor hinein." Ein Stück hinter den Sandsäcken postiert er sich nun mit einem schweren Maschinengewehr, das allerdings ungeladen ist.

15.00 Uhr. Harvey ist im Tunnel hinter den Sandsäcken und hört Schritte. Er entsichert das Maschinengewehr, das charakteristische Klacken hallt durch den Gang. Schlagartig hört er keinen Schritt mehr – dann vernimmt er, wie sich die Soldaten zurückziehen. Kurz darauf werden die Abhörkabel gekappt.

Um 15.50 Uhr ist auch das Mikrofon stumm. Operation Gold ist beendet.

Was bleibt? Für Nikita Chruschtschow ist es ein Coup mit perfektem Timing: Am Tag nach der Entdeckung der Abhöranlage wird er von Elisabeth II. im Buckingham Palace empfangen. Nun müssen die Briten ihm für die Diskretion dankbar sein, mit der er ihre Beteiligung an dem Projekt ausspart.

Zwar lädt die Sowjetarmee sogar Fotografen in den Tunnel ein und gibt Pressekonferenzen – doch so richtig empört ist eigentlich nur die DDR. Die SED-Führung lässt einen Anwalt in Westberlin gegen den dortigen Senat klagen. Skurrile Begründung: Durch die Wühlarbeit der Amerikaner sei auch das Feld eines ostdeutschen Bauern geschädigt worden. Allerdings bleibt eine Verurteilung aus, weil das Gericht feststellt, dass der Westberliner Senat nichts vom Tunnel gewusst habe und auch nicht für ihn verantwortlich sei.

Folgt man den Artikeln, die im Westen publiziert werden, dann überwiegt eher die Bewunderung für das Bravourstück der Amerikaner als die Entrüstung über die Spionage.

Auch innerhalb der CIA hält man die Entdeckung anfangs nicht für eine Niederlage. William Harvey wird mit der Distinguished Intelligence Medal ausgezeichnet, einem hohen Orden. Ein Informant aus dem DDR-Postministerium berichtet der CIA: „Die Sowjets sind über das Abhörkabel gestolpert, als sie Fehler im elektrischen System suchten." Ein bedauerlicher Zufall, der eine alles in allem erfolgreiche Aktion beendet hat.

Erst als George Blake 1961 enttarnt wird, geht der CIA auf, dass ihr Tunnel von Beginn an durch diesen Spion bei der Gegenseite bekannt war. Nun stellt sich die Frage: Was sind all die aufgezeichneten Gespräche wert?

Nach 1961 wird immer wieder das Gerücht verbreitet, der KGB habe die CIA über das Leck an der Schönefelder Chaussee gezielt mit Desinformationen versorgt, den Lauschern also sorgfältig präparierte Falschmeldungen zugespielt.

Das mag im Einzelfall so sein, überprüfen wird das wohl niemand mehr. Nur: Die ostdeutschen und die meisten sowjetischen Stellen wussten ja nie, dass sie abgehört werden.

360 000 Telefonate von sowjetischen Offiziellen und 17 000 DDR-Gespräche wurden von 50 000 Tonbändern transkribiert, die die CIA in gut elf Monaten gefüllt hat. Dazu noch einige Hunderttausend Fernschreiben. Ausgerechnet George Blake, der es wissen sollte, wird Jahrzehnte später im russischen Exil schätzen, dass „99,9 Prozent des Materials authentisch" waren.

Am Ende weiß die CIA jedenfalls ziemlich viel über Meinungsverschiedenheiten zwischen Sowjet- und DDR-Führung und

Durch einen Doppelagenten weiß Moskau schon früh von dem Spionagetunnel. Um ihn zu schützen, wird das Projekt erst nach elf Monaten enttarnt

über die schwindende Macht der einst gefürchteten Politoffiziere in der sowjetischen Armee.

Tausende Daten über Truppenverbände liegen vor, Tausende Namen und biografische Details von Offizieren der Sowjetarmee und von Atomforschern. Allein beim Militärgeheimdienst GRU (dem innersowjetischen Rivalen des KGB, der nicht über den Tunnel informiert war) kennt die CIA nun die Identitäten von mehr als 350 Offizieren. Selbst die Modelle der Funkgeräte (und deren technische Probleme), die sowjetische Agenten einsetzen, sind nun bekannt. Doch was gewinnt die CIA mit den Tonnen an Informationen?

Sechs Monate nach Chruschtschows Besuch in Großbritannien kommt es in Ungarn zu einem Volksaufstand, den die Sowjetarmee niederschlägt, fünf Jahre später wird die Berliner Mauer gebaut, noch ein Jahr darauf steht die Welt während der Kubakrise tatsächlich am nuklearen Abgrund.

Hat irgendeines der 377 000 mitgeschriebenen Telefonate daran das Geringste geändert? Hat auch nur irgendeine Information, die unterirdisch vom Osten in den Westen geschleust worden ist, in Moskau oder Washington eine einzige Entscheidung fundamental beeinflusst?

Am Ende ist es eine Folge des Mauerbaus quer durch Berlin, dass sich die Welt der Spione ändert.

Berlin mag die Ewige Stadt der Agenten bleiben – die Glienicker Brücke zwischen dem Westberliner Stadtteil Zehlendorf und Potsdam etwa wird später zum Sinnbild für den Ort, an dem man gefangene Spione und Dissidenten austauscht (im Februar 1962 darf der über der UdSSR abgeschossene U-2-Pilot Francis Powers im Austausch gegen den sowjetischen Spion Rudolf Abel über diese Brücke gehen). Und noch 1986 verlassen der Bürgerrechtler Anatolij Schtscharanskij und vier enttarnte Westagenten den Sowjetblock, dafür gelangen vier Spione des Ostens zurück.

Doch die Cowboyzeiten, in denen ein draufgängerischer Ex-Anwalt aus Chicago von einem ostdeutschen Postbeamten quer durch Berlin geschmuggelte, gehwegplattengroße Geheimdokumente im Dachgeschoss einer Villa abfotografierte, sind vorbei.

Die Berliner Mauer kappt nicht bloß den Kontakt der Westdeutschen zu den Ostdeutschen, sie schneidet auch die Agenten von ihren Zuträgern ab, macht unauffällige Reisen und konspirative Treffen unmöglich.

Auch in Berlin kann die Teilung der Welt nicht länger mit einem Wechseln der Straßenseite überwunden werden.

Nicht einmal von Spionen.

DIE GETEILTE STADT

Berlin ist Anfang der 1960er Jahre das letzte Schlupfloch im Eisernen Vorhang, der Deutschland und Europa teilt. Jeden Monat setzen sich hier Tausende DDR-Bewohner in den Westen ab. SED-Chef Walter Ulbricht will die Massenflucht stoppen – mit allen Mitteln
—— TEXT: **FRED LANGER**

MAUERBAU 1961

Vor den Augen Westberliner Polizisten ziehen Arbeiter in der Bernauer Straße die Grenzbefestigung hoch. Noch zwei Monate zuvor hatte SED-Chef Walter Ulbricht erklärt: »Niemand hat die Absicht, eine Mauer zu errichten«

MAUERBAU 1961

Der Lärm von Panzermotoren reißt die Menschen in den Dörfern um Berlin aus dem Schlaf. Kolonnen sowjetischer T-34 und T-54 dröhnen durch die Nacht – und verschwinden im Wald. Zehntausende Rotarmisten sind aus ihren Kasernen ausgerückt und gehen rund um die Metropole in Stellung.

Es ist der 13. August 1961, und am Brandenburger Tor schrecken Westberliner Polizisten kurz vor ein Uhr nachts aus ihrer Routine. Normalerweise ist es hier zu dieser Zeit still und leer. Doch nun drängen Scharen von Fußgängern durch die Säulenhallen seitlich des Monuments, einem von 81 Übergängen zwischen dem sowjetischen Sektor und dem von Amerikanern, Briten und Franzosen verwalteten Teil der Stadt.

Wie jeden Abend waren viele Westberliner, die sich tagsüber im Osten der Stadt aufhielten, mit der S-Bahn auf dem Heimweg. Doch seit Mitternacht endet die Fahrt am Bahnhof Friedrichstraße, dem letzten Haltepunkt vor der Sektorengrenze. Über Lautsprecher erfahren die Fahrgäste, dass der Bahnverkehr nach Westberlin eingestellt sei.

Kaum haben sich gegen ein Uhr die letzten gestrandeten Passagiere auf der Westseite des Brandenburger Tors zu Fuß oder in Taxis auf den Heimweg gemacht, erlöschen die Flutlichter – das sonst hell angestrahlte Wahrzeichen der Stadt liegt nun im Dunkel.

Um etwa zwei Uhr nachts hören die Westberliner Polizisten Lastwagen; Truppentransporter mit abgedunkelten Scheinwerfern durchfahren das Tor. Männer in Uniformen springen auf dem zum sowjetischen Sektor gehörenden Vorplatz ab und stellen Maschinengewehre auf, die Mündungen nach Westen gerichtet. Ein MG wird auf das Brandenburger Tor gehievt. Weitere Lkw treffen ein, Männer entladen Stacheldrahtrollen, Betonpfosten, Barrieren. Gegen drei Uhr schleppen Soldaten zudem Presslufthämmer und Kompressoren heran, Baumaschinen rollen auf den Vorplatz.

Ähnliche Szenen spielen sich an allen Übergängen zum sowjetischen Sektor ab, und um sechs Uhr morgens haben Polizisten, Soldaten sowie Mitglieder paramilitärischer Kampfgruppen der DDR ihr Werk vollbracht: Die gesamte Ostberliner Sektorengrenze ist nach Westen hin abgeriegelt.

Kein Bürger kann sich mehr frei von Ost nach West und umgekehrt bewegen. Und die Regierungen in London, Paris, Washington, allen voran US-Präsident John F. Kennedy? Der mächtigste Mann der Welt nimmt den Vorstoß hin.

Soldaten der Grenztruppen mauern den Westteil der Stadt ein. Immer weiter lässt das SED-Regime die Sperranlagen ausbauen, das Kontrollsystem an der Grenze wird perfektioniert

Nirgendwo sonst in Europa ringen Ost und West so erbittert um Einfluss und Prestige wie in Berlin. Die Siegermächte des Zweiten Weltkriegs haben die ehemalige Reichshauptstadt 1945 in vier Sektoren aufgeteilt, so wie ganz Deutschland in Besatzungszonen gegliedert ist. Doch schnell haben sich Amerikaner, Briten und Franzosen mit Moskau über die Nachkriegsordnung zerstritten, fanden sich die einstigen Verbündeten gegen Hitler als Gegner im Kalten Krieg wieder. Die Folge: 1949 wurden zwei deutsche Staaten gegründet.

Berlin blieb ein staatsrechtlicher Sonderfall, einmalig in der Welt: Jede Siegermacht verwaltet seither einen Sektor, doch dürfen ihre Vertreter jederzeit alle drei anderen betreten, Rotarmisten also durch den US-Sektor fahren und GIs durch den Osten.

Westberlin wird so zu einer Enklave in der Sowjetzone. Eine Stadt inmitten des von Moskau kontrollierten Territoriums, in der die Westmächte Soldaten stationieren können. Und: Die geteilte Metropole wird zum riesigen Fluchttor. Denn ab 1952 riegelt die DDR ihre Grenze zur Bundesrepublik ab, um die Massenflucht ihrer Bewohner zu stoppen. Nur die Berliner können weiterhin pendeln.

AM 10. NOVEMBER 1958 fordert der sowjetische KP-Generalsekretär Nikita Chruschtschow in einer Rede das Ende des Viermächtestatus von Berlin. Er kündigt an, alle Funktionen, die noch bei der sowjetischen Stadtkommandantur liegen, den DDR-Behörden zu übertragen. Westberlin, so fügt er etwas später hinzu, solle entmilitarisiert und zu einer „Freistadt" werden. Gut zwei Wochen später stellt Chruschtschow ein Ultimatum: Wenn die Westmächte nicht binnen sechs Monaten auf seine Vorschläge eingehen, werde er sie im Alleingang umsetzen.

Damit löst er eine internationale Krise aus. Denn die Bundesregierung sowie deren Schutzmacht USA erkennen Chruschtschows Absicht: Ohne die militärische Präsenz der Westalliierten würde die Stadt über kurz oder lang an die Sowjetunion fallen.

Im August 1959 geht eine Außenministerkonferenz in Genf, auf der die vier Mächte um den Status der Stadt ringen, ohne Ergebnis zu Ende. Immerhin, Chruschtschow setzt sein Ultimatum aus, wohl auch mit Blick auf die Präsidentschaftswahlen 1960 in den USA. Er wartet auf den neuen Mann in Washington.

Als John F. Kennedy Anfang 1961 das Präsidentenamt übernimmt, appelliert er an die amerikanischen Tugenden – und konfrontiert die US-Bürger in seinen Reden zugleich mit apokalyptischen Visionen einer militärtechnischen Überlegenheit der Sowjetunion.

Kuba, Algerien, Laos: Kennedy sieht die Kommunisten überall auf dem Vormarsch. In seiner Antrittsrede beschwört er seine amerikanischen Landsleute, zusammenzustehen und die Freiheit „in ihrer Stunde der höchsten Gefahr" zu verteidigen.

Anfang Juni 1961 reist er nach Wien, um mit Chruschtschow über die Berlin-Krise zu verhandeln. Der Gipfel wird zum Duell zweier höchst ungleicher Persönlichkeiten. Auf der einen Seite Kennedy, erst 44 Jahre alt, Spross einer reichen, glamourösen Familie. Auf der anderen der Sowjetführer, 67, ein Bauernsohn und gelernter Maschinenschlosser.

Der US-Präsident verfolgt vor allem ein Ziel: seinem Gegenüber deutlich zu machen, dass die USA sich nicht aus Westberlin vertreiben lassen werden. Chruschtschow hingegen will Kennedy einschüchtern, ihm die Stadt entwinden.

Kennedy erklärt dem KP-Chef, jede Gewalt werde mit Gewalt beantwortet. Der kontert mit einem

Beobachtet von Westberlinern, stellen Soldaten der DDR-Volksarmee am 13. August 1961 Betonpfeiler für die neuen Grenzanlagen auf. Durch die 81 Übergänge auf dem Stadtgebiet Berlins waren bis dahin täglich 250 000 Menschen zwischen den Sektoren gependelt

Zunächst sperren die DDR-Truppen die Sektorengrenze mit Stacheldraht ab. Schon wenige Tage später wird der provisorische Zaun wie hier durch eine Mauer aus Hohlblocksteinen ersetzt

neuen Ultimatum: In sechs Monaten werde er einen Friedensvertrag mit der DDR unterschreiben, fortan werde allein die DDR den Zugang nach Westberlin regeln. Krieg oder Frieden – das hänge von den USA ab. „Dann wird es einen kalten Winter geben", beendet der US-Präsident das Gespräch.

Chruschtschows brutale Offenheit irritiert Kennedy zutiefst. Gegenüber seinen Beratern sagt er: „Er hat mich behandelt wie einen kleinen Jungen. Er hält mich für einen Schwächling, den man herumschubsen kann." Der Präsident weist Experten an, neue Strategien zu entwickeln. Zwei Fraktionen ringen um eine Position zur Berlin-Frage.

Eine Gruppe um Außenminister Dean Rusk sowie jüngere Berater wie den aufstrebenden Harvard-Professor Henry Kissinger setzt auf eine diplomatische Lösung. Sie akzeptiert die Sicherheitsinteressen der UdSSR: Die fürchte ein Wiedererwachen des deutschen Militarismus; vor allem die Vorstellung einer atomar bewaffneten Bundeswehr sei Moskau unerträglich. Man solle dem entgegenkommen, sagt diese Fraktion, etwa mit einer Garantie der Oder-Neiße-Grenze oder einer Anerkennung der DDR. Andere um Dean Acheson, Kennedys Sonderberater für außenpolitische Fragen, halten Verhandlungen dagegen für falsch. Sie wollen die UdSSR durch militärische Stärke einschüchtern – und fordern, im Berlin-Konflikt notfalls sogar Atomwaffen einzusetzen.

Kennedy entscheidet sich für einen Mittelweg. Einerseits baut er auf Härte. Er lässt aufrüsten und vergrößert die Mannschaftsstärke der US-Truppen um 125 000 auf eine Million Mann. Seine Stäbe spielen eine Seeblockade gegen den Ostblock durch und planen den Ablauf der militärischen Eskalation – bis hin zum Atomkrieg. Und er verlangt, dass die Hälfte des strategischen Bomberkommandos binnen 15 Minuten bereit zum Abheben ist.

Andererseits hält er einen diplomatischen Ausweg offen und bricht mit einigen Tabus der Deutschlandpolitik: Die Wiedervereinigung des geteilten Landes verfolgt Kennedy nicht mehr. Zudem erkennt er Ostberlin indirekt als sowjetische Interessensphäre an.

Der Argwohn des deutschen Bundeskanzlers Adenauer wächst. Er fürchtet, Washington und Moskau könnten sich ohne die Deutschen einigen. In der Tat vertraut US-Außenminister Dean Rusk seinem britischen Amtskollegen an: „Die Westdeutschen werden viele Dinge schlucken müssen, die sie bis jetzt für undenkbar hielten."

Am 25. Juli 1961 verkündet Kennedy drei Grundsätze. Sie sollen klarmachen, wo die Grenze zum Krieg verläuft. Er verlangt von Moskau Garantien für:
• die Präsenz und Sicherheit der westlichen Truppen in Berlin;
• die Sicherheit und Lebensfähigkeit Westberlins;
• den freien Zugang nach Westberlin.

Damit zieht er eine Linie. Bis zur Sektorengrenze kann die Sowjetführung gehen – aber keinen Schritt weiter.

Stacheldraht am Brandenburger Tor. Auch dieser Übergang zwischen dem sowjetischen Sektor und dem westlichen Teil Berlins wird geschlossen. Die Grenztruppen haben strikten Befehl, jeden Versuch, die Sperre zu überwinden, mit Gewalt zu unterbinden: Schon am 24. August wird der erste Flüchtling erschossen

In einer ersten Reaktion wertet Nikita Chruschtschow diese Rede als Kriegserklärung. Er ergeht sich in düsteren Visionen: Zwar könnten die UdSSR und die USA einen Atomkrieg möglicherweise überstehen, die europäischen Verbündeten der USA hingegen nicht. Sie würden vernichtet und bräuchten nicht einmal Särge. Hunderte Millionen Menschen müssten sterben – wegen zweieinhalb Millionen Westberlinern.

Aber auch er will keinen Atomkrieg, denn er weiß um die militärische Überlegenheit der USA bei den weit reichenden Kernwaffen. Und er muss erkennen, dass sein Gegenspieler mit Drohung und Bluff nicht zu beeindrucken ist. Es besteht keine Aussicht, die Westmächte aus Berlin zu vertreiben, ohne den atomaren Weltenbrand zu riskieren.

Also entscheidet sich Chruschtschow für eine Lösung mit überschaubarem Risiko: Am 2. August 1961 gibt er dem DDR-Staatsratsvorsitzenden Walter Ulbricht die Erlaubnis zur Abriegelung der Sektorengrenze nach Westberlin.

Die DDR-Führung ist begeistert: Sie plant den Mauerbau schon seit Monaten. Nur so, glaubt sie, lasse sich die immer stärker werdende Flüchtlingswelle stoppen.

Auf einer Pressekonferenz am 15. Juni wird Ulbricht gefragt, „ob die Staatsgrenze der DDR am Brandenburger Tor errichtet wird". Der Staatsratsvorsitzende antwortet mit dem unfreiwillig verräterischen Satz: „Niemand hat die Absicht, eine Mauer zu errichten" – was prompt dazu führt, dass die Zahl der Flüchtlinge drastisch ansteigt.

In der Bernauer Straße verläuft die Grenze unmittelbar entlang der Häuserfront. Als die Mauer errichtet wird, seilen sich Bewohner dieser Gebäude auf den Bürgersteig ab, der im Westen liegt. Das Regime lässt die Häuser zwangsräumen, Fenster und Türen vermauern

Allein am letzten Juliwochenende melden sich 4000 DDR-Bürger im Notaufnahmelager Berlin-Marienfelde. Die Unterkünfte reichen nicht mehr aus, in Klassenzimmern und Kirchenschiffen werden Feldbetten aufgestellt. Tausende Fachkräfte fliehen.

Zwei Tage zuvor hat Kennedy im engsten Beraterkreis gesagt: „Chruschtschow ist dabei, Ostdeutschland zu verlieren. Das kann er nicht zulassen, denn dann wird er auch Polen und ganz Osteuropa verlieren. Er muss etwas tun, um den Flüchtlingsstrom zu stoppen – vielleicht eine Mauer bauen. Und wir werden das nicht verhindern können. Ich kann das Bündnis zusammenhalten, um Westberlin zu verteidigen, aber nicht, um den Zugang nach Ostberlin offen zu halten."

13. August 1961, 7.00 Uhr. Auf dem Platz am Brandenburger Tor stehen inzwischen Militärlastwagen, Kübelwagen und Schützenpanzer, Soldaten sind aufmarschiert. Ostberliner Bürger protestieren gegen die Abriegelung, attackieren die Soldaten. Volkspolizisten und Greiftrupps in Zivil führen Demonstranten ab.

Doch noch können Ostberliner in den Westen fliehen. Noch genügt ein unbeobachteter Moment – denn der Stacheldrahtverhau, der die Stadt jetzt durchtrennt, wird erst ab dem 18. August durch eine Mauer ersetzt.

Am 15. August springt der DDR-Bereitschaftspolizist Conrad Schumann über den Stacheldrahtverhau. Wie er entkommen in den ersten Tagen nach dem Mauerbau viele Menschen durch die noch durchlässige Sperranlage. Doch wird die Flucht von Tag zu Tag gefährlicher

K ENNEDY IST AN DIESEM TAG in seinem Sommersitz in Hyannis Port, Massachusetts. Als die ersten Meldungen über die Situation in Berlin das Weiße Haus um sechs Uhr Ortszeit erreichen, entscheidet der diensthabende Offizier, man solle den Präsidenten noch nicht so früh am Sonntagmorgen stören.

Eine erste Mitteilung über die Krise, die er etwas später nach Hyannis Port schickt, kommt seltsamerweise nie an. Und so besucht der US-Präsident mit seiner Frau völlig ahnungslos den Gottesdienst, dann begibt er sich mit der Familie an Bord des Kabinen-

Im August 1962 verblutet der 18-jährige, bei einem Fluchtversuch von DDR-Grenzsoldaten angeschossene Peter Fechter. Weil US-Militärpolizisten dem Sterben untätig zusehen, schmähen Westberliner die Amerikaner als »Morddulder«

kreuzers „Marlin". Erst auf See erreicht ihn gegen 12.30 Uhr ein Funkspruch aus Washington – mehr als 17 Stunden nach dem Beginn der Abriegelung Ostberlins.

Der US-Präsident lässt beidrehen, geht an Land, telefoniert und erkennt: Die Situation ist unter Kontrolle; Moskau ist darauf bedacht, die von Kennedy gezogene Linie nicht zu überschreiten. Er sieht keine Notwendigkeit, sein freies Wochenende zu unterbrechen.

In Berlin dagegen steht Bürgermeister Willy Brandt verzweifelt vor den Stadtkommandanten der Westmächte. Er fordert ein Einschreiten, doch die Kommandanten lassen ihn nur wissen: Der Protest werde in den Hauptstädten koordiniert, das Problem „dringlichst geprüft". Nichts soll die Stimmung in Berlin weiter anheizen.

Am Tag darauf, einem Montag, spitzt sich die Lage dennoch zu. Gegen Mittag schaffen es Westberliner Beamte kaum noch, die Demonstranten zu bändigen. Jugendliche schleudern Steine und Flaschen. Per Megafon beschwören Polizisten sie, sich zurückzuziehen.

Doch die Protestler scheinen entschlossen, über die Sektorengrenze zu stürmen. Auf der Ostseite gehen Soldaten mit aufgepflanzten Bajonetten und Schützenpanzer in Stellung. Erst der Westberliner Bereitschaftspolizei gelingt es, die Menge zurückzudrängen.

Aus Kennedys Sicht gibt es gar keine Krise. „Die Mauer ist keine sehr schöne Lösung, aber immer noch besser als Krieg", sagt er.

Und sie ist ein wertvolles Propaganda-Instrument des Westens: Sein Bruder Robert lädt umgehend den Vertreter einer Public-Relations-Agentur ins Weiße Haus. Der Kommunismus mauere seine Bürger ein, soll die Botschaft sein. Dies ist die Stunde der PR-Texter, nicht der Militärstrategen.

Um die Deutschen zu beruhigen, schickt Kennedy seinen Vizepräsidenten Lyndon B. Johnson am 19. August 1961 nach Berlin. Und tatsächlich: Die Berliner jubeln Johnson zu, die Enttäuschung über das Nichtstun der Amerikaner weicht neuer Zuversicht.

Zudem entsendet der Präsident General Lucius D. Clay, den Helden der Luftbrücke von 1948/49, als seinen persönlichen Vertreter in die geteilte Stadt. Und er setzt eine Kampfgruppe von 1500 Soldaten aus Westdeutschland in Marsch, demonstrativ auf dem Landweg, über die Autobahn. Militärisch ist sie ohne Bedeutung, für die Moral der Westberliner aber von hohem Wert.

Die DDR-Regierung ist davon unbeeindruckt – und provoziert die Amerikaner: Ab Ende August lassen die DDR-Grenzer westliche Besatzungssoldaten und andere Ausländer nur noch über den Grenzübergang Friedrichstraße nach Ostberlin einreisen, und so richten die Westalliierten auch auf ihrer Seite einen „Kontrollpunkt" ein, den „Checkpoint Charlie" (eine von drei alliierten Kontrollstellen, neben „Alpha" in Helmstedt-Marienborn und „Bravo" in Dreilinden-Drewitz).

Noch dürfen Angehörige der westlichen Besatzungsmächte ungehindert nach Ostberlin fahren,

Eine Warnung an die Westberliner: Noch ist die Mauer eine behelfsmäßige Befestigung. Doch niemand soll es wagen, gegen sie vorzugehen. Nach innen verteidigt die DDR-Führung unter SED-Chef Ulbricht die Grenzsperre als »Antifaschistischen Schutzwall«, der westliche Spione, Saboteure und Aufwiegler abhalten soll

so wie seit Kriegsende. Als Legitimation genügt das Nummernschild ihres Wagens. Ob die Insassen Uniform tragen oder in Zivil gekleidet sind, ist dabei unerheblich.

Doch Mitte Oktober 1961 erlässt das DDR-Regime neue Regeln: Amerikaner in Zivil sollen sich nun ausweisen. Damit sehen US-Militärs die Rechte der Alliierten in Berlin bedroht. General Clay versetzt seine Truppen in der Stadt am 25. Oktober in Alarmbereitschaft und lässt Panzer bis an die Sektorengrenze rollen.

In der folgenden Nacht werden daraufhin 33 Sowjetpanzer nach Ostberlin verlegt.

Am 27. Oktober stoppen Volkspolizisten ein US-Militärfahrzeug und fordern die Insassen auf, ihre Ausweise vorzuzeigen. Die Amerikaner verlangen, einen sowjetischen Offizier zu sprechen, doch die DDR-Grenzer erklären sich für allein zuständig.

Um 18 Uhr stehen am Checkpoint Charlie zehn amerikanische zehn sowjetischen Panzern gegenüber. Die US-Kettenfahrzeuge sind mit Bulldozerschaufeln ausgerüstet: Clay hat das Einreißen der Mauer an einer Attrappe üben lassen – ohne Wissen Kennedys.

Der General wartet nun nur noch auf die Order, die Sperranlagen niederzuwalzen. Aber der Befehl kommt nicht.

Kennedy, der von Clays Aktion überhaupt nichts hält, lässt Chruschtschow einen Aufruf zur Mäßigung zukommen. Er bittet ihn, die Panzer zurückzuziehen, und sichert ihm zu, dass auch die US-Einheiten den Checkpoint räumen würden. Der Sowjetführer akzeptiert.

Am Morgen des 28. Oktober ziehen die sowjetischen Panzer ab, wenig später auch die amerikanischen. „Die Mauer war das Maximum", sagt Chruschtschow später.

Er lässt keine weitere Eskalation zu. Die Berlin-Krise ist beendet.

Das deutsch-amerikanische Verhältnis aber hat Schaden genommen. Der ehemalige Außenminister Heinrich von Brentano notiert: „Die Amerikaner sind nicht mehr die Amerikaner, die sie vor Jahren waren. Man will sich verständigen, und das geht eben nicht anders als auf dem Rücken der Deutschen."

Im August 1962 wird der 18-jährige Maurer Peter Fechter bei einem Fluchtversuch von DDR-Grenzern angeschossen und fast eine Stunde lang im Grenzstreifen liegen gelassen. Er verblutet qualvoll. Amerikanische Soldaten – bemüht, keine Grenzverstöße zu begehen – sehen tatenlos zu.

Jetzt richtet sich die Wut der Westberliner gegen Washington. Demonstranten greifen US-Fahrzeuge an, die Insassen werden als „Besatzer" beschimpft. Transparente schmähen die USA als „Morddulder, Mordhelfer".

Bald darauf schließen Konrad Adenauer und Frankreichs Staatspräsident Charles de Gaulle einen Freundschaftsvertrag. Die beiden alten Männer sind sich einig in ihrer Ablehnung von Verhandlungen mit der UdSSR.

Diese Annäherung irritiert die Amerikaner. Und so fliegt John F. Kennedy im Juni 1963 nach Deutschland, um die Dinge wieder ins Lot zu bringen.

SEINE REISE WIRD ZUM TRIUMPH. Der US-Präsident gewinnt die Menschen mit seinem Charme, er erobert ihre Herzen mit seinem Lächeln und seinen Versprechen. Kein anderer Staatsbesucher hat in der Bundesrepublik je solche Emotionen wachgerufen. Am vierten und letzten Tag seines Besuches landet er in Berlin. Es ist der 26. Juni 1963, der 15. Jahrestag des Beginns der Luftbrücke, fast zwei Jahre nach dem Mauerbau.

Schon in seiner Begrüßungsrede am Flughafen Tegel schmeichelt Kennedy den Berlinern. Er stärkt ihr Vertrauen, preist ihren Durchhaltewillen, appelliert an ihren Stolz: Sie hätten ein Leuchtfeuer für die ganze Welt entzündet und hielten unerschütterlich Wache an den Toren der Freiheit.

US-Präsident John F. Kennedy kann den Bau der Mauer nicht verhindern. Dennoch jubeln ihm die Westberliner zu, als er am 26. Juni 1963 die Rede mit dem legendären Satz »Ich bin ein Berliner!« hält – und die Metropole damit zur Frontstadt der Freiheit erklärt

Es ist ein schöner, windiger Frühsommertag. Kennedy besteigt den offenen, eigens aus den USA eingeflogenen Lincoln Continental, an seiner Seite Bundeskanzler Konrad Adenauer und Willy Brandt.

Der Konvoi mit dem dunkelblauen Straßenkreuzer fährt, überall flankiert von winkenden und applaudierenden Menschen, zum Brandenburger Tor. Die DDR hat Planen hinter den Säulenreihen angebracht, um den Besuch Kennedys und die Begeisterung der Westberliner vor ihren Bürgern zu verbergen.

Am Checkpoint Charlie, wo Peter Fechter unter den Augen von US-Soldaten verblutete, besteigt der amerikanische Präsident eine Aussichtsplattform. Hier weicht das Lächeln aus seinem Gesicht. Ernst blickt er auf die Mauer, deren Bau er nicht verhindern konnte.

Etwas später warten Hunderttausende Menschen vor dem Schöneberger Rathaus auf den Besucher aus Washington. Kennedy betritt die Tribüne. Lucius D. Clay steht an seiner Seite, Symbol eiserner Entschlossenheit.

„Vor 2000 Jahren war der stolzeste Satz, den ein Mensch sagen konnte: ‚Ich bin ein Bürger Roms!'", deklamiert Kennedy. „Heute ist der stolzeste Satz, den jemand in der Freien Welt sagen kann: ‚Ich bin ein Berliner!'"

Die Zuhörer antworten mit frenetischem Jubel. Immer wieder wird der Name des Präsidenten skandiert. Ein Transparent schwebt über den Köpfen, darauf die Frage: „Wann fällt die Mauer?"

Und Kennedy, der die Abriegelung Ostberlins zwei Jahre zuvor als kleineres Übel akzeptiert hat, empört sich nun: „Die Mauer schlägt nicht nur der Geschichte ins Gesicht, sie schlägt der Menschlichkeit ins Gesicht."

Der Präsident beschwört in seiner Rede jenen Tag, an dem die Stadt und das Land dereinst wiedervereint sein werden, „an dem Europa geeint ist und Bestandteil eines friedvollen und zu höchsten Hoffnungen berechtigten Erdteils".

Es klingt wie eine Utopie, doch die Zuhörer sind euphorisch, und noch einmal wiederholt er zum Schluss seiner Rede den Satz: „Ich bin ein Berliner!"

Kennedys Berlin-Besuch mobilisiert größere Menschenmengen als jedes andere politische Ereignis in der Geschichte Nachkriegsdeutschlands.

Das wird sich erst 25 Jahre später ändern: in jenen Stunden und Tagen des November 1989, als in Berlin und anderswo die Mauer für immer fällt.

VIETNAM-KONGRESS 1968

DIE WUT DER JUNGEN

In vielen Ländern der westlichen Welt rebellieren junge Menschen im Jahr 1968 gegen ein politisches System, das sie als ungerecht empfinden – auch in der Bundesrepublik Deutschland. Bereits im Februar veranstalten Studenten im Westen des geteilten Berlin einen Kongress, der diesen Streit nochmals dramatisch zuspitzt

—— TEXT: **MATHIAS MESENHÖLLER**

Als ungerecht und unterdrückend verurteilen viele junge Deutsche die Weltpolitik. Den Krieg der USA in Vietnam sehen sie als Ausdruck dieser Missstände. Und so laden Studentenführer zu einem Kongress nach Westberlin ein: um gegen den Konflikt zu protestieren – und zugleich das eigene Land zu verändern. Die Bühne hinter dem Podium ist dafür mit der blau-roten Fahne der kommunistischen Vietcong-Kämpfer geschmückt; auf dem Banner selbst aber steht eine Losung des marxistischen Guerilleros Che Guevara

Tausende reisen zu dem antiamerikanischen Kongress – ausgerechnet in jene Stadt, die von den USA 1948/49 per Luftbrücke am Leben erhalten worden ist (Schlafende im Hof des Tagungsgebäudes)

WESTBERLIN, MITTE FEBRUAR 1968. Leicht schwefliger Brandgeruch liegt in der kalten Winterluft, er stammt von den Kohleöfen in den Wohnungen. Vor dem schmucklosen Mietshaus Cosimaplatz 2 stehen einige kahle Bäume. Die Hauswand zeigt helle Flecken, dort, wo der Putz abgeplatzt ist. In einem möblierten Zimmer – Metallbett, Schrank, Tisch, ein paar Stühle – wohnt hier der Studentenführer Rudi Dutschke mit seiner amerikanischen Frau Gretchen und dem einen Monat alten Sohn Hosea-Che, dessen Namen auf einen alttestamentarischen Propheten der Liebe und auf den kurz zuvor in Bolivien getöteten Guerillero Che Guevara zurückgehen.

Es klingelt an der Tür. Dutschke geht öffnen. Gretchen hört Rufe.

„Rudi!"

„Giangiacomo!"

Dann kommt ihr Mann in Begleitung eines eleganten Herrn mit einem dicken Schnurrbart zurück in das schäbige Zimmer: Ihr Besucher ist Giangiacomo Feltrinelli aus Mailand, Verleger, Spross einer Unternehmerdynastie – und linksradikaler Vertrauter des kubanischen Revolutionsführers Fidel Castro sowie Sympathisant und Sponsor etlicher Rebellenbewegungen in aller Welt. Eben ist er in Berlin eingetroffen, um an einem internationalen Kongress zum Krieg in Vietnam teilzunehmen.

„Kommt mit", sagt Feltrinelli. Er wolle den beiden etwas zeigen.

Auf der Straße führt er das Paar zu seinem geparkten Auto, öffnet eine Tür und klappt die Rückbank hoch. Darunter liegen: Dynamitstangen. Der ganze Boden ist mit Dynamit gefüllt.

Munition für Bomben. Für Anschläge. Die Revolution.

Gretchen Dutschke, die später die Begebenheit schildern wird, spürt ihren Magen flau werden. Was ist, stößt sie hervor, wenn das alles in die Luft geht?

Feltrinelli lacht nur.

Nach Einbruch der Dunkelheit schaffen die Männer den Sprengstoff ins Haus. Gretchen Dutschke indes besteht auf einer anderen Unterbringung. Und so macht sich ihr Mann – ohne Dynamit – auf die Suche nach einem Versteck bei Freunden und Genossen.

Schließlich kehrt er zurück und schichtet die Stangen gemeinsam mit Feltrinelli in Hosea-Ches Kinderwagen, um die Munition aus der Wohnung wieder nach unten zu Feltrinellis Wagen zu bringen. „Leg das Baby drauf", sagt Feltrinelli zu Gretchen – dann sehe es bei einer möglichen Begegnung mit Nachbarn oder Passanten auf dem Weg zum Auto weniger verdächtig aus.

Und tatsächlich: Gretchen legt den Säugling auf das Dynamit. So getarnt, bringen sie die Fracht erneut auf die Straße und laden sie in Feltrinellis Auto. Dann machen sie sich auf den Weg durch das nächtliche Berlin.

Über der Stadt, durch die sie fahren, liegt eine gewaltige, diffuse Spannung. Eine Mischung aus Hoffnung und Angst, Aufbruch und Enge, die aufgestaute Wut verfeindeter politischer Lager.

Seit Monaten erschüttern Proteste, vorwiegend von Studenten getragen, Westberlin und die Bundesrepublik: gegen den Krieg der USA in Vietnam; gegen die von der Bundesregierung geplanten Notstandsgesetze – Vorkehrungen für den Fall einer Staatskrise. Gegen die Macht des Springer-Verlags. Gegen Gewaltherrscher in aller Welt und deren Verbündete in den kapitalistischen Ländern. Für eine Reform der Hochschulen. Für internationale Solidarität. Für eine freiere Gesellschaft.

Die Wortführer fordern Revolution und Sozialismus. Ihre Radikalität, ihr aufsässiges Gebaren, auch ihre Arroganz wecken bei vielen Deutschen Angst und Hass. Längst herrscht auf beiden Seiten ein unversöhnlicher, kriegerischer Ton.

Der verwegen auftretende, ideologisch versierte Dutschke gilt als das Gesicht und die Stimme der Revolte, als ihr Vordenker. Und so mag er mehr als andere in diesen Tagen ahnen, dass er sich entscheiden muss: zwischen zivilem Ungehorsam und offenem Aufruhr. Für oder gegen Gewalt – den Übergang von „der Waffe der Kritik" zur „Kritik der Waffe", wie es sein Idol Karl Marx formuliert hat. Für Feltrinellis Dynamit oder ein Leben mit Gretchen und Hosea-Che.

Zunächst jedoch steht der große Vietnam-Kongress bevor, den er mitorganisiert hat. Er soll ein Höhepunkt der linken Mobilisierung in ganz Europa werden. Des Aufbegehrens gegen die verkrustete Nachkriegswelt, das seit einigen

Speerspitze der linken Bewegung ist der Sozialistische Deutsche Studentenbund. Als dessen Vordenker gilt Rudi Dutschke (im Bild rechts)

Dutschke lehnt den Kapitalismus strikt ab – verurteilt aber ebenso, wie die Diktaturen Osteuropas den Sozialismus vereinnahmen. Er fordert eine »Weltrevolution« für wahre Gerechtigkeit

Jahren anschwillt. Und von dem Männer wie Feltrinelli und Dutschke hoffen, dass es in eine Revolution mündet. Vielleicht schon bald.

Zu Beginn der 1960er Jahre ist in den meisten der vom Zweiten Weltkrieg verheerten Länder die unmittelbare Not überwunden, die Wirtschaft teils kräftig gewachsen. Die Sowjetunion hat ihre Macht über den Osten Europas stabilisiert; Westeuropäer und Amerikaner haben sich damit arrangiert. 1961 stoppt die Berliner Mauer die massenhafte Flucht aus der DDR und friert so den letzten schwelenden Krisenherd in Europa ein. Eine Ordnung auf der Grundlage nuklearer Abschreckung ist entstanden.

Umso schärfer fechten die Großmächte ihre Rivalität nun in den früheren oder um ihre Unabhängigkeit kämpfenden europäischen Kolonien aus, die zunächst keinem der beiden Blöcke zuzuordnen sind. Lateinamerika, Afrika und Asien leiden unter Revolutions- und Stellvertreterkriegen: in Vietnam, dem Nahen Osten; in Algerien, Angola, dem Kongo; in Guatemala, auf Kuba.

Im Vergleich dazu herrscht in der Bundesrepublik eine fast gespenstische Ruhe. Die Jahrgänge, die den neuen Staat aufgebaut haben und nun verwalten, sind von der gescheiterten Weimarer Republik geprägt, von NS-Diktatur, totalem Krieg und totaler Niederlage. Sie misstrauen heroischen Idealen.

Ihre glanz- und machtarme, nüchtern funktionierende Bundesrepublik ist ein Gemeinwesen der noch einmal Davongekommenen. Der Illusionslosen. Der Besinnung aufs materielle Wohlergehen.

Zwar gibt es inmitten des Wirtschaftswunders bittere Armut, müssen zumal einfache Arbeiter ihr Auskommen weiterhin unter harten Bedingungen erschuften. Zwischen den neuen Fassaden liegen immer noch Trümmergrundstücke. Jede zweite Wohnung verfügt weder über Bad noch Dusche, der private Telefonanschluss bleibt ein Privileg, eine Tiefkühltruhe kaum bekannter Luxus.

Doch der Hunger ist vorbei; mancher Deutsche hat sich während der „Fresswelle" der 1950er Jahre sogar einen Wohlstandsbauch angefuttert. Auch ein TV-Gerät besitzen bereits viele. Der VW Käfer entwickelt sich zum wahrhaftigen Volks-Wagen (und Exporterfolg). Sommer für Sommer fahren einige Millionen Deutsche zum Urlaub nach Italien.

Vielen Jüngeren aber reicht das nicht. Sie sind unbelastet, zukunftsfroh, neugierig; in ihren Augen ist die Gründergeneration verbraucht, fett, korrupt.

Die hastig wiedererrichteten Städte sind unwirtlich, die Wohnungen eng und voller Plüsch. Aus den Musiktruhen dudeln Schlager über Heimat und Liebe, in den Kinos laufen sentimentale Schnulzen. Die Eltern horten Anstands- und Benimmbücher, reagieren auf Rock'n'Roll und

Tumult: Als ein Gegendemonstrant die Bühne stürmt und den Kongress für beendet erklärt, zerren Studenten ihn aus dem Saal

VIETNAM-KONGRESS 1968

Dutschke will den Protest auf die Straße tragen, so die sozialistische Revolution befeuern. Ob er dafür auch Gewalt als legitim ansieht, dazu äußert er sich nie eindeutig

DAS ISOLIERTE WESTBERLIN WIRD ZUM VERSUCHSLABOR DER NEUEN LINKEN

Beatmusik mit Verboten und Verachtung (ein Journalist vergleicht tanzende Halbwüchsige mit „besessenen Medizinmännern eines Urwald-Stammes"). Homosexuelle Handlungen sind ein Verbrechen; die Polizei verhaftet Männer, die einander geküsst haben.

Mütter unehelicher Kinder werden auf den Ämtern schikaniert. Ledige unterschiedlichen Geschlechts dürfen sich nach 22 Uhr nicht mehr gegenseitig besuchen; erlauben es Eltern oder der Vermieter dennoch, können sie wegen „Kuppelei" belangt werden.

Ein aggressiver Antikommunismus dominiert das politische Klima – und kann jeden treffen, der Regierung oder Verfassung von links kritisiert.

Das aber geschieht immer häufiger.

Aus London und Paris, Italien und den USA wehen frische Ideen in die Bundesrepublik herüber. Ihren Kern bildet ein entstaubter, von den Dogmen der alten Linksparteien befreiter Marxismus, ergänzt um die Psychoanalyse Sigmund Freuds sowie Gedanken existenzialistischer Philosophen wie Jean-Paul Sartre und Albert Camus: dass die Welt keinen erkennbaren Sinn habe – der Einzelne gleichwohl die Freiheit und Verantwortung, nach einer würdigen Existenz für sich und seine Mitmenschen zu streben.

Der Kapitalismus hingegen beute den Menschen aus und „entfremde" ihn von sich selbst. Mit seinen Normen und Zwängen mache das System sogar bei wachsender Wohlfahrt ein seelisch, sozial, sexuell erfülltes Leben sowie wahre Selbstverwirklichung unmöglich.

Die Demonstranten zeigen Plakate des vietnamesischen Führers Ho Chi Minh. Mit ihm sehen sie sich vereint im Kampf gegen den Imperialismus – und für eine sozialistische Gesellschaft

Viele der 15 000 Demonstranten, die zu dieser Kundgebung während des Kongresses kommen, protestieren auch gegen geplante Bonner Gesetze, die bei einem Staatsnotstand die Grundrechte einschränken sollen

Ein Ende der Misere erhoffen sich die Intellektuellen dieser Neuen Linken nicht von einer straff organisierten Umsturzpartei wie der (in Deutschland seit 1956 verbotenen) KPD. Sondern von einer vielstimmigen Bewegung aus junger Intelligenz, aufgeklärtem Arbeiternachwuchs, Minderheiten und Randgruppen aller Art. Ihre Mittel sind klassischer Protest, subkulturelle Provokationen, experimentelle Lebensweisen.

DEN STÄRKSTEN WIDERHALL in Deutschland finden solche Ideen in Westberlin. Auch 20 Jahre nach Kriegsende ist die freie Hälfte der vormaligen Reichshauptstadt ein geschundener Rest. Als ihr Wahrzeichen gilt die Turmruine der ausgebombten Kaiser-Wilhelm-Gedächtniskirche nahe dem Bahnhof Zoo. Viele Häuser sind zernarbt von Einschusslöchern, Grundstücke liegen brach, Straßen enden im Nichts. An dem einst vibrierenden Kurfürstendamm stehen schäbige Behelfsbauten, von prächtigen Bürgerpalästen oft nur noch einstöckige Reste.

Die Wirtschaft stagniert, zumal seit dem Mauerbau. All jene, die Ambitionen haben, gehen in den Westen: Unternehmer, junge Facharbeiter, Hausbesitzer, die ihre Immobilien unter Wert abstoßen. Es bleiben die NS-Beamtenwitwen. Die Trägen und Fantasielosen. Die Subventionsritter und sturen Frontstadt-Verteidiger. Aber auch die Außenseiter: Jungs, die mit dem Kajal-Stift spielen, Künstler, Bohemiens. Hinzu ziehen westdeutsche Studenten, denen Göttingen, Heidelberg oder München zu eng sind, zu sauber. Zu langweilig.

In Westberlin gelten weder Wehrpflicht noch Sperrstunde; die Vielfalt der Kneipen und Bars ist konkurrenzlos. Es gibt große, günstige Wohnungen; die Eltern sind fern, andere Kontrollinstanzen rar. Um die Halbstadt am Leben zu halten, wird sie von der Bundesrepublik massiv subventioniert – irgendeine Vergünstigung steht beinahe jedem zu. Bis hin zu den Kneipiers und ihren Kunden.

Zudem gilt die 1948 gegründete Freie Universität in Dahlem als führend in der noch jungen Politikwissenschaft und in Soziologie. Und sie gewährt den Studenten ein Parlament und Mitsprache in allen Gremien. Zu dieser einmalig liberalen Verfassung haben auch die US-Besatzer beigetragen, die nach dem Kriegsende jeden Versuch unterstützten, Deutschland zu demokratisieren.

Seither genießen die Amerikaner – die Westberlin zudem 1948/49 durch eine Luftbrücke vor der sowjetischen Blockade gerettet haben – in der Stadt besonderes Ansehen: als Schutzmacht angesichts der kommunistischen Umklammerung, als Vorbild an Modernität, als großmütiger Sieger.

Mitte der 1960er Jahre aber sind die USA ein gespaltenes Land, erschüttert von Rassenunruhen und Bürgerrechtskämpfen. Und verwickelt in einen Krieg gegen kommunistische Aufständische in Südvietnam und deren Helfer im Norden des geteilten Landes. Einen Krieg, den viele Amerikaner ablehnen. Und viele der studierenden Neu-Berliner auch.

Bereits im Februar 1965 findet im Henry-Ford-Bau, dem modernen, von der amerikanischen Ford Foundation gestifteten Hörsaal- und Bibliothekszentrum der FU, eine kritische „Informationsveranstaltung Vietnam" statt.

Im Mai des gleichen Jahres aber untersagt der FU-Rektor eine Podiumsdiskussion mit einem angeblich DDR-freundlichen Gast. Daraufhin rufen Studenten des politikwissenschaftlichen Instituts einen Vorlesungsstreik aus, den ersten in der Geschichte der Universität.

Etwa zur gleichen Zeit diskutiert der Bundestag einen verfassungsändernden Gesetzentwurf zum Notstandsrecht: Für den Fall, dass der Staat eines Tages von innen oder außen bedroht ist, etwa durch Krieg oder Aufruhr, sollen durch „Notstandsgesetze" eine Zeit lang Grundrechte eingeschränkt werden dürfen, etwa die Pressefreiheit, das Postgeheimnis, das Streikrecht. Zudem soll die Regierung sich auf ein Rumpfparlament stützen können. Gewerkschafter, Publizisten, Professoren, Pfarrer und Studentenvertreter sehen darin die Möglichkeit zu einem „Staatsstreich von oben" und warnen vor der Gefahr eines Missbrauchs.

Es gärt, vor allem in Westberlin. Und meist tut sich da der Sozialistische Deutsche Studentenbund hervor, der am weites-

Als Galionsfigur der Linken wird Dutschke für viele Konservative zum Hassobjekt. Am 11. April 1968 verletzt ihn ein Attentäter mit drei Schüssen schwer

ten links stehende hochschulpolitische Verband der Bundesrepublik.

Seit Januar 1965 gehört seinem Westberliner Ableger auch ein 24-jähriger Soziologiestudent an, klein, durchtrainiert und auf verwegene Weise gut aussehend: dichter, dunkler, etwas länger fallender Scheitel; Kinn und Wangen gern stopplig. Stechende Augen, starke Nase. Sein Name: Alfred Willi Rudolf Dutschke, genannt Rudi.

Dutschke stammt aus dem brandenburgischen Luckenwalde und ist kurz vor dem Mauerbau nach Westberlin gekommen. Er ist ein überzeugter Christ, der in Jesus vor allem einen Revolutionär sieht. Ein Sozialist, den der autoritäre Missbrauch seiner Utopie in Osteuropa abstößt. Ein ernsthafter junger Mann, der leidenschaftlich mit Kommilitonen in Studentencafés debattiert. Er kann charmant sein, schallend loslachen. Aber zuweilen wirkt er eigentümlich fremd.

Rudi Dutschke trinkt nicht, raucht nicht, hat stets ein Buch unter dem Arm, eine Aktentasche voll Literatur dabei. Von der er systematisch Auszüge anfertigt oder sie mit einem fünffarbigen Kugelschreiber durcharbeitet – in seiner Ausgabe von Karl Marx' „Das Kapital" ist schließlich jede einzelne Zeile in einer der fünf Farben unterstrichen.

Arbeitet er zu Hause, hört er stündlich Nachrichten. Sinn für Ironie, der verspielte, coole Zynismus vieler Altersgenossen gehen ihm ab. Ein enger Gefährte spricht von Dutschkes „Keuschheit". Dafür kann er reden. Nicht unbedingt mitreißend, aber bezwingend.

Rasch wird er zu einem Wortführer der „Antiautoritären" im SDS, die den orthodoxen Marxisten die Macht streitig machen. Ein Antreiber.

Als für den 5. Februar 1966 linke und liberale Hochschulgruppen eine gemeinsame Kundgebung gegen den Vietnamkrieg der USA planen, sammelt Dutschke zwei Nächte zuvor eine Anzahl Gesinnungsgenossen. Sie rühren Kleister an, greifen sich vorbereitete Plakate, ziehen durch die Stadt und kleben die Drucke auf Litfaßsäulen, Pissoirwände, Mauern, Verteilerkästen.

Ihre Parolen: Bundeskanzler Ludwig Erhard und die „Bonner Parteien" leisteten Beihilfe zu massenhaftem Mord in Asien. Mord durch Napalm, Mord durch Giftgas, bald durch Atombomben?

In aller Welt sei dies so: „Die ehemaligen Sklaven wollen Menschen werden – die Antwort der Kapitalisten ist Krieg."

Also: „Amis raus aus Vietnam!" Gezeichnet: „Internationale Befreiungsfront". Das ist ein neuer, aggressiver Ton.

Neu (und aus den USA übernommen) ist auch das *sit-in* vor dem US-Kulturzentrum – eine Sitzblockade, zu der sich Dutschke und einige Hundert Entschlossene niederlassen.

Polizei marschiert auf. Irgendwer hat eine Handvoll Eier dabei und wirft sie gegen die Fassade, Gelächter.

Dann der Befehl „Knüppel frei!" Unter den Schlägen der Beamten laufen die Demonstranten auseinander.

„Narren!", schimpft am nächsten Tag die „Berliner Morgenpost" über die Demonstranten, „Schande!", schreibt die „B.Z.". „Beschämend!", titelt die „Bild"-Zeitung am Tag darauf. Alle drei Blätter erscheinen im Verlag Axel Springer.

Der konservative Pressekonzern ist eine Macht: Fast jede dritte in der Bundesrepublik gedruckte Tageszeitung kommt von Springer; in Westberlin besitzt der Verlag nahezu ein Monopol. Und kein Medium übt einen solchen Einfluss aus wie das Massenblatt „Bild".

Für viele Linke ist Springer daher der böse Geist der Republik, sind seine Blätter eine große Manipulationsmaschine – der Grund, weshalb die Erkenntnisse von Marx und Freud nicht zum Volk durchdringen, die Leute CDU wählen.

WENIGE AKTIVISTEN erkennen, dass Springers Zeitungen mit ihren aufgeregten Schlagzeilen und empörten Kommentaren den Protest überhaupt erst laut machen – gerade weil sie über jede noch so alberne Provokation mit Schaum vorm Mund berichten. Zu denen, die dies begreifen, zählt der Polit-Aktionskünstler Dieter Kunzelmann.

Während Dutschke im März 1966 die Theologiestudentin Gretchen Klotz aus Chicago heiratet, in einer Bierkneipe mit belegten Brötchen und halben Hähnchen, aber an weiß gedeckten Tischen unter Kerzenlicht, zieht Kunzelmann ein

VIETNAM-KONGRESS 1968

»Du dreckiges Kommunistenschwein«, ruft der 23-jährige Hilfsarbeiter Josef Bachmann, ehe er auf Dutschke feuert

Die Kugeln treffen Dutschke in Kopf und Schulter. Bald machen Gerüchte die Runde, er sei tot – dann wieder, er habe eine 50:50-Chance zu überleben

Jahr später mit einigen Männern und Frauen in die Berliner Atelierwohnung des in New York lebenden (und nichts ahnenden) Schriftstellers Uwe Johnson und gründet eine Wohngemeinschaft. Die „Kommune I".

Kunzelmanns skandalträchtige Botschaft: Traditionelle Erziehung, bürgerliche Ehe und Sexualmoral, die Unfreiheit der Konventionen – das alles soll verschwinden. „Ihr müsst euch entwurzeln!", fordert er. Weg mit den Stipendien, raus aus den „Zweierbeziehungen", hinein in die „Revolutionierung des Alltags". Kampf der bürgerlichen Privatsphäre – fort mit den Klotüren.

Anfang April 1967 erzielt die Kommune I einen Medienerfolg: Die Mitglieder werden unter dem Verdacht festgenommen, während des Berlin-Besuchs des US-Vizepräsidenten Hubert Humphrey einen Anschlag auf ihn zu planen. Der Verdacht bestätigt sich – nur enthalten die vermeintlichen Bomben nichts als Mehl, Pudding und Farbe.

Die Kommunarden verteilen absurd unverschämte Flugblätter, tanzen in Frauenkleidern auf der Straße, werfen vor Gericht Knallfrösche und Räucherkerzen. Sie versuchen, die Staatsgewalt zu provozieren, damit sie überreagiert und so lächerlich wirkt. Bis zu einem gewissen Grade ist dies Kunst, Happening. Oder schlicht anarchische Clownerei.

In jedem Fall sichert diese Kombination aus Faxen und vermeintlich losem Sex Aufmerksamkeit. Wenn Kunzelmann sich zitieren lässt mit dem Spruch „Was geht mich Vietnam an, ich habe Orgasmusschwierigkeiten" (der in Wahrheit wohl von seinem Kumpel Rainer Langhans stammt) – dann bringt das die antiimperialistischen Kämpfer vom SDS ebenso in Rage wie sittenstrenge Bürger. Und regt allgemein die Fantasien an.

Die Realität der Kommune besteht zwar anfangs mehr aus Psycho- und Theoriedebatten, Tränen, Türenknallen und der Frage, wer den Abwasch macht. Dennoch: Sie verkörpert einen Aufbruch, nach dem sich viele sehnen, eine wilde, romantische Träumerei.

Derweil verschärft sich das politische Klima. In Bonn ist das Regierungsbündnis von FDP und CDU über Haushaltsfragen zerfallen, und so regiert seit Dezember 1966 eine Große Koalition aus Union und SPD. Weil damit eine Opposition im Bundestag praktisch nicht mehr existiert, betrachten sich linke Studenten sowie andere Kritiker der Notstandsgesetze und die Aktivisten der um 1960 entstandenen Abrüstungsbewegung zunehmend als deren Ersatz: als außerparlamentarische Opposition. Sie eint die Furcht vor einem übermächtigen Staat. Vor dem Niedergang der Demokratie.

Da erschießt am 2. Juni 1967 der Kriminalobermeister Karl-Heinz Kurras den Studenten Benno Ohnesorg am Rande einer Demonstration gegen den autoritär regierenden Schah von Persien. Ein Unfall? Fahrlässige Tötung? Willkürlicher Mord? Oder gar eine Provokation durch Kurras (der später als Mitarbeiter der ostdeutschen Stasi enttarnt wird)? Das bleibt letztlich Spekulation.

Für die demonstrierenden Studenten jedoch ist klar: Die Obrigkeit hat ihr wahres, rücksichtsloses Gesicht gezeigt. Besonders, weil die Polizei den Protest überhaupt brutal niedergeknüppelt hat.

Der 2. Juni wird zum Wendepunkt. Nun erfassen die Proteste immer mehr Universitäten – und werden immer radikaler. Ein grundsätzlicher Vorbehalt gegen das Parlament und andere Institutionen der Republik breitet sich unter den Studenten aus. Und Rudi Dutschke, geheimnisvoll radikal, cool im Look und längst ein Liebling der Journale, wird vollends zur Leitfigur der Bewegung.

Dabei ist Dutschkes Charisma schwer zu fassen. Er spricht leicht näselnd, betont die Konsonanten und zieht

»Beschämend« hatte die »Bild«-Zeitung den Protest der Studenten genannt. Deren Wut richtet sich nach dem Mordanschlag auf Dutschke gegen das reaktionäre Blatt

Vokale in die Länge: „Iiich deenckee". Am Satzende senkt er die Stimme nicht, sondern signalisiert, dass seine Ausführungen noch weitergehen – immer weiter. Wobei er zuweilen fast Unverständliches von sich gibt. Etwa: „Die Ökonomisierung des Überbaus ermöglicht tendenziell einen Bewusstseinsprozess für agierende Minderheiten innerhalb der passiven und leidenden Massen, denen durch sichtbar irreguläre Aktionen die abstrakte Gewalt des Systems zur sinnlichen Gewissheit werden kann." Folglich: „Der städtische Guerillero ist der Organisator schlechthinniger Irregularität als Destruktion des Systems der repressiven Institutionen."

Er sei kein Demagoge, denn „ich würde meine Ideen verraten, wenn ich den Versuch unternähme, durch funktional eingesetzte Emotionalisierungseffekte eine triebmäßige psychische Verbindung jenseits des Dialogs kritischer Rationalität mit Ihnen herzustellen".

Dutschke vermag eine scheinbar unbegrenzte Zahl von Nebensätzen ineinander zu verschachteln und findet am Ende doch aus seinem selbst gebauten Labyrinth heraus. Das Ergebnis wirkt eher wie ein Sound als wie eine Argumentation – ein Ton, der die Zuhörer in eine Art revolutionäre Trance versetzt.

Zwei Themen dominieren: die Notstandsgesetze und der Krieg in Vietnam. Denn im fernen Südostasien schlägt keine abgehalfterte europäische Kolonialmacht ein Rückzugsgefecht, sondern die Vormacht der Freiheit. Die USA, selbst einstige Kolonie, führen vor laufenden Kameras einen brachialen, sinnlosen Unterwerfungskrieg – so zumindest sehen es die Demonstranten in Deutschland.

Am 3. Januar 1968 ruft der SDS daher „alle, die sich entschlossen haben, gegen den Imperialismus zu kämpfen", für den 17. und 18. Februar zu einem internationalen Vietnam-Kongress nach Westberlin. Die Versammlung, organisiert ausgerechnet im loyalsten Vorposten der USA in Europa, soll ein Fanal werden. Nach der rasanten Ausweitung der Proteste über den Herbst und Winter betrachten sich viele SDS-Aktivisten nicht etwa als chancenlose Minderheit, sondern als Avantgarde einer Weltrevolution – zu deren Zentrum nun Westberlin werden könnte.

Noch einmal Auftrieb erhalten sie, als die kommunistischen Kämpfer in Vietnam zum Tet-Fest, dem vietnamesischen Neujahr, Ende Januar völlig überraschend eine Großoffensive beginnen. Zwar schlagen die GIs den Angriff blutig zurück. Doch der Glaube an ein absehbares Ende der verlustreichen Kämpfe ist in den USA dahin.

ANFANG FEBRUAR 1968 WERFEN Studenten die Scheiben mehrerer Springer-Filialen ein; einige Steine sind in Flugblätter gewickelt mit der Aufschrift: „Enteignet Springer!" Die „Bild"-Redaktion antwortet mit der Schlagzeile: „Stoppt den Terror der Jungroten jetzt!"

Der politische Druck steigt. Dennoch weigert sich Rektor Kurt Weichselberger von der Technischen Universität in Charlottenburg, seine Bewilligung von Räumen für den Vietnam-Kongress zurückzunehmen. Er hat sie erteilt, nachdem die FU dazu nicht bereit war.

Dann der Dämpfer: Am 13. Februar, vier Tage vor Kongressbeginn, weist der Westberliner Senat den Antrag für eine Abschlussdemonstration zurück.

Rudi Dutschke erklärt daraufhin, die Demonstration werde stattfinden, genehmigt oder nicht, und sie werde wie geplant zu den amerikanischen Wohnvierteln und dem US-Hauptquartier in Dahlem und Lichterfelde führen.

Während die Teilnehmer eintreffen, nehmen Bernd Rabehl vom SDS und Kurt Scharf, der evangelische Bischof von Berlin, Kontakt zueinander auf. Beide suchen Vermittlung – denn sie fürchten ein Blutbad.

Zu den ausländischen Referenten gehört auch Giangiacomo Feltrinelli, der Verleger, den Dutschke auf einer Recherchereise nach Mailand kennengelernt hat und der nun als Gastgeschenk stangenweise Dynamit mitbringt.

Inzwischen hat Bischof Scharf die Studenten bewogen, eine andere Route für ihre Demonstration vorzuschlagen. Doch der Regierende Bürgermeister Klaus Schütz will von einem Kompromiss nichts wissen. Das Verbot bleibt.

Einige Stunden darauf schiebt Gretchen Dutschke den Kinderwagen mit Hosea-Che und dem Sprengstoff in einer

ES KOMMT ZU STRASSENSCHLACHTEN WIE IN DER WEIMARER REPUBLIK

Nacht nach dem Attentat Molotow-Cocktails. Sechs Lieferwagen gehen in Flammen auf

Villengegend von Feltrinellis Auto zu einer konspirativen Wohnung und lädt das Dynamit dort aus. Später treffen sich Rudi Dutschke und Feltrinelli mit weiteren Genossen, um über die Verwendung des Sprengstoffs zu beraten.

Sie diskutieren Anschläge auf US-Schiffe mit Nachschub für Vietnam in deutschen Häfen, auf Überlandleitungen oder Gleise, die militärisch genutzt werden. Dutschke wird im Nachhinein erklären, es sei ausschließlich um Gewalt gegen Sachen gegangen. Allerdings hat er bereits im Herbst erklärt, neben die von Che Guevara verkündete „Propaganda der Schüsse" in der Dritten Welt müsse eine „Propaganda der Tat" in westlichen Ländern treten: der Weg zur bewaffneten Revolte einer „Stadt-Guerilla".

Vermutlich wird das Dynamit später ohne endgültige Bestimmung heimlich nach Westdeutschland geschafft, aber wohl aus Scheu, Menschen zu Schaden zu bringen, nie eingesetzt (einer anderen Überlieferung zufolge wird es in der Spree versenkt).

Und das Verhältnis Dutschkes zur praktischen Gewaltanwendung bleibt dunkel – vielleicht auch ihm selbst.

Samstag, 17. Februar, Hauptgebäude der TU. Aus dem großen Hörsaal donnert es immer wieder gleich einem Kriegsschrei durch die lichte, moderne Architektur – der im Stakkato von Hunderten gerufene, von rhythmischem Klatschen begleitete Name des vietnamesischen Revolutionsführers: „Ho! Ho! Ho-Chi-Minh!"

Mehr als 5000 Teilnehmer haben sich versammelt, viele tragen Mäntel und Jacketts, manche wie Dutschke karierte Hemden. Süd- und Nordamerikaner sind gekommen, Franzosen, Italiener, Briten, Westdeutsche natürlich. Viele

schwersten Krawalle seit Gründung
der Bundesrepublik

einflussreiche Führer der Neuen Linken begegnen sich hier und in den umliegenden Cafés zum ersten Mal.

Sie sitzen auf den Gängen, drängen um Büchertische, Flugblattauslagen, den Kaffeeausschank im Foyer. Manche singen, Verliebte halten Händchen, im überdachten Innenhof ruhen die Reisemüden aus. Andere essen mitgebrachte Stullen oder tauschen Tipps: wie mit Zitronensaft beträufelte Taschentücher die Wirkung von Tränengas lindern; wo Wattepolster vor Polizeiknüppeln schützen.

Sogar ein Kindergarten ist eingerichtet. Dutschke hat Sinn für solche Sachen: Er war bei Hoseas Geburt im Kreißsaal (nachdem er sich an einem Film vergewissert hat, dass er den Anblick erträgt), er wickelt den Sohn, teilt sich mit Gretchen die Hausarbeit – auch wenn Genossen den Kopf schütteln: als hätte ein Revolutionär Zeit für Abwasch!

Der Hörsaal ist völlig überfüllt, die ansteigenden Stuhlreihen ebenso wie die große Empore. Oft ist in der lauten Menge das eigene Wort nicht zu verstehen; binnen Kurzem ist die Luft stickig, durchzogen von dichtem Tabakrauch.

An der Stirnseite hängt eine riesige blau-rote Fahne mit gelbem Stern der kommunistischen Vietcong-Kämpfer, darauf prangt in großen Lettern die Che Guevara zugeschriebene Losung „Die Pflicht jedes Revolutionärs ist es die Revolution zu machen".

Darunter ein Rednerpult, ein Sprechertisch mit Mikrofonen. Eine dichte Abfolge von Rednern trägt Grußworte vor, politische Reden, theoretische Referate, auf Deutsch, Englisch, Französisch.

Derweil berät einige Hundert Meter entfernt die Bereitschaftskammer des Verwaltungsgerichts über einen Antrag des SDS, das Demonstrationsverbot per einstweilige Verfügung aufzuheben. Dem Schriftsatz beigefügt ist eine persönliche Bürgschaft des Bischofs von Berlin-Brandenburg, dass der Zug nicht von der neuen Route abweichen werde.

Am Nachmittag kommt es in der TU zu einem Eklat: Der 39-jährige Rechtsanwalt Diether Prelinger, CDU-Mitglied und Anti-Revolutionär aus demokratischer Überzeugung, stürmt aufs Podium, schiebt den Redner, der eben ein Grußtelegramm des Vietcong verliest, auf die Seite und ruft ins Mikrofon: „Wir protestieren gegen diese Konferenz! Der Kongress ist beendet!"

Viel weiter kommt er nicht, Rufe und Pfiffe gellen, eine Handvoll Studenten stoßen und zerren den sich heftig Wehrenden zurück. Spontan donnern erneut die „Ho! Ho! Ho-Chi-Minh!"-Chöre über das Gerangel.

Abends spricht der Schriftsteller Erich Fried über den möglichen Beitrag der Opposition in den westlichen Metropolen zum Kampf in Vietnam. Da tritt um 19.40 Uhr jemand ans Podium und spricht mit den am Sprechertisch Sitzenden. Einer von ihnen unterbricht Fried: Die Verwaltungsrichter haben die Demonstration erlaubt. Einzige Bedingung: Der Protestzug darf die US-Viertel nicht streifen. Applaus, begeisterte Rufe. „Das war die schönste Unterbrechung meines Lebens", sagt Fried.

TAGS DARAUF FORMIEREN sich 15 000 Teilnehmer zum Demonstrationszug. Sie tragen Porträts Ho Chi Minhs, der deutschen Kommunisten Karl Liebknecht und Rosa Luxemburg, von Fidel Castro, Mao Zedong und Che Guevara. Sie schwenken rote Fahnen, teils mit Hammer und Sichel, und die des Vietcong.

Der Zug setzt sich in Bewegung. Ho-Chi-Minh-Rufe. Und, spöttisch gemeint, im Vollgefühl der vermeintlichen eigenen Stärke, rhythmisch skandiert: „Wir! sind! eine-kleine-radikale-Minderheit!" Dazu fallen die untergehakten Reihen immer wieder in den Laufschritt. Schließlich erreichen sie den Ortsteil Halensee. Geradeaus geht es zu den US-Kasernen. Dort wartet ein großes Polizeiaufgebot. Dahinter die US Army. Diszipliniert schwenkt die Spitze des Zuges mit Dutschke nach rechts ab. Gegen 15.45 Uhr endet der Demonstrationszug mit einer Kundgebung am vereinbarten Ziel, vor der Deutschen Oper.

Rudi und Gretchen Dutschke kehren zurück nach Hause, wo sie Hosea-Che allein gelassen haben.

Drei Tage später kommt es nach einem gemeinsamen Aufruf von Bürgermeister Klaus Schütz, dem Senat, Sozial- und Christdemokraten, Gewerkschaften und Arbeitgebern zu einer Gegenkundgebung, um die „Feinde der Demokratie", wie Bürgermeister Schütz sie nennt, in die Schranken zu weisen.

Rund 60 000 Westberliner versammeln sich vor dem Schöneberger Rathaus. Auf Plakaten wird ein „harter Kurs" gegen den SDS gefordert, „Raus mit den Roten" und „Politische Feinde ins KZ". Von „Volksfeinden" ist die Rede. Ein Redner fordert, das „gefährliche Rüpelspiel der Randalierer" zu beenden.

Da gellt ein Ruf: „Hier ist Dutschke!" Hälse drehen sich nach einem jungen Mann mit dunklen Haaren und kräftiger Nase. Der wehrt ab, doch die Ersten dringen auf ihn ein, als er stolpert, treten sie ihm ins Gesicht, prügeln ihn, ein Angreifer schlägt mit einer Flasche zu. „Hängt ihn auf!", wird gebrüllt, „schlagt ihn tot!"

Der Mann kann sich aufrappeln, zu einem Polizisten fliehen. Auch der wird niedergestoßen und geschlagen. „Dutschke ins KZ!", tönt es, „Kastriert das Judenschwein!" Irgendwie retten die beiden sich zu einem Mannschaftsbus der Polizei. Die Menge umringt den Wagen, hämmert gegen die Scheiben, droht ihn umzustürzen. Polizisten mit Schlagstöcken drängen die Menschen ab.

Das Opfer, ein 27-jähriger Angestellter, kommt verletzt, aber lebend davon. Seine Ähnlichkeit mit Dutschke ist nicht einmal besonders ausgeprägt.

Der Hass ist es umso mehr. „Vergast Dutschke", steht eines Tages im Treppenhaus am Cosimaplatz; ein anderes Mal ist dort Kot verschmiert. Ein Bundestagsabgeordneter schimpft Dutschke eine „verdreckte und verlauste Kreatur".

Als der „Schwarzwälder Bote" die demonstrierenden Studenten eine „linke SA" nennt, verwahrt sich ein ehemaliger SA-Mann in einem Leserbrief empört dagegen, mit diesen „verkommenen LSD-Schluckern" verglichen zu werden.

In Interviews gibt Dutschke sich abgeklärt: Die Menschen müssten halt Tag für Tag einer langen, langweiligen Arbeit nachgehen, sie seien aufgehetzt, da sei es normal, dass sie „mal sauer" würden, sich „pogromartig" austoben wollten. Das ist mitfühlend gemeint, als Kapitalismuskritik – und klingt doch elitär und abgehoben.

DER HASS WÄCHST AUF BEIDEN SEITEN. »VERGAST DUTSCHKE«, SCHREIBT EINER

Der Spruch von der kleinen, radikalen Minderheit, den die Studenten skandieren und ironisch meinen, trifft da viel besser zu: Die meisten Bürger und Arbeiter reagieren auf die Ho-Chi-Minh-Rufe mit Unverständnis, nicht Sympathie. Die Revolution hat zu keinem Zeitpunkt eine Mehrheit.

Das begreift auch eine schlanke, blonde Frau, klug, eigensinnig, die von der Schwäbischen Alb nach Westberlin gekommen ist. Und sie zieht daraus jene militante Konsequenz, vor der Rudi Dutschke und die anderen noch zurückschrecken. Dem „faschistischen" Staat sei nur mit Gewalt beizukommen, meint Gudrun Ensslin: „Dies ist die Generation von Auschwitz, mit denen kann man nicht argumentieren."

Anfang April reisen Gudrun Ensslin und ihr Liebhaber Andreas Baader nach Frankfurt am Main. Mit Komplizen deponieren sie in zwei Kaufhäusern Brandsätze – stellen die Zeitzünder aber auf Mitternacht ein, um möglichst wenig Menschen zu gefährden.

Die Feuerwehr kann die Brände rasch löschen. Und bereits am übernächsten Tag setzen Fahnder Ensslin und Baader fest, nachdem sie allzu prahlerisch Andeutungen über ihren „politischen Racheakt" gegen Vietnam und „Konsumterror" gemacht haben.

Zwei Jahre später wird das Paar mit Ulrike Meinhof und anderen die „Rote Armee Fraktion" gründen, deren Terror Dutzende das Leben kostet.

GRÜNDONNERSTAG, der 11. April. Ostern steht bevor. Josef Bachmann blickt gegen 16.30 Uhr auf das Haus Kurfürstendamm 140. Seit mehr als sieben Stunden wandert der Hilfsarbeiter durch Westberlin – seit er mit dem Zug aus München am Bahnhof Zoo angekommen ist. Taxifahrer hat er gefragt, die Kommune I aufgesucht, das Einwohnermeldeamt: alles, um Rudi Dutschke zu finden. In einer privaten Angelegenheit, wie er sagt.

Nun steht Bachmann auf dem Mittelstreifen vor einem Altbau, in dessen zweitem Stock der SDS sein Büro hat. Der schmächtige, glatt rasierte und sauber gescheitelte 23-Jährige trägt eine braune Wildlederjacke, die unterhalb der linken Schulter eine Wölbung zeigt.

Gegen 16.35 Uhr schiebt Dutschke sein Fahrrad aus dem Gebäude. Am Lenker hängt eine braune Aktentasche voller Bücher. Bachmann geht in seine Richtung. Dutschke bleibt am Straßenrand stehen, wartet wohl auf etwas.

Bachmann erreicht ihn und fragt: „Sind Sie Rudi Dutschke?" Der bejaht.

„Du dreckiges Kommunistenschwein", stößt Bachmann daraufhin aus, greift in das Schulterholster unter seiner Jacke, zieht einen Trommelrevolver und drückt ab. Er trifft Dutschke in die rechte Wange. Der stürzt oder wirft sich dem Angreifer entgegen, geht zu Boden.

Bachmann tritt heran, feuert zweimal in Kopf und Schulter. Läuft dann fort. Dutschke kann sich aufrichten, einige Meter taumeln, ruft nach seiner Mutter. Dann bricht er zusammen.

Wenig später wird Josef Bachmann von der Polizei auf einer Baustelle gestellt, bei einem Schusswechsel schwer verwundet und festgenommen.

Am frühen Abend heißt es, Rudi Dutschke sei tot. Dann wieder, die Ärzte im Westend-Krankenhaus gäben ihm eine 50:50-Chance zu überleben.

In den SDS-Räumen Aufregung und Verzweiflung. Einige weinen, viele sind ratlos, hilflos. Schließlich wird beschlossen, bei einer für 20 Uhr geplanten Versammlung im großen Hörsaal der TU das weitere Vorgehen zu beraten.

2000 Menschen kommen. Schweigen, rote Fahnen, Flugblätter. Dutschkes langjähriger Freund Bernd Rabehl spricht: In der Presse habe eine „Pogromhetze" gegen die Studenten stattgefunden – dort seien die eigentlich Schuldigen zu suchen, die wahren Mörder!

Wütender Beifall. Gegen 21.15 Uhr, wohl nach einer Abstimmung, drängen die Versammelten hinaus und ziehen in Richtung Kreuzberg. Zum Springer-Hochhaus an der Berliner Mauer.

Bereits unterwegs, am US-Kulturzentrum, fliegen die ersten Steine; Scheiben klirren. Manche Teilnehmer haben den Eindruck, die Polizei halte sich zurück, als hätte sie Verständnis für die Empörten. Vermutlich aber sind die Beamten einfach nur überrascht.

Der Zug erreicht das hell erleuchtete, 19 Stockwerke hohe Verlagsgebäude. Sprechchöre: „Springer – Mörder!"

„Bild' hat mitgeschossen!"

„Springer raus aus Westberlin!"

Nur eine dünne Polizeikette schützt den Eingang. Ein Stoßtrupp stürmt vor, durchbricht den Kordon vor dem Verlagsgebäude und gelangt bis zum gläsernen Windfang der Eingangshalle – muss sich aber wieder zurückziehen:

Denn die Masse der 2000 bis 3000 Demonstranten zögert zu folgen.

Ohnehin erwarten drinnen einige Dutzend Drucker den Angriff mit langen Hartgummistangen, die sie aus den Rotationsmaschinen montiert haben.

Sie bekommen einen der Eindringlinge zu fassen, wollen ihn durch einen Hinterausgang zur Berliner Mauer schleppen und in die DDR werfen. Vorgesetzte halten die Arbeiter auf.

Bald prasseln Pflastersteine gegen die Fassade, zerschlagen das Glas, verletzen Polizisten. Mehr Polizei rückt an, Wasserwerfer. Immer noch decken die meisten Demonstranten die Steinewerfer, machen aber nicht mit.

Gegen 23.00 Uhr trifft Peter Urbach ein, einer der wenigen Arbeiter im Umfeld der Kommune I. Er kommt mit dem Auto. Im Kofferraum hat er einen großen Weidenkorb – voll mit zündfertigen Molotow-Cocktails. Urbach findet begeisterte Abnehmer, und kurz darauf stehen sechs Zeitungs-Lieferwagen in Flammen; 16 weitere werden umgeworfen und beschädigt.

Peter Urbach wird später als Spitzel des Westberliner Verfassungsschutzes enttarnt. Ob er auch ein Agent Provocateur war, der gezielt eine Eskalation herbeiführen sollte, bleibt ungeklärt.

Die Straßenschlacht tobt bis in den frühen Morgen.

Etwa zur gleichen Zeit wird in München die Redaktion der „Bild"-Zeitung gestürmt und verwüstet. Über die folgenden Tage erfassen Proteste weitere Städte, verbinden sich mit den Märschen der Friedensbewegung. Es kommt zu den schwersten Krawallen seit Gründung der Bundesrepublik; ein Fotograf und ein Student werden von geworfenen Steinen erschlagen, mehr als 350 Menschen verletzt.

Und doch ist unter aller Wut und Empörung eine allmähliche Verzweiflung zu spüren. Auch nach dem Anschlag auf Dutschke bleibt ein Bündnis mit der Arbeiterschaft, ein allgemeiner Aufstand bloße Fantasie.

Zwar marschieren am 1. Mai, dem traditionellen Kundgebungstag der Arbeiterbewegung, Zehntausende Teilnehmer mit dem SDS durch Neukölln und Kreuzberg. Doch eine wohl doppelt so große Menschenmenge folgt Gewerkschaften und Parteien auf den Platz der Republik am Fuß des Reichstagsgebäudes.

Dort fordert der sozialdemokratische Vizekanzler Willy Brandt von allen Seiten Toleranz und Gewaltlosigkeit. Der Jugend ruft er zu: „Reißen wir die Fenster auf, um frische Luft hereinzulassen. Aber die Fensterscheiben müssen heil bleiben." Enthusiastischer Beifall.

Einen Monat später, am 30. Mai, verabschiedet der Bundestag allem Widerstand zum Trotz die Notstandsverfassung. Sie enthält erhebliche Konzessionen an ihre Kritiker; gleichwohl ist es ein Sieg des Staates.

ANSCHLIESSEND EBBEN die Demonstrationen ab. Die Außerparlamentarische Opposition fällt in sich zusammen – bis auf einen harten Kern, aus dem sich zum einen die Rote Armee Fraktion bildet, zum anderen unzählige kommunistische Splittergruppen, die aber eher Sekten ähneln als kampfstarken Kaderparteien.

Die Revolution ist ausgeblieben.

Im Herbst 1969 wird die Große Koalition von einem sozialliberalen Bündnis unter Willy Brandt abgelöst, der weitgehende Reformen ankündigt und die Parole ausgibt: „Mehr Demokratie wagen!" Hunderttausende vor allem junge Leute treten in die SPD ein.

Es ist ein Triumph der nüchternen, pragmatischen Bonner Republik: Indem sie sich wandlungsfähiger zeigt, als ihre Verächter wahrhaben wollten, gewinnt sie das enttäuschte Fußvolk der APO für den parlamentarischen Weg des Reformierens, des zähen Aushandelns und alltäglichen Umgestaltens.

Giangiacomo Feltrinelli will von solchen Wegen nichts wissen. Der Millionär schließt sich in Italien dem illegalen Untergrund an. Am 14. März 1972 wird er bei dem Versuch, in der Nähe von Mailand einen Hochspannungsmast zu sprengen, von einer Explosion getötet. Seine Munition bestand aus 15 Stangen Dynamit – und einem Zünder, der möglicherweise von Geheimdienstlern manipuliert wurde. Das wird nie geklärt.

Josef Bachmann, der offenbar Verbindungen zu rechtsradikalen Kreisen hatte, wird wegen versuchten Mordes zu sieben Jahren Gefängnis verurteilt. Er tötet sich im Februar 1970, indem er eine Plastiktüte über seinen Kopf stülpt.

Rudi Dutschke überlebt das Attentat vom Gründonnerstag. Doch er braucht lange, um Gedächtnis und Sprache wiederzugewinnen. Gut elf Jahre danach, am Heiligabend 1979, erleidet er in der Badewanne seiner Wohnung einen epileptischen Anfall, eine Spätfolge des Kopfschusses.

Er ertrinkt, ehe Gretchen ihn findet.

MAUERFALL 1989

DIE MACHT

Von Greisen regiert, bei vielen Bürgern verhasst und nahezu bankrott, ist die DDR im Januar 1989 eigentlich am Ende. Dennoch kann sich kaum jemand einen schnellen Sturz des SED-Regimes vorstellen. Nur eine kleine Minderheit von Dissidenten kämpft für Freiheit und Reformen, auch im Osten der geteilten Stadt Berlin. Selbst sie ahnen nicht, dass das letzte Jahr der DDR-Diktatur schon begonnen hat
— TEXT: **CHRISTOPH KUCKLICK**

DER STRASSE

7. Oktober, Ostberlin. Angriff auf das eigene Volk: Während die SED-Führung im Palast der Republik gerade den 40. Jahrestag der Staatsgründung feiert, macht die Polizei in den Straßen Jagd auf Demonstranten

MAUERFALL 1989

Das Jahr, in dem die Geschichte allen enteilt, beginnt flirrend, unentschieden. In Moskau taumelt Michail Gorbatschows Perestroika voran, und niemand weiß, ob der Generalsekretär der KPdSU nur das alte System beerdigt oder auch einen neuen, funktionstüchtigen Sozialismus erschafft.

Immer weniger kann sich Moskau die Kosten für die Unterstützung der Regime in Osteuropa leisten, auch deshalb hat Gorbatschow die Breschnew-Doktrin abgeschafft, die den Bruderstaaten nur eine beschränkte Souveränität zugestand – und der UdSSR das Recht, jederzeit militärisch einzugreifen. Jetzt darf jedes Land seinen eigenen Weg gehen.

Das spaltet den Ostblock: Ungarn lässt am 11. Februar 1989 unabhängige Parteien zu, in Polen setzen sich im Februar Regierung und die Aktivisten der ersten freien Gewerkschaft „Solidarność" zu einem Runden Tisch zusammen. Der Rest des Ostblocks will von Reformen dagegen nichts wissen.

Erich Honecker, 76, hält die Ruhe im eigenen Land für ein Zeichen der Überlegenheit des Sozialismus. 280 000 Stasi-Leute im Land vermelden die üblichen Unzufriedenheiten, aber keinen Stimmungsumschwung. Im Oktober will Honecker den 40. Jahrestag der DDR feiern. Er sieht keinen Grund, warum es nicht ein schönes Fest werden sollte.

15. JANUAR, LEIPZIG

Gegen 16 Uhr an diesem Sonntag steigt Fred Kowasch auf eine Mauerbrüstung am Markt. Unmittelbar vor ihm stehen drei Freunde, die ihn abschirmen sollen, wenn die Stasi zugreift. Kowasch blickt auf eine beachtliche Menschenmenge: Mindestens 500 Bürger haben sich zu einer der größten Protestaktionen seit 1953 versammelt. Er kennt die wenigsten, der Kern der Opposition in Leipzig umfasst nicht mehr als 300 Aktivisten, die meisten Demonstranten haben sich zum ersten Mal ein Herz gefasst, erstmals Mut geschöpft.

Es sind wohl vor allem Menschen, die bereits vor Jahren einen Ausreiseantrag gestellt haben – ein „Rechtswidriges Übersiedlungsersuchen" in der Sprache des Regimes. Weit mehr als 100 000 von ihnen gibt es inzwischen in der DDR.

Sie mussten ihren Beruf aufgeben, oft haben sich Familienmitglieder und Freunde von ihnen losgesagt. Sie haben also nichts mehr zu verlieren. Deshalb können die Ausreisewilligen gemeinsam mit den wenigen Oppositionellen unverblümt die Zustände in der DDR kritisieren. Und werden im Laufe dieses Jahres zu einer kritischen Masse, die den Rest der Bevölkerung mitreißt.

Doch der öffentliche Protest kommt nur zustande, weil der „Initiative zur demokratischen Erneuerung unserer Gesellschaft" zuvor ein Bravourstück gelungen ist. In einem Pfarrhaus haben ihre Mitglieder per Hand 11 000 Flugblätter mit dem Aufruf zur Demonstration am 15. Januar hektografiert – und dann fast 5000 Zettel in Leipziger Briefkästen verteilt, ehe die Staatssicherheit elf der Aktivisten festnehmen konnte. Anschließend zogen Mitarbeiter des MfS mit Pinzetten los, um die Flugblätter aus den Briefkästen zu fischen. Sie lasen darauf: „Es ist an der Zeit, mutig und offen unsere Meinung zu sagen: Schluss mit der uns lähmenden Teilnahmslosigkeit und Gleichgültigkeit!"

Bedrohlicher für die DDR aber ist der internationale Protest, den die Festnahmen ausgelöst haben. In Wien tagt die Konferenz für Sicherheit und Zusammenarbeit in Europa; die Außenminister der Bundesrepublik und der USA protestieren scharf gegen die Verhaftungen.

Und der Deutschlandfunk, der in der DDR viel gehört wird, berichtet über die Stasi-Aktion – das ist eine Erklärung, weshalb sich an diesem 15. Januar so viele Bürger versammeln. Die andere ist schwerer greifbar: Das Gefühl, etwas tun zu müssen gegen die Verhältnisse, gegen „das System", hat unmerklich und über lange Jahre an Dringlichkeit gewonnen. Die Wut ist gewachsen. Doch sie wird sich nicht abrupt entladen, sondern nach und nach den Staat unterspülen.

Auf der Brüstung hält Kowasch, 23 Jahre alt und bis vor Kurzem Sänger einer Anarcho-Band, nun eine Rede, in der er die Festnahme der Flugblattverteiler verurteilt: „Dieses Vorgehen verdeutlicht, dass zurzeit grundlegende Artikel der Verfassung außer Kraft gesetzt sind. Es betrifft im Besonderen Andersdenkende, die sich für Reformen in der erstarrten Gesellschaftsstruktur der DDR einsetzen."

Die Zuhörer applaudieren kräftig.

Und die Polizisten halten sich zurück, aus Verblüffung möglicherweise. Die mehr als 500 Leipziger aber haken einander unter, so wie sie es von Demonstrationen aus dem Westfernsehen kennen, verlassen schweigend den Markt, ein paar Passanten schließen sich an. Vielleicht eine Viertelstunde laufen sie an Leipzigs bröckelnden Fassaden entlang, bis die Polizei eingreift, 53 Leute festnimmt und den Rest vertreibt.

Fred Kowasch wird ebenfalls festgesetzt, dann wieder freigelassen, weil

15. Januar 1989, Leipzig. Der 23-jährige Fred Kowasch protestiert gegen die Willkür der Stasi. Hunderte hören ihm zu. Zuvor hatten die Behörden elf Oppositionelle verhaftet

15. Januar, Leipzig. Angespornt von Fred Kowaschs Rede, ziehen Demonstranten durch die Straßen. Es ist eine der größten Protestaktionen in der DDR seit dem Arbeiteraufstand vom 17. Juni 1953

man ihn zunächst nicht als Redner identifiziert, und am nächsten Tag erneut festgenommen. Er rechnet mit mehrjähriger Haft, aber kommt, wie die anderen auch, schon wenige Tage später frei – auf direkten Befehl Erich Honeckers.

Der SED-Chef befürchtet internationale Proteste. Er will Ruhe in seinem Land, dessen 40. Jubiläum ansteht und über dessen Westgrenzen er vier Tage später sagt: „Die Mauer wird in 50 und auch in 100 Jahren noch bestehen bleiben, wenn die dazu vorhandenen Gründe noch nicht beseitigt sind."

5. FEBRUAR, OSTBERLIN

Chris Gueffroy und Christian Gaudian, beide 20 Jahre alt, robben seit drei Stunden durch den Grenzstreifen am Britzer Verbindungskanal und haben jetzt nur noch ein letztes Hindernis vor sich: einen drei Meter hohen Stahlgitterzaun.

Die beiden schleudern zwei Anker, die sie aus Wäscheleine und einem abgebrochenen Rechenstiel gebaut haben, über die Absperrung. Da heult eine Sirene los, kurz darauf beginnen Soldaten zu feuern. Eine Kugel trifft Gueffroy ins Herz, er stirbt wenige Minuten später; sein Freund überlebt und wird festgenommen. Chris Gueffroy ist nicht das letzte Opfer der Mauer, aber er ist der letzte Flüchtling, der erschossen wird.

Westjournalisten erfahren von dem Mord, eine Woge der Anklagen schwappt über die DDR. Sie ist so mächtig, dass Honecker seinen Vertrauten Egon Krenz anweist, den Schießbefehl aufzuheben. Krenz, 51, ist im Politbüro der SED unter anderem für Sicherheit zuständig. Intern begründet er das Ende des Schießbefehls so: „Lieber einen Menschen abhauen lassen, als in der jetzigen politischen Situation die Schusswaffe anzuwenden."

2. MAI, HEGYESHALOM, UNGARN

Ein Dorf an der Grenze zwischen Ungarn und Österreich, ein Signalzaun, sowjetisches Fabrikat, 2,13 Meter hoch, Stacheldraht und 25 Querdrähte, die bei jedem Kontakt Alarm auslösen: der Eiserne Vorhang. 13 500 Fluchtversuche hat es in Ungarn seit den 1960er Jahren gegeben, nur wenige waren erfolgreich.

Aber das interessiert Oberst Balázs Nováky, den stellvertretenden Chef der Grenztruppen, nicht mehr: „Wir haben dieses Treffen hier organisiert", sagt er zu Journalisten, „da heute die elektrischen Alarmanlagen zwischen Ost- und Westeuropa abgebaut werden." Allerdings wird die Grenze weiterhin bewacht.

Ungarn will die Abschottung zum Westen überwinden und sich aus der Bevormundung durch die Sowjetunion befreien; zudem ist das Land nahezu pleite, wie fast alle Ostblock-Staaten, und es will die hohen Kosten für die Grenzanlagen nicht länger tragen.

Nach Novákys Ansprache durchtrennen Soldaten den Draht mit Bolzenschneidern, und sogenannte Pfostenheber ziehen die Betonpfeiler aus der Erde. Jeden Tag sollen fortan Hunderte Meter Zaun verschwinden, sagt Nováky.

Am Abend überträgt die „Tagesschau" das Ereignis auch in die DDR, an hinterer Stelle, nach Krawallen in Westberlin und Abrüstungsverhandlungen.

7. MAI, OSTBERLIN, PRENZLAUER BERG

In der Oderberger Straße betritt einer der wenigen Oppositionskandidaten, die je bei einer Kommunalwahl in der DDR antreten konnten, die Wahlkabine und stimmt – gegen sich selbst. Der 27-jährige Bauingenieur Matthias Klipp arbeitet wie Hunderte Oppositionelle seit Monaten darauf hin, die SED bei der Wahl vorzuführen.

Wahlen sind heikel in der DDR. Die SED lebt von der Fiktion, dass Volk und Staat eins sind, daher frisiert sie die Ergebnisse stets so, dass nicht mehr als ein Prozent Gegenstimmen vermeldet werden: Sie streicht aufsässige Bürger aus dem Wählerregister, sie richtet Sonderwahllokale ein, in denen nicht öffentlich ausgezählt wird, und sie drängt die Wahlkommissionen vor Ort, unerwünschte Ergebnisse zu überarbeiten.

Die Bürger kennen diesen Wunsch der Regierenden – und machen ihn sich zunutze. Ganze Gruppen von Dorfbewohnern drohen mit Wahlenthaltung, wenn nicht Telefonanschlüsse gelegt oder Straßen gebaut werden, manche Bürger fordern Westreisen oder eine Wohnung. Aber dieses Jahr liegt die Zahl der Eingaben doppelt so hoch wie bei der Volkskammerwahl 1986.

Auch sonst registriert die Stasi vermehrt „negativ-feindliche Losungen", besonders oft die Aufschrift: „Wer die

Wahl hat, hat die Qual, wer nicht wählt, wird gequält". In Berlin vermessen ihre Mitarbeiter akribisch die 1,4 Meter lange, mit Pinselstrichen hingeworfene Beleidigung „DDR-KZ" und im brandenburgischen Müncheberg auf zehn Metern die gemalte Frage: „7. Mai, soll das Chaos weitergehen?"

Proteste gab es vereinzelt auch bei früheren Wahlen, aber der Widerwille gegen die Farce hat weiter zugenommen, deshalb ist der Widerstand diesmal größer.

Dazu ermutigen auch jene Bruderländer, die gerade dabei sind, sich von der Einparteiendiktatur zu lösen, selbst die UdSSR: Bei den Wahlen zum Volksdeputiertenkongress am 26. März hat KP-Chef Michail Gorbatschow demonstrativ eine Kabine aufgesucht – das war bis dahin tabu im Sozialismus.

Um auch in der DDR ihre „selbstverschuldete Unmündigkeit" zu überwinden, so der Aufruf einer Oppositionsgruppe, haben Aktivisten das Wahlgesetz, das weder in Buchhandlungen noch in Bibliotheken zu bekommen ist, genau studiert. Aus den wenigen Exemplaren, die kursieren, lesen die Oppositionellen zwei Rechte heraus, die sie nun nutzen: alternative Kandidaten auf der Einheitsliste zu platzieren – und die Stimmauszählung im Wahllokal zu überwachen.

Aber nur ein einziger unabhängiger Bewerber kommt durch: Matthias Klipp. Der kapert gemeinsam mit Freunden einen Wohnbezirksausschuss, der die Bürger in einem Wohnblock vertritt.

Da in Klipps Gebiet besonders viele Oppositionelle wohnen, gelingt es ihnen, die Mehrheit in dem Ausschuss zu übernehmen und Klipp zum Kandidaten für die Wahlen zur Stadtbezirksversammlung zu wählen – damit steht er neben SED-Genossen und FDJ-Funktionären auf dem Wahlzettel. Klipp druckt Plakate mit seinem Porträt und feiert Wahlpartys mit Hunderten Besuchern – und wählt sich am Ende doch nicht. Denn als Gegenstimme gilt nur ein Wahlzettel, auf dem alle Kandidaten durchgestrichen sind; bleibt auch nur ein Name stehen, gilt das Votum als Ja-Stimme. Also streicht Klipp auch sich selbst.

Wenige Stunden später ist er wieder zurück im Wahllokal. Diesmal, um die Stimmauszählung zu verfolgen. Insgesamt überwachen Oppositionelle in rund 50 Orten mehr als 1000 Wahllokale. Sie verzeichnen eine Wahlbeteiligung zwischen 60 und 80 Prozent und zwischen drei und 30 Prozent Gegenstimmen. Eine Katastrophe für die SED.

Am Abend im Fernsehen aber verliest Egon Krenz, der Wahlleiter, das Ergebnis: 98,77 Prozent Zustimmung zur Nationalen Front, ein gutes Prozent Gegenstimmen. Alles fast wie immer.

Gibt es einen Aufschrei? In Kirchen und den Hinterzimmern der wenigen Aktivisten: ja. Sonst nicht. Zwar kursieren die Ergebnisse der oppositionellen Wahlbeobachter, aber nur 300 Menschen unterschreiben Proteste gegen den Betrug. Das Volk bleibt stumm.

Dennoch erkennen viele, was auch Matthias Klipp nun deutlich sieht: dass

2. Mai, Kőszeg, Ungarn. Soldaten bauen den Zaun an der Grenze zu Österreich ab. Noch fällt nicht der gesamte Eiserne Vorhang, aber Budapest sendet ein Signal der Entspannung

die SED-Führer nicht nur „senile Greise und kulturlose Banausen" sind, sondern „reine Kriminelle, die gegen ihre eigenen Gesetze verstoßen". Auf kaum einer Demonstration im Herbst werden Plakate gegen den Wahlbetrug vom Mai fehlen.

11. JUNI, GREIFSWALD

Die Stadt ist im Krieg von Bomben verschont geblieben, dennoch liegt sie zu großen Teilen in Trümmern: leere Fensterhöhlen, löchrige Dächer, eingestürzte Häuser. Die SED-Führung setzt auf Plattenbauten und lässt die Häuser der Altstadt verfallen.

Trotzdem sind einige Ruinen herausgeputzt, Fassaden bemalt, denn an diesem Tag weiht Honecker den gerade renovierten Dom ein. Manche Greifswalder jedoch sehen in der Instandsetzung ein reines Prestigeprojekt und wagen an diesem Tag den Protest, entrollen Transparente gegen den Verfall der Stadt.

Doch bewegt noch ein weiteres Thema die Menschen in diesen Tagen: Eine Woche zuvor hat Chinas Führung den Protest auf dem Platz des Himmlischen Friedens in Beijing zusammengeschossen. Honecker lässt das Massaker in der Presse preisen: als Niederschlagung eines „konterrevolutionären Aufruhrs".

Vereinzelt demonstrieren Menschen in der DDR gegen die SED-Linie. In

Greifswald bittet gar der Dompfarrer vor Honecker „für die Volksrepublik China, dass Frieden im Land einzieht", eine eindeutige Botschaft. Vom Generalsekretär ist keine Reaktion überliefert. Er hört nur, was er hören will.

1. JULI, FRANKFURT/ODER

Es ist ein großes Missverständnis. Martin Rohde weiß nicht, worauf er sich einlässt. Und die Stasi weiß es auch nicht. Mit ein paar Freunden pinselt der 22-Jährige am frühen Morgen einige Parolen in die Bahnhofsunterführung: „Die Mauer stirbt" und „Frühling in Moskau, Herbst in Peking, Winter in Berlin", denn „Herbst in Peking" ist eine Band, die vor Kurzem Auftrittsverbot erhalten hat. Rohde wird verhaftet und denkt, „sicherlich ein bisschen naiv", was könne ihm schon passieren: ein paar Tage bei der Polizei und danach ein bisschen „gesellschaftlich nützliche Arbeit".

Aber die Stasi ist nervös. Zu viele solcher Schmierereien in diesem Sommer, zu viel unterschwellige Renitenz. So bleibt Rohde dreieinhalb Monate in Haft und wird fast täglich verhört. Ohne Scheu kritisiert er die Obrigkeit, prangert die Verletzung der Menschenrechte an, verlangt Meinungsfreiheit. Er verrät keinen einzigen Namen und lässt sich durch nichts einschüchtern.

Martin Rohde, Sohn aus gutem SED-Hause, Kriegsdienstverweigerer, Abitur an der Abendschule, beschäftigt als Hausmeister und träumend von einem Leben als Archäologe – er nimmt sich, was er für sein gutes Recht hält. Einer von vielen Ungehorsamen in diesem Sommer.

Er wird zu 14 Monaten Gefängnis verurteilt. Bei der Verhandlung fragt ihn die Richterin, wieso er glaube, dass die Mauer fallen werde. „Vielleicht nicht demnächst, aber irgendwann", antwortet Rohde, „weil sich die Leute nicht ewig einsperren lassen." Die Richterin, der Staatsanwalt, die Stasi-Leute, die Wächter im Saal, alle lachen laut auf.

8. AUGUST, BUKAREST, RUMÄNIEN

Die Partei- und Regierungschefs der Warschauer-Pakt-Staaten versammeln sich zu ihrem jährlichen Gipfeltreffen, auf denen sie meist bloß Anweisungen Moskaus entgegennehmen.

Aber diesmal ist die Stimmung anders. Hardliner, darunter Honecker, kämpfen gegen Reformer, darunter Gorbatschow, die die Breschnew-Doktrin auch formell abschaffen wollen.

Am Ende beschließen sie eine Formel, die Gorbatschows Vorstellungen nahekommt: „Kein Land darf den Verlauf der Ereignisse innerhalb eines anderen diktieren, keiner darf sich die Rolle eines Richters oder Schiedsrichters anmaßen." Wenn ein Staat aus dem Sozialismus ausschert, werden keine Panzer mehr rollen.

Es ist vermutlich nicht nur Zufall, dass Honecker noch auf dem Gipfel eine schwere Gallenkolik erleidet und ins Krankenhaus eingeliefert wird. Bis zum 29. September wird Honecker nicht mehr öffentlich auftreten, unfähig, in die Ereignisse einzugreifen.

19. AUGUST, SOPRON, UNGARN

Zwei schaffen es an diesem Tag nach Österreich, sie können es gar nicht glauben. Die Kamera eines Reporters im Westen ist auf sie gerichtet, der eine sagt, er sei mit dem Bus an die Grenze gefahren und dann einfach hinübergelaufen, der andere zuckt immer wieder die Schultern und sagt: „Tja, frei eben halt."

Mit rund 800 anderen DDR-Bürgern haben sie eine Lücke genutzt: Einen Tag lang öffnet Ungarn in der Stadt die Grenze, ein Vorgeschmack, eine Drohung.

Seit Beginn der Sommerferien in der DDR Anfang Juli läuft das sonnenheiße Ungarn mit Urlaubern und Flüchtlingen voll, die Gäste aus dem Norden lagern in Parks und Vorgärten oder schlafen im Trabi, mühsam durchgefüttert von Hilfsorganisationen. Sozialistisches Flücht-

8. Juni, Ostberlin. Nach den Kommunalwahlen vom Mai protestieren Bürgerrechtler offen gegen den manipulierten Erfolg der SED – die Opposition wird stärker

2. Oktober, Prag. Polizisten zerren an einem DDR-Bürger, der in die westdeutsche Botschaft klettern will. Das Gelände füllt sich mit 6000 Flüchtlingen

lingsproletariat, jedes Fernsehbild eine Demütigung für Honecker.

Niemand weiß, wie viele Fluchtbereite es gibt. Aber wer sie sind, weiß das MfS gut genug, um sich zu fürchten: jünger als 40 meist, gut ausgebildet, bislang weder durch Kritik noch durch Ausreiseanträge aufgefallen.

Weil die Menschen nicht zurückkehren nach Ende des Ungarnurlaubs, sondern dort auf die Flucht hoffen, fehlen in der DDR plötzlich vielerorts Ärzte, Lehrer, Mechaniker. Nur noch eine Frage gibt es für jeden: bleiben oder gehen?

Zwischen Budapest und Ostberlin entspinnt sich eine zähe Diplomatie.

Die Ungarn wollen die Grenze öffnen, die SED will das um jeden Preis verhindern.

Stasi-Chef Erich Mielke befiehlt „alle erforderlichen Maßnahmen zur Verstärkung der vorbeugenden Arbeit". Sprich: Irgendwie sollen die Bürger von der Urlaubsfahrt abgehalten werden. Doch die Stasi-Mitarbeiter, die mit Urlaubern reden, melden ratlos nach

5. Oktober, Hof. Unter Jubel erreicht ein Zug aus Prag mit DDR-Flüchtlingen Westdeutschland. Erich Honecker hat ihrer Ausreise wohl nur zugestimmt, weil der 40. Geburtstag der DDR naht

oben, dass Worte nicht mehr reichen. Aber oben ist niemand: Honecker ist ausgefallen – und ein Großteil des Politbüros ist in den Ferien.

9. SEPTEMBER, GRÜNHEIDE

Ein spätsommerlicher Tag östlich von Berlin. In der Burgwallstraße, im Haus von Katja Havemann, der Frau des 1982 verstorbenen Dissidenten Robert Havemann, treffen sich 30 Oppositionelle, meist Akademiker. Seit Monaten haben Katja Havemann und Bärbel Bohley, eine der unerschrockensten Oppositionellen des Landes, den Termin vorbereitet, haben Vertraute konsultiert, Verbündete gesucht, nun ist es so weit: Sie gründen das „Neue Forum". Die Vorarbeit zahlt sich aus, nur ein Stasi-IM ist unter den Aktivisten, die ihren Gründungsaufruf nun noch einmal polieren.

Es sind die Tage der Opposition. Am 4. September kündigte sich eine „Vereinigte Linke" an, am 12. September gründet sich „Demokratie Jetzt", am gleichen Tag tritt die „Sozialdemokratische Partei in der DDR" auf, zwei Tage später der „Demokratische Aufbruch". Die Initiativen sind nicht abgesprochen, und doch eint sie der gleiche Gedanke: nicht flüchten oder ausreisen, sondern hierbleiben und das Land verändern.

Westmedien feiern das Neue Forum, und Westpolitiker demonstrieren ihre Ignoranz: Als Bärbel Bohley wenige Tage später vor 250 Menschen in der Berliner Gethsemanekirche spricht, attestiert ihr ein westdeutscher Staatssekretär „einen amateurhaften, hilflosen Eindruck". Er kann „keine politischen Talente" entdecken und mokiert sich darüber, dass „selbst einfachste Organisationsformen nicht beachtet" würden.

Schon lange hat die Opposition die Bundesregierung in ihrer wilden Ehe mit den Diktatoren des Ostens eher gestört, der Frieden war immer wichtiger als die Unterstützung des Widerstands.

11. SEPTEMBER, BREMEN

Die westdeutsche CDU feiert ihren 37. Parteitag, und Helmut Kohl soll als Parteivorsitzender gestürzt werden, so haben es einige Rebellen verabredet: Schlechte Wahlergebnisse, peinliche Auftritte, der Mann ist nach fast sieben Jahren Kanzlerschaft untragbar – ein Honecker der Bundesrepublik, so wirkt es auf manche.

Aber schon im Vorfeld hat Kohl den Aufstand entschärft und zieht jetzt einen weiteren Trumpf. Mit der ungarischen Regierung hat er einen heimlichen Pakt geschlossen: Deutschland unterstützt Ungarn wirtschaftlich, dafür öffnet Budapest endgültig seine Grenze – und zwar: wenige Stunden vor dem Parteitag. Der patriotische Jubel spült die CDU-Rebellen fort. Denn durch die Bruchstelle Ungarn blutet die DDR ab 0.00 Uhr in den Westen aus, innerhalb von drei Tagen fliehen 15 000 Menschen.

Als Reaktion schränkt das SED-Politbüro die Zahl der genehmigten Reisen nach Ungarn drastisch ein, verlagert aber so nur das Problem nach Polen und vor allem in die Tschechoslowakei: Bis Ende September flüchten mehr als 4000 Menschen in die westdeutsche Botschaft in Prag, Tausende lagern in den angrenzenden Straßen. Nun steigt im nächsten Kessel der Druck.

Die Versuche der SED-Propaganda, dieser Entwicklung entgegenzusteuern, sind hilflos: Im „Neuen Deutschland" berichtet ein heimgekehrter Koch, er sei in Budapest mit einer präparierten Zigarette betäubt und in den Westen verschleppt worden – was sogar Parteimitglieder als Bestätigung ihrer schlimmsten Befürchtungen lesen: Wie schlecht muss die Lage sein, wenn die eigene Führung so einen Humbug druckt.

30. SEPTEMBER, PRAG

Nur noch sieben Tage bis zum 40. Jahrestag der DDR. Erich Honecker will Ruhe. Um jeden Preis. Also erlaubt er die Ausreise der Botschaftsflüchtlinge, aber nur, wenn sie in Sonderzügen über das Staatsgebiet der DDR in den Westen fahren. Ein letzter Akt verzweifelter Souveränität: als würde diese Route aus der Flucht einen Gnadenakt der SED-Führung machen.

Vom Balkon der Prager Botschaft überbringt Außenminister Hans-Dietrich Genscher die Nachricht: „Wir sind zu Ihnen gekommen, um Ihnen mitzuteilen, dass heute Ihre Ausreise ..."

Die letzten Worte gehen in einem Aufschrei des Glücks unter, der um die Welt hallt.

Winkend fahren die Bürger noch in der Nacht durch ihr Land, an Transparenten vorbei („Das Vogtland grüßt

6. Oktober, Ostberlin. Der Bruderkuss zwischen Michail Gorbatschow und Erich Honecker täuscht. Die zwei sind zutiefst zerstritten über den Reformkurs des KPdSU-Chefs

den Zug der Freiheit"), an Sehnsüchtigen, die aus Plattenbauten weiße Tücher schwenken. Als der Zug die Grenze passiert, beobachtet einer der westdeutschen Beamten im Zug, „bricht ein unvorstellbarer Jubel aus. Die Menschen fallen sich weinend und lachend in die Arme."

Man solle den Flüchtenden „keine Träne nachweinen", schreibt Honecker persönlich in einen – anonymen – Zeitungskommentar hinein, weil sie „sich selbst aus der Gesellschaft ausgegrenzt" haben. Das Volk wird als verzichtbar erklärt, so liest es das Volk – und packt noch energischer seine Sachen.

3. OKTOBER, OSTBERLIN

Schon wieder sind 6000 Menschen in der westdeutschen Botschaft in Prag, 2000 lagern vor den Toren. Egon Krenz, ZK-Sekretär für Sicherheit, hat drei Vorschläge zur Entschärfung erarbeiten lassen, die er Honecker unterbreitet.

Erstens, die Bundesregierung wird aufgefordert, die DDR-Staatsbürgerschaft anzuerkennen; im Gegenzug wird die Erweiterung der Reisefreiheit in Aussicht gestellt. Das ist propagandistisch gut, aber ohne Effekt, gibt Krenz zu.

Zweitens, alle Grenzen werden vorübergehend geschlossen, bei gleichzeitiger Ankündigung von Reiseerleichterungen noch vor Weihnachten; allerdings könnte das die „Lage

7. Oktober, Plauen. Nach einem Protestaufruf gegen das Regime sammeln sich mehr als 10 000 Menschen. Die Polizei versucht vergebens, sie mit Wasserwerfern zu vertreiben

im Inneren bis zur Nichtbeherrschbarkeit anheizen".

Drittens, die sofortige Reisefreiheit: „nicht zweckmäßig", so Krenz, denn es würde zum Verlust von Hunderttausenden führen.

Was tun? Krenz empfiehlt die zweite Lösung. Grenzschließung, vage Versprechungen. Honecker wählt eine vierte Möglichkeit: Er lässt die Grenze zur ČSSR schließen, ohne Reiseerleichterungen anzukündigen. Der letzte Ausweg wird dichtgemacht. Zugleich sollen die Botschaftsflüchtlinge erneut in Sonderzügen über das Gebiet der DDR ausreisen. Eine irrwitzige Kombination.

4. OKTOBER, DRESDEN

Tausende strömen in die Stadt, in der Hoffnung, dort auf die Züge aus Prag in Richtung Westen aufspringen zu können. Am Abend zuvor haben 800 Männer, Frauen und Kinder versucht, einen leeren Zug zu stürmen, der auf dem Gleis Richtung Prag aufgetaucht war. Die Polizei bemühte sich, sie abzuhalten, so begann die erste, stundenlange Schlacht.

Nun, am 4. Oktober, rücken Hundertschaften zum Hauptbahnhof vor, Sturmtruppen mit Helmen, Schlagstöcken und Schilden, zudem Wasserwerfer.

In Berlin schickt das MfS die „Information Nr. 438/89" über die Reaktion im Volk auf die Grenzschließung an die Politbüro-Mitglieder. Sie ist ungewöhnlich freimütig: Eine „Bankrotterklärung der Regierung" sähen viele Menschen darin, ein „schönes Geschenk" zum Republikgeburtstag, nach dem nur noch die Ausreise bleibe – und für SED-Mitglieder der Austritt aus der Partei.

Der Tag vor dem Dresdner Hauptbahnhof: Friedlich warten die Menschen in Parks, auf Straßen, in ihren Autos. Bis zum Abend. Was dann geschieht, hat keinen benennbaren Anfang: Werfen erst die Flüchtlinge Steine und Flaschen, oder knüppeln zuerst Polizisten los?

Bald brennt ein umgestürzter Polizeiwagen, eine Rauchbombe detoniert, die Wasserwerfer schießen in die Menge, Molotow-Cocktails fliegen, weitere Autos gehen in Flammen auf, im Dunst von Tränengas greift die Polizei wahllos nach Demonstranten. Auch die halten sich nicht zurück: Viele Polizisten werden verletzt, manche schwer.

Mary Vaupel wird gegen 23.45 Uhr festgenommen und zur Polizeiwache gebracht. Weil sie die Visitenkarte eines ZDF-Journalisten mit sich trägt, schreit ein Stasi-Mitarbeiter sie an: „So sehen Bestien aus, Sau, Ratte, Vieh!" Dann schlägt er der „Hure von ZDF-Leuten" mehrmals mit der Faust ins Gesicht. Erst einen Tag später wird sie entlassen. Ähnlich ergeht es Hunderten.

Insgesamt werden 1300 Bürger festgenommen. In anderen Städten setzt sich die Polizeigewalt in den nächsten Tagen fort, in Berlin werden

Demonstranten durch Spaliere von Polizisten mit Gummiknüppeln gejagt, andere müssen sich nackt ausziehen.

6. OKTOBER, OSTBERLIN

Die Republik soll feiern, trotz allem: am 7. Oktober den 40. Jahrestag der Staatsgründung. Überall Feste, Ordensverleihungen. Aber manchmal bleiben sogar die Auszuzeichnenden fern. Und die Jugend demütigt die Führung schon am Vorabend. Im Fackellicht vor der Tribüne am Alexanderplatz marschieren sorgfältig ausgewählte Mitglieder der Freien Deutschen Jugend und rufen: „FDJ, SED, alles ist bei uns o. k." Aber nicht wenige auch: „Perestroika" und „Gorbatschow hilf!".

Der steht oben auf der Tribüne, lässt sich vom früheren polnischen Ministerpräsidenten Rakowski die Parolen übersetzen. „Das ist das Ende", fügt der Pole hinzu und meint damit: Wenn sogar die Linientreuen den Sturz wünschen, ist nicht mehr viel zu retten. Gorbatschow widerspricht nicht.

Zu seiner Rechten tänzelt Honecker beschwingt, aber Gorbatschow hat ihn oft genug erlebt, um zu wissen, dass der oberste DDR-Funktionär längst in seiner eigenen Welt lebt.

7. OKTOBER, PLAUEN

Auch hier gibt es zum Geburtstag ein Volksfest in der Innenstadt: Grilletta-Bräter und Bierstände und anschließend noch eine Jubel-Kundgebung – es soll ein heiterer Tag werden in dieser unzufriedenen Stadt im äußersten Süden der Republik. Bei der Kommunalwahl wurden ungewöhnlich viele Neinstimmen registriert. Dennoch: Zum Fest erwartet die Stasi ein paar Störer, nichts Bedrohliches.

Tage zuvor jedoch hat Jörg Schneider, ein Werkzeugmacher, auf einer Schreibmaschine 120-mal einen Aufruf getippt, den vielleicht radikalsten dieses Herbstes: „Bürger der Stadt Plauen! Das gesamte SED-Regime stellt nichts weiter als eine verdeckte Militärdiktatur

dar, die sich nun immer mehr enthüllt und ihr wahres Gesicht zeigt! 40 Jahre lang wurden Menschen verdummt, eingelullt, unmündig gemacht und eingeschüchtert."

Das Manifest ist ein schmerzerfüllter Schrei, darin ein Katalog jener Forderungen, die den Herbst bestimmen werden: „Versammlungs- und Demonstrationsrecht; Meinungs- und Pressefreiheit; Zulassung der Oppositionsgruppe ‚Neues Forum'; Freie Wahlen; Reisefreiheit für alle. Bürger! Überwindet Eure Lethargie und Gleichgültigkeit! Es geht um unsere Zukunft!"

Gegen 15 Uhr füllen Tausende den Theaterplatz, unsicher eher als entschlossen. „Wir hatten alle Angst. Aber wir wussten auch, wenn eine Demonstration startet, würden wir nicht nur rumstehen", wird sich einer von ihnen erinnern.

Da steigt ein junger Mann auf eine Statue und brüllt: „Wir wollen Freiheit!", ein anderer entfaltet eine deutsche Flagge ohne Hammer und Zirkel, andere rufen: „Deutschland, Deutschland!". Ein Stasi-Mitarbeiter prügelt den Mann von der Statue, die Menge stöhnt auf, und nur mit Mühe können Kirchenleute den MfS-Mann vor Schlägen schützen.

Die Masse wogt voran, ruft: „Stasi raus!", immer lauter, brüllt dann: „Neues

9. Oktober, Leipzig. 70 000 Demonstranten ziehen durch die Stadt. Wird das Regime auf sie schießen lassen oder sich ihnen beugen? Viele befürchten ein Massaker, doch die Parteiführer sind wie gelähmt

Forum", schreit: „Gorbi, Gorbi", und so, Parole für Parole, werden die Menschen zum Volk, das seine Kraft zu spüren lernt. Und mit einem Mal formieren sich mehr als 10 000 Menschen zum Marsch aufs Rathaus. Diese Massendemonstration ist ungeplant wie so vieles in diesem Herbst und doch zwangsläufig.

Die Polizei setzt zwei Wasserwerfer ein, lässt einen Hubschrauber tief über den Köpfen kreisen, sie fährt mit einem Jeep in die Menge, um sie zu spalten.

Doch das alles eint die Menschen nur noch mehr. Dann branden die Bürger ans Rathaus: Reihen von Polizisten und Soldaten; Maschinengewehre. Ein Fünkchen nur ist Plauen vom Massaker entfernt.

Da dringt Thomas Küttler, der evangelische Superintendent, zum Oberbürgermeister vor, dessen Mitarbeiter bereits Stühle zertrümmern, um daraus Schlagstöcke zu machen. Der Bürgermeister weigert sich, vor sein Volk zu treten, das draußen wütet, aber schließlich ringt Küttler ihm das erste Zugeständnis dieser Revolution ab: ein Gespräch zwischen Bürgern und Regierung.

Hier, später von Mund zu Mund verbreitet, wird das letzte Drama der DDR erstmals aufgeführt: Das Volk überrumpelt durch schiere Masse die Regierung, erzwingt sich Gehör.

Als Küttler gegen 18 Uhr der Menge verkündet, dass es zu Gesprächen kommen wird, lässt ein Pastor die Glocken seiner Kirche läuten, und die Bürger gehen friedlich nach Hause.

Am nächsten Tag trotzen in Dresden Tausende Oberbürgermeister Wolfgang Berghofer ein Gespräch ab mit einer Gruppe von 20 Bürgern, die spontan aus der Mitte der Menge gewählt werden.

Das Volk erhält eine Stimme.

8. OKTOBER, OSTBERLIN

Der Süden der Republik bröckelt, Honecker zürnt ziellos. Krenz weist die SED-Bezirksleitungen an, Krawalle „von vornherein zu unterbinden". Nur wie, das verrät er nicht.

Stasi-Minister Erich Mielke befiehlt „volle Dienstbereitschaft", Waffenträger dürfen fortan nicht mehr ohne ihre Pistolen auf die Straße gehen, „Terror- und Gewalthandlungen" seien konsequent zu verhindern. Diese Weisung ist kein Schießbefehl. Sie schließt Waffengewalt aber auch nicht aus.

Wollen die SED-Oberen eine „chinesische Lösung"? Streben sie ein Massaker an, so wie es die chinesische Regierung am 4. Juli gegen die Demonstranten in Beijing angeordnet hat?

Am 6. Oktober hat die Parteiführung einen Kampfgruppenkommandeur in der „Leipziger Volkszeitung" schreiben lassen: „Wir sind bereit, die konterrevolutionären Aktionen endgültig zu unterbinden. Wenn es sein muss, mit der Waffe in der Hand!"

Es gehen Gerüchte um von Internierungslagern, von vorbereiteten Krankenhausbetten, Blutkonserven. Bei Leipzig sammelten sich Tausende von Mann, heißt es, Wasserwerfer, Lkw mit Sperrschilden, Schützenpanzer. Und vermutlich lässt Mielke seine Stasi-Offiziere die Listen aktualisieren, auf denen jene Bürger verzeichnet sind, die im Falle einer „Konterrevolution" eingesperrt oder verstärkt überwacht werden sollen. Mindestens 86 000 Namen stehen darauf.

Doch auch in vielen Kasernen rumort es, Soldaten fordern einen Dialog mit dem „Neuen Forum". Polizisten ersuchen um „Entpflichtung", um nicht ihre Nachbarn bekämpfen zu müssen.

9. OKTOBER, LEIPZIG

Der Tag der Entscheidung. So empfinden es viele. Die ungebärdige Stadt – wenn die SED ihr Volk in die Unterwürfigkeit zurückschießen will, dann wird sie es hier tun.

Seit Ende der Sommerferien halten die Pastoren der Nikolaikirche wieder an jedem Montag Friedensgebete in ihrem Gotteshaus ab: eine Tradition, die bis in die späten 1970er Jahre zurückreicht. Jetzt zahlt sich aus, dass Kirchengruppen seit Jahrzehnten den Boden bereitet haben. Indem sie nicht vom Volk, sondern von der Menschheit reden, nicht von einzelnen staatsbürgerlichen Rechten sprechen, sondern von Frieden, Schöpfung, Gerechtigkeit, spannen sie einen Legitimationsrahmen, der über den Staat hinausweist.

Am 4. September haben sich 1000 Menschen an dem Gebet beteiligt und sind danach von der Kirche aus durch die Stadt gezogen: die erste Montagsdemonstration. Drei Wochen später waren es schon 6000, am 2. Oktober mehr als 10 000, die auf die Straße gingen – und erstmals die Formel dieses Herbstes riefen; hieß es anfangs noch „Wir sind keine Rowdys", entstand daraus spontan und ohne dass es einen einzelnen Urheber gegeben hätte: „Wir sind das Volk!"

Nun lautet die Frage: Wie viele werden heute kommen? Wie viele werden überleben? Das Ungreifbare der Revolution verdichtet sich zu greifbarer Angst. Und zur ebenso großen Anstrengung, ein Massaker zu verhindern.

Früher Morgen: Walter Friedrich, der Leiter des Zentralinstituts für Jugendforschung, fährt zu Egon Krenz nach Berlin. Sie haben seit Jahren Kontakt, nun beschwört Friedrich den ZK-Sekretär: „In Leipzig darf nicht geschossen werden!" Krenz wird später behaupten, er habe den drei Ministern für Inneres, Staatssicherheit und Armee entsprechende Anweisungen gegeben.

13 Uhr. Im Leipziger Rathaus erhalten die „gesellschaftlichen Kräfte" letzte Instruktionen: Bewährte Genossen sollen die Plätze in den Kirchen der Stadt besetzen, um die Demonstranten zu vertreiben und bei Konflikten zu mäßigen. Mehrmals fragen Leipziger Funktionäre in den folgenden Stunden in Berlin an, was sie tun sollen – keine Antwort. Krenz immerhin verspricht, sich zu melden. Etwa zur gleichen

Zeit veröffentlichen Leipziger Oppositionsgruppen einen Aufruf zur Gewaltlosigkeit.

16 Uhr. Kurt Masur, Chef des Gewandhausorchesters, und zwei weitere angesehene Bürger der Stadt verhandeln mit der SED-Bezirksleitung über eine gemeinsame Erklärung. Doch die Genossen zögern, ihre Namen unter den Aufruf zu setzen.

17 Uhr. Schon vor Stunden haben sich vier evangelische Gotteshäuser gefüllt. Ein Pfarrer kündigt harte Prüfungen an: „Es wird an Knüppeln nicht fehlen, die man uns über den Kopf schlagen oder zwischen die Beine werfen wird, doch dieser Weg kann nicht zurückgegangen werden. Wir werden laufen und laufen und laufen und uns nicht wieder wie Kinder behandeln lassen."

18 Uhr. Die Ersten verlassen die Kirche – und glauben es nicht: Rund 70 000 Menschen sind zusammengeströmt und marschieren, nur mit wenigen Transparenten bestückt, Richtung Bahnhof.

18.05 Uhr. Aus Lautsprechersäulen ertönt die Erkennungsmelodie des Stadtfunks. Viele schrecken zusammen: Wird jetzt der Ausnahmezustand verordnet, der Schießbefehl verkündet? Stattdessen hören sie Kurt Masur, er verliest den Aufruf, zu dem sich schließlich auch die drei SED-Funktionäre durchgerungen haben.

Masur spricht von gemeinsamer Sorge und freiem Meinungsaustausch, und: „Wir bitten Sie dringend um Besonnenheit, damit der friedliche Dialog möglich wird." Tausende antworten erleichtert: „Wir sind das Volk!" Auch einige Polizisten atmen auf.

Aber der wichtigste SED-Funktionär hat nicht unterschrieben: Helmut Hackenberg, Chef der Bezirkseinsatzleitung und damit der höchste Kommandeur vor Ort. Er wartet weiterhin auf Befehle aus Ostberlin.

Krenz rührt sich nicht. Hackenberg wartet. Die Partei schweigt.

23. Oktober, Dresden. Bei einem Protestmarsch spricht der SED-Funktionär Hans Modrow (links) mit Oppositionellen. Fünf Tage zuvor hat das Politbüro Honecker gestürzt

19 Uhr. Die Demonstration löst sich auf. Immer noch nichts aus Berlin. Hackenberg konstatiert: „Nun braucht Krenz auch nicht mehr anzurufen." Schließlich meldet sich Krenz doch noch und segnet müde den Gewaltverzicht ab.

Die Kraft zum gnadenlos brutalen Befehl ist aus der SED gewichen, zudem erhält sie keine Rückendeckung aus Moskau. Die sowjetischen Truppen in der DDR bleiben in den Kasernen. Vor Generälen spricht Minister Mielke die schlichte Wahrheit aus: „Ohne die Sowjetunion gab und gibt es keine DDR."

Tage später gesteht Innenminister Friedrich Dickel: „Natürlich ist das ein Zurückweichen, aber bei Größenordnungen von 20, 30, 80 oder gar 100 000 ist gar nichts anderes möglich." Nicht Einsicht, nicht Vernunft, nicht Menschlichkeit haben das Regime bewogen – sondern die Flucht der Bürger nach vorn: auf Plätze und Straßen des eigenen Landes. Die zweite Flucht dieses Jahres.

15. OKTOBER, SUHL

2000 Menschen zwängen sich am Abend in der Hauptkirche. Orgelvorspiel, Kerzenmeditation – und dann eine Aussprache, die nicht mehr enden will. „Eine Flut von Klagen und Anklagen", notiert Pfarrer Bernd Winkelmann, von „Verzweiflungen und Hoffnungen, Weinen und Schreien und persönlichen Schicksalen".

In immer neuen Städten rufen Gruppen zu Veranstaltungen. Zwischen dem 16. und dem 22. Oktober werden 24 Aktionen mit 140 000 Menschen gezählt, eine Woche später sind es mehr als 500 000 Menschen, noch eine später 210 Demonstrationen im ganzen Land mit 1,4 Millionen Bürgern.

Kirchen füllen sich mit Wandtafeln, Versammlungen können nicht enden vor lauter Klagenden, vor den Mikrofonen bilden sich Schlangen, Seelsorger sind überlastet von Gesprächssuchen-

23. Oktober, Leipzig. Auch nach Honeckers Fall nehmen die Proteste nicht ab. Das Idol vieler Bürger ist Kremlchef Gorbatschow, der wirtschaftliche Reformen und mehr politische Offenheit fordert

den. Die meisten Revolutionen werden gewaltsam erkämpft – diese wird herbeigeredet.

Die toten Worte des Regimes werden ersetzt durch die sehnsüchtigen, pathetischen, unsicheren einer neuen Zeit. Immer wieder wird das „Hohelied der Liebe" zitiert, in einer afrikanischen Adaption des Ersten Korintherbriefs: „Da wir Sklaven waren, sprachen wir wie Sklaven, begriffen wir wie Sklaven, dachten wir wie Sklaven. Da wir frei werden, werfen wir die Ketten unserer Knechtschaft hinter uns."

17. OKTOBER, OSTBERLIN

Dringen die neuen Worte bis ins Politbüro der DDR? Es tagt, wie jeden Dienstag, im holzgetäfelten Saal am Werderschen Markt. 21 Mitglieder und fünf Kandidaten, Durchschnittsalter 67 Jahre.

In den Wochen zuvor haben die SED-Granden viele Briefe zorniger Parteimitglieder bekommen: „Liebe Genossen! Wir fordern von euch:

Führt die Partei aus der gegenwärtigen Defensive!"

Das Politbüro laviert, spricht mal von „Diskussion", mal keilt es gegen „konterrevolutionäre Attacken". Aber immer ist es zu langsam: „Während wir sitzen, hat sich die Lage schon verändert", beklagt Erich Mielke den rasenden Wandel.

Fürchten die Genossen um ihre Macht? Vermutlich noch immer nicht. „40 Jahre lief der Tanker, und wieso soll er mit einem Mal nicht mehr laufen?", so wird Politbüromitglied Günter Schabowski die Denkweise der SED-Führer später beschreiben. Aber ein Opfer brauchen sie doch, und sei es als Beschwörung: Erich Honecker.

Dessen Entmachtung hat gleich nach Gorbatschows Besuch zum 40. Jubiläum begonnen. Der Generalsekretär müsse weg, befanden Krenz und Schabowski im Geheimen. In den folgenden Tagen sammelten die Putschisten ihre Truppen, immer wieder zählten sie, wer ihnen im Politbüro folgt, wer zu Honecker hält und wer unentschieden ist.

An diesem Dienstag ist es schließlich Ministerpräsident Willi Stoph, der den Antrag einbringt, Honecker aus Gesundheitsgründen von seinen Aufgaben zu entbinden. Ein vorgeschobenes Argument. Aber es löst eine Flut von Kritik an Honecker aus, keiner steht zu ihm, nicht einmal Mielke.

Honecker ist tief getroffen. Am Tag zuvor hat er zum ersten Mal sein neues Volk gesehen. Im Lagezentrum des Innenministeriums verfolgte er Live-Bilder von der Montagsdemonstration in Leipzig. Honecker war außer sich: 100 000 Menschen gegen ihn, und nicht ein Polizist greift ein. Und jetzt auch noch die Konterrevolution in den eigenen Reihen. Doch es steckt mehr Hellsicht in ihm als in den Rebellen. Nichts werde beruhigt durch seine Entmachtung, sagt Honecker.

Am nächsten Tag reicht er vor dem ZK seinen Rücktritt ein und schlägt Egon Krenz als Nachfolger vor. Mit einer Mappe unter dem Arm verlässt Honecker den Saal, draußen stehen zu seiner Überraschung Journalisten. Er schaut ihnen kurz und starr in die Augen. „Na dann, auf Wiedersehen", sagt er und geht.

30. Oktober, Leipzig. Je zögerlicher das DDR-Regime auftritt, desto selbstbewusster wird die Opposition: Diese Demonstranten fordern freie Wahlen – und damit das Ende der SED-Einparteienherrschaft

Am Abend hält Krenz seine erste Fernsehansprache als SED-Chef. Kommen neue Worte? Nein. Krenz hält exakt die gleiche Rede wie am Nachmittag im Politbüro. Und so verliert er das Volk bereits mit der Grußformel: „Liebe Genossinnen und Genossen".

30. OKTOBER, GRENZE ZU POLEN

Am Ufer der Oder entdeckt ein polnischer Grenzsoldat einen Ertrunkenen, groß, kräftig, Gepäck auf dem Rücken. Es ist Dietmar Pommer, 23-jähriger Landarbeiter aus Ludwigslust. Er ist der letzte Tote, den das Grenzregime fordert.

Vermutlich mit zwei Freunden hatte er sich um den 12. Oktober herum aufgemacht zur westdeutschen Botschaft in Warschau. Doch er hat die Strömung der Oder unterschätzt, die ihn mit einem Meter pro Sekunde fortriss.

Was hat ihn getrieben: Verzweiflung? Ungeduld? Leichtsinn? Oder ist er ein tragischer Zeuge dafür, dass sich die große Mehrheit noch immer nicht vorstellen kann, dass das System endet? Ein System, das an den Grenzen weiterhin bestens funktioniert: Innerhalb von vier Wochen nehmen Soldaten an der Grenze zu Polen 2000 Menschen fest.

3. NOVEMBER, PRAG

Es reicht der KP-Führung in der ČSSR. Die Tschechoslowaken wollen nicht länger das Auffanglager für „politische Flüchtlinge" aus der DDR sein. Seit Krenz die Grenze zur ČSSR zwei Tage zuvor erneut geöffnet hat, haben sich schon wieder rund 5000 Menschen auf das Gelände der westdeutschen Botschaft geflüchtet: Sie leben in der Novemberkälte in Zelten, und ihre Hauptbeschäftigung ist, stundenlang vor den Toilettenhäuschen anzustehen.

Die KP-Granden stellen der SED ein Ultimatum: Entweder sie schließt die Grenze wieder – oder sie erlaubt, dass die Flüchtlinge in die BRD ausreisen dürfen.

Was beim ersten Vorschlag droht, haben die SED-Führer in Dresden gesehen. Zermürbt erlauben sie für den nächsten Tag die Ausreise der Flüchtlinge. Da die Grenze zur ČSSR offen bleibt, bedeutet das: Die Mauer ist de facto gefallen. 23 000 DDR-Bürger nutzen die Gelegenheit noch an diesem Wochenende.

4. NOVEMBER, OSTBERLIN

Auf dem Alexanderplatz versammeln sich Hunderttausende Menschen, es ist die bis dahin größte Kundgebung des Jahres in Berlin. Sie erlangt besondere Bedeutung, weil erstmals Intellektuelle und Künstler – die Schriftstellerin Christa Wolf, der Schauspieler Ulrich Mühe, der Dramatiker Heiner Müller und viele andere – gemeinsam mit selbstkritischen SEDlern auftreten: Günter Schabowski, Ex-Spionagechef Markus Wolf, Rechtsanwalt Gregor Gysi. Und sie ist ein Fanal, weil sie live übertragen wird: Mitarbeiter des Staatsfernsehens haben die Entscheidung ohne Absprache mit dem Ministerium getroffen.

„Es ist, als habe einer die Fenster aufgestoßen nach all den Jahren der Stagnation", ruft der Schriftsteller Stefan Heym in den Jubel. Die Schauspielerin Steffi Spira zitiert Brecht: „Und aus Niemals wird: Heute noch!"

Der friedliche Tag ist ein Triumph, der die SED-Spitze entgeistert. Alles im Land strudelt nun, als habe Honeckers Sturz die letzten Schleusen geöffnet: noch mehr Flüchtlinge nach Prag, täglich Rücktritte von Funktionären, Demonstrationen, Parteiaustritte, Durcheinander. Je weiter das Regime nachgibt, desto mehr fordert das Volk. Die Revolution, die niemand geplant hat und viele ersehnt haben, ist nicht mehr aufzuhalten.

6. NOVEMBER, BONN

Der Sonderbeauftragte Alexander Schalck-Golodkowski, der seit 1966 den inoffiziellen Handel mit Bonn organisiert und Devisen fürs Regime beschafft, ersucht im Kanzleramt um einen gewaltigen Kredit: 13 Milliarden Mark.

In seiner ersten Woche im Amt hat sich Egon Krenz ein „ungeschminktes Bild der ökonomischen Lage" erstellen lassen. Das Ergebnis: Das Land liegt in Agonie, 62 Prozent aller Exporterlöse gehen für die Zinszahlungen drauf, fließen also überwiegend in den Westen.

Es wäre nicht das erste Mal, dass Bonn die DDR rettet, aber nun liegen die Dinge anders. Und Helmut Kohl ist einer der Ersten, die es begreifen. Dieses Mal stellt er unerhörte Bedingungen für die Hilfe: Die SED solle ihr Machtmonopol aufgeben, die Opposition zulassen, freie Wahlen ermöglichen.

Schalck-Golodkowski übermittelt die Forderungen noch am selben Tag nach Ostberlin, wo Krenz wohl endgültig bewusst wird, wie groß seine Not ist: Bei solchen Bedingungen ist die DDR mit Kredit genauso am Ende wie ohne.

7. NOVEMBER, OSTBERLIN

Um 9.00 Uhr tritt das SED-Politbüro zu einer Sitzung zusammen. Außenminister Oskar Fischer wird hinzugezogen, weil Prag eine Art Ultimatum gestellt hat: Seit die DDR-Bürger über die Tschechoslowakei in den Westen ausreisen können, wird das Land überrannt. Wenn das nicht aufhöre, werde die ČSSR womöglich die Grenze zur DDR schließen. Allen ist klar: Für das „ČSSR-Problem" muss eine Lösung gefunden werden.

8. NOVEMBER, OSTBERLIN

„Außergewöhnliche Zeiten erfordern außergewöhnliche Maßnahmen", mit diesem Satz eröffnet Egon Krenz die kurzfristig anberaumte 10. Tagung des Zentralkomitees der SED, das unter anderem die Aufgabe hat, das Politbüro zu wählen.

Es wird ein turbulenter Tag: Die Regierung ist schon am Vortag auf Drängen von Krenz zurückgetreten, nun tritt auch das Politbüro geschlossen zurück, um neu gewählt zu werden: mit fünf frischen, aber elf alten Namen.

Doch nicht einmal die Ehrung der ausscheidenden Politbüro-Mitglieder läuft reibungslos – statt Dank hätten sie scharfe Kritik verdient, heißt es von einigen ZK-Mitgliedern. Als Krenz die katastrophale Wirtschaftslage andeutet, brechen die Dämme. „Wir sind belogen worden, die ganze Zeit über", klagt ein Genosse, „in mir ist alles zerbrochen. Mein Leben ist zerstört."

9. November, Berlin. Am Abend gibt das SED-Regime dem immer stärkeren Druck nach und verkündet die Grenzöffnung. Tausende Menschen feiern am Brandenburger Tor

9. November, Berlin. Begeistert begrüßen Westdeutsche wie hier am Grenzübergang Checkpoint Charlie jeden Trabi-Fahrer als Boten der neuen, lang ersehnten Freiheit in der DDR

9. NOVEMBER, OSTBERLIN

Der zweite Tag der ZK-Sitzung. Am Nachmittag kommt Krenz auf das geplante Reisegesetz zu sprechen: "Genossinnen und Genossen! Euch ist ja bekannt, dass es ein Problem gibt, das uns alle belastet: die Frage der Ausreisen. Die tschechoslowakischen Genossen empfinden das allmählich für sich als eine Belastung. Und: Was wir auch machen in dieser Situation, wir machen einen falschen Schritt."

An dem Reisegesetz ist seit Wochen gearbeitet worden, ein erster Entwurf stieß auf wütende Proteste, da er dem Regime zahlreiche Möglichkeiten einräumte, Reise- und Ausreiseanträge abzulehnen. Was nur wenige Wochen zuvor als großer Wurf gegolten hätte, überzeugt in diesen Tagen kaum noch einen Bürger.

Nun stellt Krenz eine Verordnung vor, die die drängendsten Fragen bereits vor Verabschiedung des Gesetzes lösen soll. Am Vormittag hat eine Arbeitsgruppe der Ministerien des Inneren und der Staatssicherheit eine Ministerratsvorlage erarbeitet. Seit 12.30 Uhr wird sie im Umlaufverfahren an die 44 Minister weitergeleitet; aber nur 29 sind erreichbar. Und selbst die sind verwirrt, weil sie nicht wissen, was parallel das ZK beschließt.

Die Vorlage vereinfacht die ständige Ausreise und sieht zudem vor, dass ganz normale „Privatreisen nach dem Ausland ohne Vorliegen von Voraussetzungen beantragt werden" können. Aber jede Reise bedarf eines Visums. Allerdings sollen Genehmigungen nur „in besonderen Ausnahmefällen" versagt werden. Ab 10. November soll die Regelung gelten.

Eher beiläufig nimmt die SED-Spitze das Thema auf – sie hat drängendere Probleme: Kaum hatte das ZK die neuen Mitglieder des Politbüros gewählt, erhob sich ein Sturm der Entrüstung im Parteiapparat, sodass einige gleich wieder abgewählt wurden. Keiner weiß, ob nicht er der Nächste ist, der gehen muss. So bleibt auch die folgende Aussprache zur Reiseregelung im Plenum des ZK kurz: Nach kleineren Änderungen wird sie einstimmig abgenickt.

Kurz darauf beauftragt Krenz Günter Schabowski, den für Medien zuständigen ZK-Sekretär, mit der Verkündung, wohl weil der ohnehin ab 18 Uhr auf einer Pressekonferenz über den Verlauf der ZK-Tagung berichten soll. Nur: Schabowski war bei der Abstimmung nicht anwesend und weiß daher nicht, dass die Regelung erst ab dem 10. November gelten soll. Aus der Ministerratsvorlage könnte er das richtige Datum ersehen. Aber Krenz drückt ihm im Durcheinander nur eine Pressemeldung in die Hand – und auf der fehlt das Datum.

9. NOVEMBER, WARSCHAU

Helmut Kohl ist auf Staatsbesuch in Polen. Er trifft an diesem Tag den Arbeiterführer Lech Wałęsa, der mit seiner Gewerkschaft Solidarność den Anstoß gegeben hat für jene Revolution, die nun Osteuropa überrollt. Was geschieht, fragt Wałęsa den Bundeskanzler, „wenn die DDR ihre Grenzen voll öffnet und die Mauer abreißt – müsste dann die Bundesrepublik sie wieder aufbauen?"

Wenn die DDR keine wirklichen Reformen unternehme, dann werde die Regierung in der Tat hinweggefegt, antwortet Kohl, aber er glaube nicht an eine radikale Entwicklung.

Wałęsa ist besser vertraut mit der Unvorhersehbarkeit der Geschichte. Er bezweifelt, dass „die Mauer in ein oder zwei Wochen noch stehen" wird.

9. NOVEMBER, OSTBERLIN, 18.53 UHR

Nahezu eine Stunde lang ist Schabowskis Pressekonferenz vor gut 100 Journalisten nichtssagend dahingeplätschert, als er sich zur Reiseregelung stottert. „Deshalb, äh, haben wir uns dazu entschlossen, heute, äh, eine Regelung zu treffen, die es jedem Bürger der DDR möglich macht, äh, über Grenzübergangspunkte der DDR, äh, auszureisen."

Stimmengewirr. Der SED-Funktionär kämpft sich weiter durch seine Unterlagen, stammelt, zögert.

Frage: „Wann tritt das in Kraft?"

Schabowski blättert in seinen Papieren. „Das tritt nach meiner Kenntnis … ist das sofort, unverzüglich …"

Es ist das letzte Mal, dass das Volk einen SED-Funktionär beim Wort nimmt. Bereits wenige Minuten nach der Pressekonferenz treffen erste Ostberliner am Übergang Bornholmer Straße ein, wo der Bezirk Prenzlauer Berg an den Wedding grenzt. Gegen 20.30 Uhr stehen hier Tausende, eine halbe Stunde später stauen sie sich bereits einen Kilometer weit.

Die Grenzschützer sind ratlos. Sie wissen, dass sie die Grenze mit der Waffe verteidigen sollen. Einen solchen Massenandrang aber haben sie noch nie erlebt. Und ein Mitglied des Politbüros scheint im Fernsehen gerade die Reisefreiheit verkündet zu haben. Vergebens warten sie auf Anweisungen.

An der Bornholmer Straße fragen die Grenzer telefonisch das Ministerium für Staatssicherheit nach weiteren Befehlen. Und öffnen um 21.20 Uhr weisungsgemäß eine Tür. Die Menschen erhalten Stempel in ihre Ausweise, die eine Rückkehr eigentlich unmöglich machen.

Doch dieses Zeichen wird ebenso wirkungslos bleiben wie der Versuch, den Menschenstau durch ein winziges Loch zu schleusen: Gegen 23.30 Uhr geben die Grenzer schließlich auf, öff-

10. November, Berlin. Vom Balkon des Westberliner Rathauses Schöneberg aus sprechen Helmut Kohl (M.) und Willy Brandt (l.) zu einer riesigen Menge

nen ohne Befehl von oben die Schlagbäume. Tausende strömen nach Westen, weinend, jubelnd, ungestempelt.

28 Jahre nach der Teilung ihrer Stadt liegen sich West- und Ostberliner in den Armen, ist eine Barriere durchbrochen, nur durch den Druck der Straße und die Ohnmacht der Mächtigen. Und ohne einen einzigen Schuss. Die folgenden Tage vergehen in einem Taumel, am ehemaligen Todesstreifen feiern Berliner und Herbeigereiste über Tage.

In der SED-Führung herrscht nach der ungeplanten Grenzöffnung dagegen Katzenjammer. Trotzdem setzt das Zentralkomitee am 10. November zunächst seine Sitzung fort, verliert sich in Personaldebatten und Schuldzuweisungen.

Als Krenz das Plenum mittags über die aktuelle Lage informiert, brechen Panik und Chaos aus. Die Versammlung löst sich auf. Erich Mielke befiehlt allen Mitarbeitern der Staatssicherheit auf ihre Stationen. Krenz lässt zwei im Stadtkampf ausgebildete Eliteeinheiten der NVA in Gefechtsbereitschaft versetzen.

Die Soldaten machen Panzer und Geschütze bereit, laden Munition auf Lastwagen. Ob sie den Befehl falsch verstanden haben – wie SED-Obere später andeuten – oder nicht: Ein gewaltsames Ende der Öffnung ist ab 10. November mittags nicht mehr ausgeschlossen.

Nirgendwo spitzt sich die Lage so stark zu wie vor dem Brandenburger Tor. Seit der Nacht zuvor stehen mindestens 1000 Menschen auf der breiten Panzermauer vor dem Tor. Immer wieder springen Übermütige auf die DDR-Seite hinunter und werden von der Volkspolizei in den Westen abgeschoben. „Die Mauer muss weg!", skandieren die Feiernden und schaffen erste Vorschlaghämmer herbei.

Die Grenzer fahren Wasserwerfer auf, zögern aber, sie einzusetzen. Auf der westlichen Seite der Mauer fliegen bereits Betonsplitter – doch auch die Westberliner Polizisten schreiten nicht ein, denn der mehrere Meter breite Streifen vor der Befestigung gehört zum Hoheitsgebiet der DDR. So bleibt die Lage gespannt, aber friedlich.

Am frühen Morgen des 11. November allerdings stehen die Demonstranten kurz davor, eine erste Bresche in die Mauer zu schlagen. Vergebens versucht das DDR-Außenministerium, Kontakt nach Westberlin aufzunehmen: Das Telefonnetz ist zusammengebrochen.

Der Westberliner Polizeipräsident fürchtet eine Eskalation, der Osten bietet weitere Hundertschaften und Wasserwerfer auf. Eine gewaltsame Räumung am Brandenburger Tor, vielleicht sogar mit Toten, könnte die SED-Regierung dazu bewegen, die Grenzen doch wieder zu schließen.

Daher verabreden sich Westberliner Polizei und Ostberliner Grenztruppen. Am 11. November ab 8.05 Uhr räumen DDR-Grenzer die Mauer friedlich, ohne Wasserwerfer, und stellen sich selbst auf die Krone, unbewaffnet. Mannschaftswagen des Westens sichern sie ab. Fortan schützen die beiden Gruppen die Mauer am Brandenburger Tor gemeinsam.

Elf Millionen DDR-Bürger fahren in den ersten zehn Tagen nach dem Mauerfall nach Westberlin und in die Bundesrepublik, stehen im Stau oder in heillos überfüllten Zügen der Reichsbahn. Schnell werden in Berlin neue Übergänge eröffnet, die Sperrgebiete entlang der innerdeutschen Grenze aufgehoben.

Immer mehr Trabis sind nun auf den westdeutschen Straßen unterwegs, erregen Aufsehen, werden jubelnd begrüßt. In den Kneipen gibt es Freibier.

Die DDR-Bürger erhalten von ihrer Regierung 15 D-Mark ausgehändigt, im Westen gibt es 100 D-Mark Begrüßungsgeld. Vor den Banken und Sparkassen bilden sich lange Schlangen. Auf dem Schwarzmarkt wird das Ostgeld nun zu Kursen zwischen 1:10 und 1:20 getauscht, das durchschnittliche Monatseinkommen einer Familie ist damit nicht mehr wert als 100 D-Mark.

Die Grenzgänger staunen über volle Schaufenster, bunte Fassaden – aber auch über triste Nebenstraßen in Kreuzberg.

Rund 130 000 Ostdeutsche siedeln schon im November in die Bundesrepublik über. Die meisten aber kehren nach ihrem Ausflug wieder zurück in die Heimat. Denn die plötzliche Öffnung der Grenze zeigt vor allem eines: das Ende der SED-Macht. Innerhalb weniger Tage ist die Staatspartei handlungsunfähig geworden, viele Spitzenfunktionäre müssen abtreten. Am 13. November übernimmt der als Reformer geltende Dresdner SED-Bezirkschef Hans Modrow die Regierung.

Der Führungsanspruch der SED wird aus der Verfassung gestrichen. Zentralkomitee und Politbüro lösen sich auf, die alte Garde um Erich Honecker wird aus der Partei ausgeschlossen. Gegen viele beginnen Ermittlungsverfahren, sie werden verhaftet und nach der Wiedervereinigung zu Gefängnisstrafen verurteilt – meistens wegen des Schießbefehls an der innerdeutschen Grenze.

Doch keiner der SED-Granden wird lange im Gefängnis bleiben. Der krebskranke Honecker gilt als haftunfähig, flüchtet sich in ein sowjetisches Militärkrankenhaus, wird nach Moskau ausgeflogen und reist schließlich ins chilenische Exil.

Einen Monat nach Schabowskis Pressekonferenz treffen sich SED-Delegierte zu einem außerordentlichen Parteitag, wählen Gregor Gysi zum Vorsitzenden und versuchen zu retten, was eigentlich nicht mehr zu retten ist: Die Partei benennt sich um in „SED-PDS", Partei des Demokratischen Sozialismus, und verkündet für die Zukunft einen vagen „dritten Weg jenseits von stalinistischem Sozialismus und Herrschaft transnationaler Monopole".

Zwar führt die Einheitspartei als stärkste Fraktion weiterhin die Regierung. Doch die Vertreter der Blockparteien, 40 Jahre lang bloße Tarnung für die uneingeschränkte Macht der SED, entwickeln plötzlich eigene Positionen, einige wollen gar den Sozialismus aus der DDR-Verfassung streichen.

Die Bürgerbewegung dagegen, die die Herbstrevolution begonnen und den Fall der Mauer erreicht hat, ist von den Entscheidungen zunächst ausgeschlossen – sie hat keinen Platz in den etablierten Strukturen. Im Dezember erzwingt sie deshalb einen Runden Tisch, an dem neben den Vertretern der Regierung auch Gruppen wie das „Neue Forum" sitzen.

Bei seiner ersten Sitzung beschließt das Gremium unter anderem Neuwahlen und die Auflösung der Stasi. Im Januar 1990 besetzen Bürger deren Zentrale in Berlin, um die Kontrolle über den Geheimdienst sicherzustellen. Der Runde Tisch findet im ganzen Land Nachahmer, die auf allen Ebenen versuchen, die Verwaltungen zu überwachen.

Am 5. Februar 1990 nimmt Hans Modrow acht Vertreter der Bürgerbewegung als Minister ohne Geschäftsbereich in seine Regierung auf, darunter den Pfarrer Rainer Eppelmann, einen prominenten Dissidenten und Mitbegründer des Demokratischen Aufbruchs (DA).

Die ersten freien Volkskammerwahlen in der DDR-Geschichte gewinnt am 18. März mit 48 Prozent der Stimmen die „Allianz für Deutschland" aus CDU, Deutscher Sozialer Union und DA. Sie bildet unter Lothar de Maizière, seit November Vorsitzender der Ost-CDU, mit den liberalen Parteien (5,3 Prozent) sowie der wiedergegründeten SPD (21,9 Prozent) eine große Koalition.

Zu diesem Zeitpunkt wandern täglich Hunderte in den Westen ab. Die Parole „Wir sind das Volk!" der Leipziger Demonstranten hat sich längst verwandelt in die Forderung „Wir sind ein Volk!"

Dabei haben die Ereignisse die Politiker in der Bundesrepublik ebenso unvorbereitet getroffen wie die SED-Führer: Am Abend des 9. November debattierte der Bundestag gerade über ein Gesetz, als die Nachrichten von Schabowskis Pressekonferenz hereingereicht wurden. Die Abgeordneten applaudierten der Reisefreiheit – und setzten ihre Sitzung zunächst fort.

Nach einer kurzen Unterbrechung appellierte Kanzleramtsminister Rudolf Seiters im Namen der Bundesregierung an die Solidarität der Westdeutschen, alle Fraktionen forderten freie Wahlen in der DDR. Dann erhoben sich die Parlamentarier und sangen die Nationalhymne.

Bereits am 28. November legt Helmut Kohl dem Bundestag ein Zehn-Punkte-Programm für die Annäherung der beiden Staaten vor. Es sieht Wirtschaftshilfe gegen Demokratisierung vor, eine Föderation der beiden deutschen Staaten. Und schließlich, in unbestimmter Zukunft, die Einheit.

Spätestens jetzt ist klar: Die Wiedervereinigung ist eine reale Möglichkeit. Doch ob, wie und wann die beiden deutschen Staaten wieder eins werden, das liegt vor allem an den Siegermächten des Zweiten Weltkriegs.

Einzig die USA unter George H. W. Bush unterstützen Bonn in seiner Politik. Frankreich, Großbritannien und die Sowjetunion fürchten ein wiedererstarkendes Deutschland in Europas Mitte.

Auf Konferenzen, in Hinterzimmergesprächen, bei persönlichen Besuchen versuchen ab Dezember 1989 US und bundesdeutsche Diplomaten und Politiker, die Führer der übrigen drei Siegermächte – François Mitterrand, Margaret Thatcher und Michail Gor-

11. November, Berlin. Ritt auf der Mauer: Nur zwei Tage nach der Grenzöffnung hat das Bollwerk, einst gesichert durch Soldaten mit Schießbefehl, seinen Schrecken verloren

batschow – davon zu überzeugen, dass die Wiedervereinigung der beiden deutschen Staaten unvermeidbar ist.

Der sowjetische Staatschef (der das Ende der DDR ja mit ausgelöst hat durch seine Reformpolitik und den Entschluss, keine Sowjettruppen gegen die friedliche Revolution einzusetzen) akzeptiert bereits Ende Januar 1990 das Schicksal seines Satellitenstaats und wird in den folgenden Verhandlungen nur noch versuchen, möglichst viel für die UdSSR herauszuschlagen, wirtschaftlich wie außenpolitisch.

Am 10. Februar 1990 gibt Gorbatschow Helmut Kohl sein Einverständnis zur Wiedervereinigung, beharrt jedoch darauf, dass ein vereinigtes Deutschland nicht Mitglied der Nato sein dürfe – eine Forderung, die weder Kohl noch Bush zu akzeptieren bereit sind.

Am 13. Februar folgen die Westalliierten dem sowjetischen Vorschlag, Vertreter der vier Siegermächte sowie der beiden deutschen Staaten sollten sich zu gemeinsamen Verhandlungen über die Zukunft Deutschlands treffen. Parallel zu diesen „Zwei-plus-Vier-Gesprächen" gelingt es Helmut Kohl und seinen Beratern nach und nach, die Bedenken der ehemaligen Besatzer zu zerstreuen.

Unter anderem erfüllen die beiden deutschen Parlamente eine vor allem von Frankreich vorgetragene Forderung und versprechen, dass ein wiedervereinigtes Deutschland die Oder-Neiße-Linie als Westgrenze Polens anerkennen wird.

Die Nato kommt dem Sowjetchef entgegen und verspricht eine neue, betont defensive Strategie, mehr Abrüstung, engere Kontakte mit der UdSSR. Daraufhin erlaubt Gorbatschow im Juli die Aufnahme des wiedervereinigten Deutschlands in das westliche Militärbündnis.

Den französischen Präsidenten François Mitterrand besänftigt die Bundesregierung, indem sie einer europäischen Währungsunion zustimmt: der Einführung eines gemeinsamen Zahlungsmittels für die Staaten der Europäischen Gemeinschaft. Sie soll ein auch wirtschaftlich allzu mächtiges Deutschland verhindern und es stärker an seine europäischen Partner binden.

Angesichts der allgemeinen Zustimmung zur Wiedervereinigung muss nun auch Großbritanniens Premierministerin Margaret Thatcher, privat noch immer eine Gegnerin der deutschen Einheit, im September den „Zwei-plus-Vier-Vertrag" akzeptieren.

In Ostdeutschland haben sich unterdessen die Ereignisse beschleunigt. Die Menschen sehnen sich nach dem westdeutschen Lebensstandard – und wenn er nicht zu ihnen kommt, dann gehen sie zu ihm. Diese nach wie vor ungebremste Abwanderung nach Westen verschärft nicht nur die Wirtschaftskrise der DDR, sondern belastet inzwischen auch die Bundesrepublik.

31. Dezember 1989, Berlin. Hunderttausende feiern am Brandenburger Tor das Ende eines epochalen Jahres. Es begann mit einigen kleinen Demonstrationen von Bürgerrechtlern – und mündete in einen Umbruch, den kaum jemand für möglich gehalten hatte: Die Mauer ist gefallen, das SED-Regime gestürzt, und die deutsche Wiedervereinigung scheint nur noch eine Frage der Zeit. Sie kommt neun Monate später

Am 1. Juli tritt eine Währungsunion in Kraft, Ersparnisse werden in der Regel bis zu einer Höchstgrenze von 4000 Ost-Mark im Verhältnis 1:1 in D-Mark umgetauscht, obwohl ihre Kaufkraft viel geringer ist.

Am gleichen Tag beginnt die Treuhandanstalt ihre Arbeit: Sie soll rund 8500 Volkseigene Betriebe mit vier Millionen Beschäftigten privatisieren.

Ende August 1990 beschließt die Volkskammer den Beitritt zur Bundesrepublik nach Artikel 23 des Grundgesetzes. Am 20. September verabschieden Volkskammer und Bundestag einen Vertrag über die Wiedervereinigung der beiden deutschen Staaten.

Am 2. Oktober 1990 um Mitternacht hört die Deutsche Demokratische Republik auf zu existieren, genau 328 Tage nach dem Mauerfall – und vier Tage vor dem 41. Jahrestag ihrer Gründung.

GEO-LESERSERVICE

FRAGEN AN DIE REDAKTION
Telefon: 040 / 37 03 20 84, E-Mail: briefe@geo-epoche.de

ABONNEMENT- UND EINZELHEFTBESTELLUNG
Online-Kundenservice: www.geo.de/kundenservice
Telefon: 0049 / 40 / 55 55 89 90
Service-Zeiten: Mo–Fr 7.30 bis 20.00 Uhr, Sa 9.00 bis 14.00 Uhr
Postanschrift: GEO*EPOCHE* Kundenservice, 20080 Hamburg

Preis Jahresabo: 54,00 € (D), 62,00 € (A), 86.00 sfr (CH)
Studentenabo: 32,40 € (D), 37,20 € (A), 51.60 sfr (CH)
Preise für weitere Länder auf Anfrage erhältlich.

**BESTELLADRESSE FÜR
GEO-BÜCHER, GEO-KALENDER, SCHUBER ETC.**
Kundenservice und Bestellungen
Anschrift: GEO-Versand-Service, 74569 Blaufelden
Telefon: +49 / 40 / 42 23 64 27 Telefax: +49 / 40 / 42 23 66 63
E-Mail: guj@sigloch.de

FOTOVERMERK

Anordnung im Layout: l.= links, r.= rechts, o.= oben, m.= Mitte, u.= unten

TITEL: akg-images
EDITORIAL: Malte Joost für GEO*EPOCHE*: 3
INHALT: akg-images: 4 l. o., 4 r. o., 4 m.; Österreichische Nationalbibliothek: 4 l. u.; histopics/ullstein bild: 4 r. u.; bpk: 4/5; Wolfgang Kunz/Fotofinder: 5 o.; Francoise Chaptal/AFP/Getty Images: 5 u.
DIE KARRIERE EINER STADT: akg-images: 6/7, 10/11, 12/13, 15 r., 18/19; Oliver Ziebe/Stadtmuseum Berlin: 11 r.; Gerhard Murza/Stiftung Preussische Schlösser und Gärten Berlin-Brandenburg/bpk: 14/15; Hans-Joachim Bartsch/Stadtmuseum Berlin: 16; Jörg P. Anders/Nationalgalerie, SMB/bpk: 17, 20/21
EINE METROPOLE ERWACHT: akg-images: 22/23; Jörg P. Anders/Nationalgalerie, SMB/bpk: 24/25; Mary Evans Picture Library: 25, 27, 32; histopics/ullstein bild: 26, 30/31, 33; bpk: 28, 31, 34, 34/35.
FÜRSTINNEN DES GEISTES: akg-images: 36; bpk: 37 o.; Stadtmuseum Berlin: 37 u.
AUFSTAND FÜR DIE FREIHEIT: akg-images: 38/39, 42, 43, 44, 47, 53; bpk: 40; Jörg P. Anders/Nationalgalerie, SMB/bpk: 41; TopFoto/ullstein bild: 45; SBB/bpk: 50; ullstein bild: 52
GESICHTER DER GROSSSTADT: ullstein bild: 54 l.; Grafische Sammlung der Stiftung Stadtmuseum Berlin: 54 r., 56; Heinrich Zille/bpk: 55; Willy Römer/Kunstbibliothek, SMB, Photothek Willy Römer/bpk: 57 o.; Philipp Kester/Münchner Stadtmuseum, Sammlung Fotografie, Archiv Kester/bpk: 57 u.; Haeckel Archiv/ullstein bild: 59; akg-images: 60, 65; Davids: 61; Georg Buxenstein & Co/bpk: 62/63; bpk: 64; Gebrüder Haeckel/Deutsches Historisches Museum, Berlin: 67
MORGEN FRÜH IST WELTUNTERGANG: ullstein bild: 68, 71, 72; Österreichische Nationalbibliothek: 69; akg-images: 70/71; bpk: 73; Theaterwissenschaftliche Sammlung, Universität zu Köln/bpk: 74; Heinz Lienek/bpk: 75; Slg. Uwe Ludwig/Vintage Germany: 76; Austrian Archives/Imagno: 76/77
»BERLIN ALEXANDERPLATZ«: bpk: 78; Bildarchiv Pisarek/akg-images: 79
OLYMPIA - DIE MISSBRAUCHTEN SPIELE: Bettmann/Corbis: 80/81, 88; Allsport/IOC Olympic Museum/Getty Images: 83 o.; histopics/ullstein bild: 83 u., 84 o., 87 o., 88 u., 91 u., 92 u.; ullstein bild: 84/85; Hulton Deutsch Collection/Corbis: 87; Scherl/SZ Photo/ullstein bild: 91, 93 l.; Heinrich Hoffmann/ullstein bild: 92; Heinrich Hoffmann/Bayerische Staatsbibliothek/bpk: 93 m.; Interfoto: 93 l.
KAMPF UM DIE KAPITALE: Ivan Shagin/Magnum Photos/Agentur Focus: 94/95; Photo12/Universal Images Group/Getty Images: 97; ullstein bild: 98; Archive Charles Whiting: 99
RETTUNG AUS DER LUFT: bpk: 100/101; akg-images: 103, 112; Everett Collection/dpa/picture alliance: 104; Popperfoto/Getty Images: 105; Keystone/Getty Images: 106, 115; Keystone Schweiz/laif: 107; Hulton Archive/Getty Images: 108; US Air Force/Science Photo Library/Agentur Focus: 109; dpa/picture alliance: 110; Benno Wundshammer/bpk: 113; UPI/SZ Photo: 116
DUELL DER AGENTEN: Bettmann Archive/Getty Images: 118/119; Photo 12/UIG/Getty Images: 120 o., 120 u.; Library of Congress/Getty Images: 123 o.; ullstein bild: 123 u.; Keystone-France/Getty Images: 124; Konrad Hoffmeister/bpk: 124 l.; akg-images: 127 o.; dpa/Picture-Alliance: 127; Tim Wehrmann für GEO*EPOCHE*: 128 l.; Alliiertenmuseum Berlin: 128 r. o.; Privatsammlung: 128 l. u.; AP Photo/dpa: 128 r. u.; Alfred Strobel/Süddeutsche Zeitung Photo: 131
DIE GETEILTE STADT: dpa/picture alliance: 132/133; Popperfoto/Getty Images: 134/135, 139; Von der Becke/ullstein bild: 136 o.; Hilde/ullstein bild: 136 u.; Gerd Schütz/akg-images: 137, 141; akg-images: o.; Peter Leibing/Fotex: 138 l.; Leonard Freed/Magnum Photos/Agentur Focus: 140
DIE WUT DER JUNGEN: Michael Ruetz/Agentur Focus: 143; dpa/picture alliance: 144; Herrmann/AP Photo: 145 o.; Klaus Lehnartz/bpk: 145 m., 145 u.; Wolfgang Kunz/Fotofinder: 146; Wolfgang Kunz/ullstein bild: 147 l.; Schinkel/Interfoto: 147 r.; Bestand Ludwig Binder, Haus der Geschichte, Bonn: 148, 151; Stark-Otto/ullstein bild: 149 o.; Huth: 149 u.; Jochen Moll/bpk: 150; Bettmann/Getty Images: 152
DIE MACHT DER STRASSE: Nikolaus Becker: 156/157; Archiv Bürgerbewegung Leipzig: 158, 159; UIG/Getty Images: 160; Sven Simon: 161 o.; AP Photo/ullstein bild: 161 u.; Erich Mehrl/edp-bild: 162; Regis Bossu/Sygma/Getty Images: 163 o.; BStU: 163 u.; AP Photo/akg-images:164; Ulrich Hässler/dpa/picture alliance: 166 o.; Harald Kirschner/transit: 166 u., 167; Pool BOUVET/MERILLON/Gamma-Rapho/Getty Images: 168; Françoise Chaptal/AFP/Getty Images: 169; Klaus Lehnartz/bpk: 170; Mark Power/Magnum Photos/Agentur Focus: 171; Guy le Guerrec/Magnum Photos/Agentur Focus: 172
VORSCHAU: Interfoto: 174; British Library Board/bpk: 175 l. o.; ullstein bild: r. o.; Quagga Illustrations/dpa/picture alliance: 175 l. m.; Universitätsbibliothek Heidelberg: 175 m.; Reinhart Wolf/Picture Press: 175 l. u.; TerraVista/LOOK-foto: 175 r. u.
RÜCKSEITE: Benno Wundshammer/bpk
KARTEN: akg-images: 8/9; Kartenabteilung/Staatsbibliothek zu Berlin: 29; Thomas Wachter: 49; Stefanie Peters für GEO*EPOCHE*: 111

GEO EPOCHE KOLLEKTION
Das Beste aus GEO EPOCHE

IMPRESSUM

CHEFREDAKTEURE
Jens Schröder, Markus Wolff
REDAKTIONSLEITUNG
Joachim Telgenbüscher
MANAGING DESIGNERIN
Tatjana Lorenz
TEXTREDAKTION
Jörg-Uwe Albig, Jens-Rainer Berg, Kirsten Bertrand, Insa Bethke, Dr. Anja Fries, Dr. Mathias Mesenhöller, Samuel Rieth, Johannes Teschner
BILDREDAKTION
Julia Franz, Christian Gargerle, Roman Rahmacher, Jochen Raiß, Maria Rohweder
LAYOUT
Michèle Hofmann, Frank Strauß
KARTOGRAPHIE
Stefanie Peters
**QUALITY BOARD - VERIFIKATION, RECHERCHE,
SCHLUSSREDAKTION**
Leitung: Tobias Hamelmann, Norbert Höfler, Melanie Moenig (Stellvertreterin);
Elke von Berkholz, Lenka Brandt, Regina Franke, Hildegard Frilling, Dr. Götz Froeschke, Thomas Gebauer, Susanne Gilges, Cornelia Haller, Sandra Kathöfer, Judith Ketelsen, Petra Kirchner, Dirk Krömer, Michael Lehmann-Morgenthal, Dirk Liedtke, Kirsten Maack, Jörg Melander, Andreas Mönnich, Susan Molkenbuhr, Alice Passfeld, Christian Schwan, Andreas Sedlmair, Stefan Sedlmair, Olaf Stefanus, Bettina Süssemilch
GESCHÄFTSFÜHRENDE REDAKTEURE
Maike Köhler, Bernd Moeller
CHEF VOM DIENST/KOORDINATION
Ralf Schulte
ASSISTENZ DER CHEFREDAKTION/REDAKTIONSASSISTENZ
Ümmük Arslan

Verantwortlich für den redaktionellen Inhalt:
Jens Schröder, Markus Wolff

PUBLISHER: Frank Thomsen (Stellvertreter: Julian Kösters)
PUBLISHING MANAGER: Patricia Hildebrand
SALES DIRECTOR: Franziska Bauske / DPV
Deutscher Pressevertrieb
Verantwortlich für den Inhalt der Anzeigen:
Petra Küsel – Head of Brand Print + Direct Sales,
Ad Alliance GmbH, Am Baumwall 11, 20459 Hamburg.
Es gilt die jeweils aktuelle Preisliste unter www.ad-alliance.de
MARKETING MANAGER: Pascale Victoir
PRESSE- UND ÖFFENTLICHKEITSARBEIT:
Xenia El Mourabit
HERSTELLUNG: G+J Herstellung,
Heiko Belitz (Ltg.), Oliver Fehling

Gruner + Jahr Deutschland GmbH
Sitz von Verlag und Redaktion:
Am Baumwall 11, 20459 Hamburg
Postanschrift der Redaktion:
Brieffach 24, 20444 Hamburg
Telefon 040 / 37 03-0
Internet: www.geo.de/epoche

Heftpreis: 13,50 Euro
ISBN: 978-3-652-01227-0; ISSN-Nr. 2366-2212
© 2022 Gruner + Jahr Deutschland GmbH, Hamburg
Bankverbindung: Deutsche Bank AG Hamburg,
IBAN: DE 30 2007 0000 0032 2800 00
BIC: DEUTDEHH
Litho: Peter Becker GmbH, Würzburg
Druck: Vogel Druck und Medienservice GmbH,
Leibnizstraße 5, 97204 Höchberg

USA: GEO*EPOCHE* is published by
Gruner + Jahr GmbH
K.O.P.: German Language Pub.,
153 S Dean St, Englewood NJ 07631.
Periodicals Postage is paid at Paramus NJ 07652.
Postmaster: Send address changes to
GEOEpoche, GLP, PO Box 9868,
Englewood NJ 07631.
KANADA: Sunrise News,
47 Silver Shadow Path, Toronto, ON, M9C 4Y2,
Telefon: +1 647-219-5205,
E-Mail: sunriseorders@post.com

VORSCHAU
KRIEG IM MITTELALTER

Wie belagerten die Wikinger 885 Paris? Worum ging es im Hundertjährigen Krieg, der ab 1337 in Frankreich wütete? Welche Rolle spielten Ritter in Schlachten? Wo gründete sich der Templerorden? Wer bekämpfte sich um 1200 in Andalusien? Und warum galten die Schweizer als die besten Söldner ihrer Zeit? In seiner nächsten Ausgabe präsentiert GEO*EPOCHE* KOLLEKTION herausragende Geschichten, die über die kriegerische Seite des Mittelalters in GEO*EPOCHE* erschienen sind. Das Heft erzählt von großen Feldherren, hochfahrenden Plänen und den Tod verachtenden Kämpfern. Es berichtet aber auch vom Leid und den Verwerfungen, die all die gewaltsam ausgetragenen Konflikte mit sich bringen.

Im September 1356 treffen englische und französische Truppen bei Poitiers aufeinander: Eine der blutigsten Schlachten des Hundertjährigen Krieges entbrennt